Holger App

Objektiv ungeordnet

AF544524

Holger App

Objektiv ungeordnet

Mehr als warme Worte zu biblischen Texten

Fromm Verlag

Impressum / Imprint
Bibliografische Information der Deutschen Nationalbibliothek: Die Deutsche Nationalbibliothek verzeichnet diese Publikation in der Deutschen Nationalbibliografie; detaillierte bibliografische Daten sind im Internet über http://dnb.d-nb.de abrufbar.
Alle in diesem Buch genannten Marken und Produktnamen unterliegen warenzeichen-, marken- oder patentrechtlichem Schutz bzw. sind Warenzeichen oder eingetragene Warenzeichen der jeweiligen Inhaber. Die Wiedergabe von Marken, Produktnamen, Gebrauchsnamen, Handelsnamen, Warenbezeichnungen u.s.w. in diesem Werk berechtigt auch ohne besondere Kennzeichnung nicht zu der Annahme, dass solche Namen im Sinne der Warenzeichen- und Markenschutzgesetzgebung als frei zu betrachten wären und daher von jedermann benutzt werden dürften.

Bibliographic information published by the Deutsche Nationalbibliothek: The Deutsche Nationalbibliothek lists this publication in the Deutsche Nationalbibliografie; detailed bibliographic data are available in the Internet at http://dnb.d-nb.de.
Any brand names and product names mentioned in this book are subject to trademark, brand or patent protection and are trademarks or registered trademarks of their respective holders. The use of brand names, product names, common names, trade names, product descriptions etc. even without a particular marking in this works is in no way to be construed to mean that such names may be regarded as unrestricted in respect of trademark and brand protection legislation and could thus be used by anyone.

Verlag / Publisher:
Fromm Verlag
ist ein Imprint der / is a trademark of
OmniScriptum GmbH & Co. KG
Heinrich-Böcking-Str. 6-8, 66121 Saarbrücken, Deutschland / Germany
Email: info@frommverlag.de

Herstellung: siehe letzte Seite /
Printed at: see last page
ISBN: 978-3-8416-0526-9

Copyright © 2014 OmniScriptum GmbH & Co. KG
Alle Rechte vorbehalten. / All rights reserved. Saarbrücken 2014

Inhaltsverzeichnis

Vorwort

Die Predigten, die in diesem Band vorgestellt werden, wurden in unterschiedlichen Gemeinden in Frankfurt am Main gehalten. Sie stammen aus den Jahren 2008 – 2014 und umfassen daher alle sechs Lesereihen der Perikopenordnung der Evangelischen Kirche in Deutschland. Die Reihenfolge entspricht nicht den Sonntagen im Kirchenjahr. Es gibt also kein nachvollziehbares Kriterium, das zu genau der vorliegenden Auswahl führte – objektiv sind sie ungeordnet.

Objektiv ungeordnet – mit diesem Begriff beschrieb der damalige Kardinal Ratzinger in seiner Position als Leiter der Glaubenskongregation der römisch-katholischen Kirche die Einstellung der Kirche zur Homosexualität. Die Evangelische Kirche in Hessen und Nassau hat einen anderen Umgang mit gleichgeschlechtlich Liebenden gefunden. In dieser Kirche sind Lesben und Schwule als gleichwertige Glieder der Gemeinde anerkannt und in allen Positionen der Kirche willkommen – haupt-, neben- und ehrenamtlich. Emanzipation ist erreicht, wenn ein Merkmal, das einstmals zur Differenzierung von Rechten und Pflichten herangezogen wurde, nur noch beiläufig wahrgenommen wird, wie etwa die Tatsache, dass jemand Linkshänder ist. Ich verstehe mich als emanzipierter Schwuler in diesem Sinne. So verschweige ich meine Homosexualität nicht, aber sie spielt in meiner Auslegung der Bibel keine wichtige Rolle. Eine zentrale Kategorie ist für mich vielmehr das Thema „Zeugenschaft". Zeuge unseres Lebens werden wir im Gericht Gottes sein, das ist meine feste Überzeugung. Das heißt, wir sind weder Richter noch Angeklagte. Im und durch unser Leben sollen wir Zeugnis geben. Und in der Zeugung erhalten wir leibhaftig Anteil am Schöpfungswerk Gottes. Daher beginnt diese Predigtauswahl auch bei Adam und Eva – wo sonst?

Die Bibeltexte in diesem Band werden nach der Lutherbibel, revidierter Text 1984, durchgesehene Ausgabe, © 1999 Deutsche Bibelgesellschaft, Stuttgart, zitiert. Ich danke der Rechteinhaberin herzlich für die Abdruckgenehmigung.

Adam, Eva und weitere unverheiratete Liebespaare

Haben S*IE* *in der Bibel die Stelle gefunden, in der Adam und Eva kirchlich getraut wurden? Ich auch nicht. Und doch bekommen sie Kinder. Der Papst hätte seinen Segen dazu nicht gegeben – Gott schon!*

1. Mose 1, $_{1-4+26-31}$ + 2, $_{1-4}$

Wie im Vorwort dargestellt, wird das Thema Homosexualität in diesem Band keine große Rolle spielen. Aber Sexualität im Allgemeinen spielt in einigen Predigttexten eine große Rolle. Es wäre ein Sich-Drücken wäre, das Thema in der Auslegung zu verschweigen. Wenn wir in die Natur schauen, ist die sexuelle Fortpflanzung nicht die einzige Möglichkeit, die Generationenfolge sicherzustellen. Aber der Mensch gehört zur Gattung der Säugetiere, die sich alle auf sexuellem Wege vermehren. Wie verstehen Sie die Schöpfungsgeschichte? Neigen Sie zu einer wörtlichen Auslegung dieser biblischen Erzählung? Sehen Sie die Geschichte der Menschheit als eine Folge inzestuöser Degeneration?

Liebe Gemeinde,

wer von Ihnen hat einen Garten? Dann haben Sie bestimmt die winterlichen Unordnung bereits beseitigt: Sie haben das letzte Herbstlaub weggeräumt, Unkraut gejätet, neue Blumen gepflanzt, den Rasen gemäht. Den Wochenspruch für den heutigen Sonntag erleben sie ganz wörtlich: *»Das Alte ist vergangen, siehe, Neues ist geworden«* (2. Kor. 5, $_{17b}$).

Doch nicht jeden biblischen Text können wir so wortwörtlich erfahren. Der Predigttext gehört zu den Stellen, um deren Verständnis intensiv gerungen wird. Manche wollen ihn wortwörtlich verstehen. Andere meinen, er sei rein mythologisch gemeint. In diesem Text kommt auch ein Garten vor. Es ist ein Teil der Schöpfungsgeschichte. Aber hören Sie selbst, wie uns im ersten Buch Mose der Anfang der Erde und des Lebens auf ihr überliefert wird:

1 *Am Anfang schuf Gott Himmel und Erde.*
2 *Und die Erde war wüst und leer, und es war finster auf der Tiefe; und der Geist Gottes schwebte auf dem Wasser.*
3 *Und Gott sprach: Es werde Licht! Und es ward Licht.*
4 *Und Gott sah, dass das Licht gut war.*
26 *Und Gott sprach: Lasset uns Menschen machen, ein Bild, das uns gleich sei, die da herrschen über die Fische im Meer und über die Vögel unter dem Himmel und über das Vieh und über alle Tiere des Feldes und über alles Gewürm, das auf Erden kriecht.*
27 *Und Gott schuf den Menschen zu seinem Bilde, zum Bilde Gottes schuf er ihn; und schuf sie als Mann und Frau.*
28 *Und Gott segnete sie und sprach zu ihnen: Seid fruchtbar und mehret euch und füllet die Erde und machet sie euch untertan und herrschet über die Fische im Meer und über die Vögel unter dem Himmel und über das Vieh und über alles Getier, das auf Erden kriecht.*
29 *Und Gott sprach: Sehet da, ich habe euch gegeben alle Pflanzen, die Samen bringen, auf der ganzen Erde, und alle Bäume mit Früchten, die Samen bringen, zu eurer Speise.*
30 *Aber allen Tieren auf Erden und allen Vögeln unter dem Himmel und allem Gewürm, das auf Erden lebt, habe ich alles grüne Kraut zur Nahrung gegeben. Und es geschah so.*
31 *Und Gott sah an alles, was er gemacht hatte, und siehe, es war sehr gut. Da ward aus Abend und Morgen der sechste Tag.*
1 *So wurden vollendet Himmel und Erde mit ihrem ganzen Heer.*
2 *Und so vollendete Gott am siebenten Tage seine Werke, die er machte, und ruhte am siebenten Tage von allen seinen Werken, die er gemacht hatte.*
3 *Und Gott segnete den siebenten Tag und heiligte ihn, weil er an ihm ruhte von allen seinen Werken, die Gott geschaffen und gemacht hatte.*
4 *So sind Himmel und Erde geworden, als sie geschaffen wurden.*

„Das stimmt doch gar nicht“, sagen manche, wenn sie diesen Text hören. „Die Wissenschaft sagt uns doch etwas ganz anderes.“ In den USA fordern andererseits einige fundamentalistisch eingestellte Christen, dass die biblische Schöpfungsgeschichte als wörtlich zu verstehendes Entstehungsmodell der Erde in der Schule gelehrt werden solle. Ich bin der Überzeugung, dass beide Positionen falsch sind.

Diese Überzeugung fußt auf folgenden Überlegungen: Zum einen sind uns in der Bibel gleich zwei Schöpfungsgeschichten überliefert. Welchen Sinn sollte diese doppelte Überlieferung haben, wenn die biblische Schöpfungsgeschichte als naturwissenschaftliches Modell gemeint wäre? Nein, als wörtlich zu verstehende Geschichte kann der Schöpfungsbericht nicht gemeint sein.

Aber auch diejenigen, die daraus schließen, dass diese Überlieferung damit jeden Bezug zur Realität vermissen lässt, dass sie keinerlei Relevanz für unser Leben heute besäße, liegen nach meiner Überzeugung falsch. Die Schöpfungsgeschichte, wie wir sie eben gehört haben, wurde vermutlich vor mehr als 2.500 Jahren erstmals schriftlich festgehalten. Die Erzählung selbst war zu diesem Zeitpunkt schon uralt, über viele Generationen war sie mündlich überliefert worden. Da finde ich es nicht überraschend, dass die Menschen zu dieser Zeit nicht über die heutigen naturwissenschaftlichen Erkenntnisse verfügten. Aber für das, was damals gewusst werden konnte, stimmt der Schöpfungsbericht sogar erstaunlich gut mit den Erkenntnissen der modernen Naturwissenschaft überein! Was beschreibt der Schöpfungsbericht denn wirklich? Erst entstanden die Pflanzen, dann die Tiere. Innerhalb der Tierwelt gab es zuerst die Meeresbewohner, erst danach entstanden Vögel und zum Schluss die Landtiere. Und der Mensch ist noch jünger als diese. All dies stimmt mit den Erkenntnissen der Naturwissenschaft überein! Selbst die Aussage über die Dauer dieser Entstehungsprozesse wird zumindest in ihrer Relation zueinander von der Naturwissenschaft bestätigt: Die Entstehung der Wirbeltiere vollzog sich im Vergleich zu anderen Prozessen in der Geschichte der Erde in einem relativ kurzen Zeitraum. Die Bibel legt alle diese Prozesse auf den sechsten Tag – aber dass diese Zeitspanne nicht wörtlich zu nehmen ist, sagt uns der 90.ten Psalm: *»Denn tausend Jahre sind vor dir wie der Tag, der gestern vergangen ist, und wie eine Nachtwache.«* (Ps. 90, $_4$)

Zum anderen – und das ist meiner Überzeugung nach das wichtigere Argument gegen die naturwissenschaftlich orientierten Kritiker des Schöpfungsberichts – will diese Geschichte nicht als Tatsachenbericht gelesen werden. Wie immer in der Bibel treffen die überlieferten Texte eine Glaubensaussage über Gott und seine Beziehung zu den Menschen. Und diese Glaubensaussagen entziehen sich einer naturwissenschaftlichen Überprüfung. *»Am Anfang schuf Gott Himmel und Erde«*, das heißt für mich: Gott war schon da, bevor das Universum seinen Anfang nahm. Auch in dieser Aussage fühle ich mich von den Erkenntnissen der Naturwissenschaft eher bestätigt als widerlegt: Die derzeit herrschende Meinung legt den sogenannten „Urknall" als Beginn der Zeit fest. Und sie sagt auch, dass sich das Universum danach in rasender Geschwindigkeit ausgebreitet hat; der Bericht vom ersten Tag der Schöpfung in der biblischen Überlieferung wirkt da wie eine Zeitlupenaufnahme. Wenn es denn diesen Urknall gab – dann muss davor doch etwas existiert haben, was sich da in unendlichen Geschwindigkeit ausgebreitet hat, da muss ein Energiepunkt gewesen sein, der so dicht war, dass er die gesamte Masse des Universums in reiner Energie konzentrierte – wenn denn Einstein Recht mit der These hat, dass Masse und Energie eigentlich das Gleiche sind. Eine ungeheure Energie, konzentriert auf den allerkleinsten Punkt, die sich entfaltet und zum Ursprung des gesamten Universums wird, diese Energie, die wir als kosmische Hintergrundstrahlung sogar messen können, die alles durchdringt, immer und überall da ist: Wo liegt in dieser naturwissenschaftlichen Beschreibung der Entstehung des Universums noch ein Widerspruch zum Schöpfungsbericht? Ich kann ihn nicht erkennen.

Aber kehren wir aus den Weiten des Kosmos zurück auf unsere kleine Erde. Die war zu Beginn wüst und leer. Auf Hebräisch heißt das Tohuwabohu, ein Wort, das sich als Bezeichnung für absolutes Chaos in unseren alltäglichen Sprachgebrauch übergegangen ist. Und was macht Gott in diesem Tohuwabohu? Das, was sie nach dem Winter auch in Ihrem Garten gemacht haben: Er räumt auf, schafft Ordnung. Am Ende des sechsten Tages hat alles seine beste Ordnung, Gott sah, dass es gut war und kann sich zur Ruhe begeben. Aus dieser Erzählung meinen nun manche schließen zu sollen, dass es unsere Aufgabe als Menschen sei, diese ursprüngliche Ordnung wieder herzustellen und zu bewahren. Ein wesentliches Bestimmungsmerkmal dieser göttlichen Ordnung sei darin zu sehen, dass Gott den Menschen als Mann und Frau schuf. Durch die Verbindung der Geschlechter wird neues Leben ermöglicht, nur in der auf die Zeugung von Nachkommen gerichteten Partnerschaft wird der göttliche Schöpfungsauftrag erfüllt. Gleichgeschlechtliche Partnerschaften sind damit – so die Verlautbarung des Vatikans – objektiv ungeordnet. Aber gibt der Text diese Sichtweise denn wirklich her? *»Gott schuf den Menschen zu seinem Bilde, zum Bilde Gottes schuf er ihn; und schuf sie als Mann und Frau«*, lautet der Vers in der Übersetzung Luthers. Kann man daraus nicht auch lesen, dass Gott JEDEM Menschen männliche und weibliche Elemente mitgibt? Dann wäre es die Aufgabe des Menschen BEIDE Seiten seiner Existenz zu erleben und zu entfalten, um die ihm aufgegebene Gottesebenbildlichkeit zu verwirklichen. Denn zu Gottes Ebenbild werden wir erst in der Liebe. Diese Liebe realisiert sich AUCH in der Zeugung: Aus Zweien wird ein Fleisch und ein drittes Leben entsteht aus diesem Akt. Die Dreieinigkeit Gottes wird so körperlich erfahrbar, das Paar wird Teil des göttlichen Schöpfungshandelns. Aber dieses großartige Angebot Gottes muss man nicht so formulieren, dass diejenigen, denen die Erfahrung der Zeugung verwehrt bleibt, dadurch als minderwertig oder gar sündhaft angesehen werden. Gott schenkt uns unterschiedliche Talente.

Aber selbst, wenn man dieser Argumentation nicht folgen will: Wer aus dem zitierten Vers herausliest, dass nur die Verbindung zwischen Mann und Frau dem göttlichen Willen entspricht, der sollte zwei Verse weiter lesen: *»Und Gott sprach: Sehet da, ich habe euch gegeben alle Pflanzen, die Samen bringen, auf der ganzen Erde, und alle Bäume mit Früchten, die Samen bringen, zu eurer Speise.«* Nach dem Schöpfungsbericht ist dem Menschen also vegane Ernährung vorgeschrieben. Wer einerseits gleichgeschlechtliche Partnerschaften mit Verweis auf den Schöpfungsbericht ablehnt aber sich andererseits nicht an das Gebot rein pflanzlicher Ernährung halten will, der begeht „Rosinenpickerei“, der sucht sich die Stellen raus, die ihm passen und ignoriert die Zumutungen an sich selbst! Es ist ja viel bequemer, Gebote für andere zu formulieren als sich selbst an welche zu halten.

Und das führt mich zum letzten Gedanken, den ich Ihnen heute zu diesem Predigttext vorstellen möchte: Nach getaner Arbeit ruht Gott am siebten Tag und segnet diesen. Erst einmal genug getan! Dieses „genug" ist ein zentraler Bestandteil der Schöpfung. Es muss nicht immer mehr, immer besser, immer perfekter sein. Das Werk der ersten sechs Tage war gut, aber der Segen liegt auf dem siebten, dem Ruhe-Tag. Ich finde, wir sollten diesen Mut zum Müßiggang viel öfter auch in unserem Leben zeigen. „Müßiggang hat Gold im Mund" und „Morgenstund' ist aller Laster Anfang" – so verdreht haben diese Sprichwörter auch eine tiefe Wahrheit! Deshalb – wenn Sie nachher in ihren Garten schauen: Lassen Sie den Löwenzahn und die Gänseblümchen ruhig blühen. Kümmern Sie sich nicht darum, wenn die Hecken des Nachbarn perfekter getrimmt und sein Rasen besser geschnitten ist. Widmen Sie sich mit voller Kraft dem Nichtstun. Der Aufforderung *»füllet die Erde und machet sie euch untertan und herrschet über die Fische im Meer und über die Vögel unter dem Himmel und über das Vieh und über alles Getier, das auf Erden kriecht«* sind wir schon viel zu gründlich nachgekommen. Ein bisschen mehr Unordnung wird nicht nur Ihr Leben reicher und bunter machen, gerade im Garten ist das Tohuwabohu nicht *»wüst und leer«* sondern voller Leben, ein Schatz für Vögel und alles Getier, das auf der Erde kriecht. Vielleicht denken Sie dann an die Aber-Milliarden von Zufällen, die seit der Entstehung der Welt erforderlich waren, damit Sie heute so dasitzen, wie sie dasitzen – und fühlen sich in Anbetracht der Unwahrscheinlichkeit, dass es gerade so gekommen ist, in einzigartiger Weise von Gott geschaffen und gewollt. Ich kann in einem solchen Moment die Schöpfungsgeschichte ganz wörtlich erleben: *»Und Gott sprach: Lasset uns Menschen machen, ein Bild, das uns gleich sei«.*

3. Mose 1, 1 – 24

Sie wissen es sicher schon – die Schöpfungsgeschichte hat kein Happy End. Die Vertreibung aus dem Paradies war die Folge menschlichen Ungehorsams gegenüber Gottes Gebot. Allerdings frage ich mich immer wieder, wenn ich die Schöpfungsgeschichte lese: Wie wurde Eva eigentlich Großmutter?

Liebe Gemeinde,

das Paradies – das ist ganz offensichtlich nicht hier und heute. Es ist ein Ort weit vor unserer Zeit und eine Hoffnung auf die Zeit lange nach uns. Aber warum leben wir nicht in paradiesischen Zuständen, wenn Gott, den wir als Schöpfer allen Seins rühmen, doch gütig und gnädig ist? Auf diese Frage gibt eine uralte Erzählung eine Antwort, die im 3. Kapitel des 1. Buch Mose aufgeschrieben wurde:

1 *Aber die Schlange war listiger als alle Tiere auf dem Felde, die Gott der Herr gemacht hatte, und sprach zu der Frau: Ja, sollte Gott gesagt haben: Ihr sollt nicht essen von allen Bäumen im Garten?*

2 *Da sprach die Frau zu der Schlange: Wir essen von den Früchten der Bäume im Garten;*

3 *aber von den Früchten des Baumes mitten im Garten hat Gott gesagt: Esset nicht davon, rühret sie auch nicht an, dass ihr nicht sterbet!*

4 *Da sprach die Schlange zur Frau: Ihr werdet keineswegs des Todes sterben,*

5 *sondern Gott weiß: An dem Tage, da ihr davon esst, werden eure Augen aufgetan, und ihr werdet sein wie Gott und wissen, was gut und böse ist.*

6 *Und die Frau sah, dass von dem Baum gut zu essen wäre und dass er eine Lust für die Augen wäre und verlockend, weil er klug machte. Und sie nahm von der Frucht und aß und gab ihrem Mann, der bei ihr war, auch davon und er aß.*

7 *Da wurden ihnen beiden die Augen aufgetan und sie wurden gewahr, dass sie nackt waren, und flochten Feigenblätter zusammen und machten sich Schurze.*

8 *Und sie hörten Gott den Herrn, wie er im Garten ging, als der Tag kühl geworden war. Und Adam versteckte sich mit seiner Frau vor dem Angesicht Gottes des Herrn unter den Bäumen im Garten.*

9 *Und Gott der Herr rief Adam und sprach zu ihm: Wo bist du?*

10 *Und er sprach: Ich hörte dich im Garten und fürchtete mich; denn ich bin nackt, darum versteckte ich mich.*

11 *Und er sprach: Wer hat dir gesagt, dass du nackt bist? Hast du nicht gegessen von dem Baum, von dem ich dir gebot, du solltest nicht davon essen?*

12 *Da sprach Adam: Die Frau, die du mir zugesellt hast, gab mir von dem Baum und ich aß.*

13 *Da sprach Gott der Herr zur Frau: Warum hast du das getan? Die Frau sprach: Die Schlange betrog mich, sodass ich aß.*

14 *Da sprach Gott der Herr zu der Schlange: Weil du das getan hast, seist du verflucht, verstoßen aus allem Vieh und allen Tieren auf dem Felde. Auf deinem Bauche sollst du kriechen und Erde fressen dein Leben lang.*

15 *Und ich will Feindschaft setzen zwischen dir und der Frau und zwischen deinem Nachkommen und ihrem Nachkommen; der soll dir den Kopf zertreten, und du wirst ihn in die Ferse stechen.*

16 *Und zur Frau sprach er: Ich will dir viel Mühsal schaffen, wenn du schwanger wirst; unter Mühen sollst du Kinder gebären. Und dein Verlangen soll nach deinem Mann sein, aber er soll dein Herr sein.*

17 *Und zum Mann sprach er: Weil du gehorcht hast der Stimme deiner Frau und gegessen von dem Baum, von dem ich dir gebot und sprach: Du sollst nicht davon essen -, verflucht sei der Acker um deinetwillen! Mit Mühsal sollst du dich von ihm nähren dein Leben lang.*

18 *Dornen und Disteln soll er dir tragen, und du sollst das Kraut auf dem Felde essen.*

19 *Im Schweiße deines Angesichts sollst du dein Brot essen, bis du wieder zu Erde werdest, davon du genommen bist. Denn du bist Erde und sollst zu Erde werden.*

20 *Und Adam nannte seine Frau Eva; denn sie wurde die Mutter aller, die da leben.*

21 *Und Gott der Herr machte Adam und seiner Frau Röcke von Fellen und zog sie ihnen an.*

22 *Und Gott der Herr sprach: Siehe, der Mensch ist geworden wie unsereiner und weiß, was gut und böse ist. Nun aber, dass er nur nicht ausstrecke seine Hand und breche auch von dem Baum des Lebens und esse und lebe ewiglich!*

23 *Da wies ihn Gott der Herr aus dem Garten Eden, dass er die Erde bebaute, von der er genommen war.*

24 *Und er trieb den Menschen hinaus und ließ lagern vor dem Garten Eden die Cherubim mit dem flammenden, blitzenden Schwert, zu bewachen den Weg zu dem Baum des Lebens.*

Diese Geschichte ist ein Mythos. Damit meine ich NICHT, dass sie nicht wahr sei. Aber sie beschreibt eine Wahrheit jenseits dessen, was mit menschlicher Logik erfasst werden kann. Und dieser Text spricht von Gott. Wir vergessen viel zu oft, dass wir uns beim Reden von Gott in der Kunst bemühen, dass Unsagbare in Worte zu fassen. Jeder unserer Begriffe ist zu klein, um die Herrlichkeit dessen zu beschreiben, den wir als Urgrund unseres Seins gerade auch im Mythos glaubend bezeugen.

Und dieser Text spricht vom Menschen. Menschen aller Zeiten und Regionen haben sich als etwas Besonderes in ihrer Umwelt erlebt. Es muss etwas geben, was den Menschen von den Tieren unterscheidet. Selbst die moderne Wissenschaft tut sich schwer, diesen Unterschied genau zu benennen. Je mehr die biologische Forschung über manche Tiere herausfindet, umso unsicherer werden die herkömmlichen wissenschaftlichen Definitionen des Menschen. Der Gebrauch von Werkzeug ist längst schon bei Affen und sogar Vögeln nachgewiesen. Den aufrechten Gang beherrschen zumindest über kurze Strecken auch manche Tierarten. Die Beweglichkeit des Daumens und das lange Überleben der Frauen nach der Menopause stellen nun auch keine wirklich befriedigenden Definitionen des Menschseins dar.

Der Predigttext gibt darauf zwei Antworten, die er miteinander verknüpft: Zum einen ist da das Wissen um Gut und Böse, dass den Menschen offensichtlich vom Tier unterscheidet. Kein Wolf, der ein Lamm reißt, hat deswegen ein schlechtes Gewissen. Die Fangschrecke mit dem hübschen Namen „Gottesanbeterin“ empfindet keine Schuld, wenn sie das Männchen nach dem Paarungsakt verspeist. Kein Pavian schämt sich dafür, wenn er nach der Eroberung eines Harems die Kinder seines Vorgängers tötet. Nur der Mensch hat ein Bewusstsein von Gut und Böse – und damit eine besondere Beziehung zu Gott.

Eine weitere Beobachtung verknüpft der Text mit dieser Erkenntnis: Nur der Mensch hat die Möglichkeit und Notwendigkeit sich zu kleiden. Damit ist es unvermeidbar, dass er sich über die Nahrung hinaus Dinge aneignet. Diese Not ergibt sich nach dem biblischen Zeugnis aus der Übertretung von Gottes gutem Gebot. Und wenn wir den Text gründlich lesen, wird deutlich, dass diese Übertretung doch aus ziemlich freien Stücken geschieht. Eva hätte der Schlange kein Gehör schenken müssen, Adam war nicht gezwungen, die ihm dargereichte verbotene Frucht zu essen – doch trotz aller faulen Ausreden bleibt Gott dem Menschen gnädig zugewandt und schenkt Adam und Eva Röcke von Fellen, um ihre Blöße zu bedecken.

Aber Strafe muss sein – so verweist Gott Adam und Eva aus dem Paradies. Dass dies nicht als geographischer Ort gedacht werden kann, ergibt sich für mich schon daraus, dass wir in unserer Welt ja von Pflanzen und Tieren umgeben sind, die sich nichts haben zuschulden kommen lassen. Jesus Christus erklärt uns den Unterschied im Matthäus-Evangelium so:

»Darum sage ich euch: Sorgt nicht um euer Leben, was ihr essen und trinken werdet; auch nicht um euren Leib, was ihr anziehen werdet. Ist nicht das Leben mehr als die Nahrung und der Leib mehr als die Kleidung? Seht die Vögel unter dem Himmel an: Sie säen nicht, sie ernten nicht, sie sammeln nicht in die Scheunen; und euer himmlischer Vater ernährt sie doch. Seid ihr denn nicht viel mehr als sie? Wer ist unter euch, der seines Lebens Länge eine Spanne zusetzen könnte, wie sehr er sich auch darum sorgt? Und warum sorgt ihr euch um die Kleidung? Schaut die Lilien auf dem Feld an, wie sie wachsen: Sie arbeiten nicht, auch spinnen sie nicht. Ich sage euch, dass auch Salomo in aller seiner Herrlichkeit nicht gekleidet gewesen ist wie eine von ihnen. Wenn nun

Gott das Gras auf dem Feld so kleidet, das doch heute steht und morgen in den Ofen geworfen wird: Sollte er das nicht viel mehr für euch tun, ihr Kleingläubigen? Darum sollt ihr nicht sorgen und sagen: Was werden wir essen? Was werden wir trinken? Womit werden wir uns kleiden? Nach dem allen trachten die Heiden. Denn euer himmlischer Vater weiß, dass ihr all dessen bedürft. Trachtet zuerst nach dem Reich Gottes und nach seiner Gerechtigkeit, so wird euch das alles zufallen. Darum sorgt nicht für morgen, denn der morgige Tag wird für das Seine sorgen. Es ist genug, dass jeder Tag seine eigene Plage hat«. (Mt. $6_{,\,25-34}$)

Um so zu leben, müssen wir werden wie die Kinder. Kinder erwarten alles, was sie zum Leben brauchen, von ihren Eltern. Ihre Freiheit ist Freiheit VON Besitz – wir Erwachsenen streben dagegen häufig nach einer Freiheit DURCH Besitz. Der Traum, den sich viele Menschen mit einem Lotto-Gewinn vor allem erfüllen wollen, ist der Wunsch nach absolut autonomen Entscheidungen. Das Geld soll uns unabhängig machen, unabhängig auch von Gott.

Geld ist eine ganz und gar menschliche Erfindung, die dazu führt, dass der Mensch sich gottgleich fühlen kann. Dank des Geldes kann der Mensch selbst Wohlstand schöpfen. Er emanzipiert sich von der Schöpfung Gottes und wird selbst zum Schöpfer von Geld, Kredit und damit Schuld. Schuld ist ganz und gar menschengemacht. Kein Tier schuldet dem anderen etwas, keine Pflanze gewährt einer anderen ein Darlehen, kein Pilz nimmt Zinsen. Das Geld gaukelt uns vor, wir könnten uns unseren eigenen Garten Eden schaffen: Hast du genug Geld, brauchst du dein Brot nicht mehr im Schweiße deines Angesichts zu essen. Ja, durch Geld haben wir es sogar geschafft, Frauen von den Schmerzen der Geburt weitgehend zu entbinden. In Deutschland erfolgen heute bereits über 40% der Geburten per Kaiserschnitt unter Vollnarkose – eine teure Methode aber für die Gebärende sehr viel weniger schmerzhaft als es eine natürliche Geburt oft ist. Und wir versuchen alles, um Geld zu Gott zu machen: Wir erfinden neue Mythen. Der Ur-Mythos der Religion des Gottes Mammon wurde 1714 von Bernard Mandeville aufgeschrieben. In seiner „Bienenfabel“ versucht er zu beweisen, dass sich private Laster in öffentliche Vorteile verkehren, weil das Laster dazu führe, dass Wohlstand geschaffen werde. Er wurde damit zu einem der Vorväter der Volkswirtschaftslehre. Ich habe Volkswirtschaft studiert. Und ich kann Ihnen versichern, die Rationalität der Wirtschaftswissenschaften ist nur vorgegaukelt; es handelt sich tatsächlich um eine Ansammlung pseudoreligiöser Mythen. Haben Sie an den Mythos der immerwährenden Börsenhausse geglaubt? Hat man Ihnen nicht auch den Mythos erzählt, Erspartes verschaffe Sicherheit? Kennen Sie den Mythos, dass Ihr Geld für Sie arbeiten würde? Der Börsenhandel in Frankfurt findet inzwischen auch an kirchlichen Feiertagen statt und nur mit Mühe konnten die Kirchen mit Unterstützung des Verfassungsgerichts den Ladenschluss an Sonntagen als Regelfall verteidigen. Denn Geld ist kein gütiger und gnädiger Gott. Geld verlangt von uns totale Unterwerfung, die Kommerzialisierung aller Lebensbereiche. Anders als der Gott, an den wir Christen glauben, gönnt uns der Gott Mammon keinen siebten Tag der Ruhe. Gott Mammon schafft Wachstum sagen seine Propheten. Christen glauben aber, dass nur Gott der Herr, der Schöpfer des Himmels und der Erde, alles Leben wachsen und gedeihen lässt.

Die amerikanische Religionsphilosophin Karen Armstrong schreibt in ihrem Buch „The Case for God", das ich hier nach einem in der ZEIT erschienen übersetzten Auszug zitiere: „Ungeachtet unseres wissenschaftlichen und technischen Scharfsinns ist unser religiöses Denken auffällig unterentwickelt, ja primitiv." Dieser Vorwurf mag in den USA berechtigt sein, die theologische Situation in unserer evangelischen Landeskirche trifft er nach meiner Überzeugung nicht. Aber auch wir geraten in Gefahr, Gott immer mehr vereinfachen zu wollen, ihn zum Objekt unserer autonomen Entscheidungen zu degradieren. Wir trachten danach, Gott in die engen Grenzen unserer Vorstellungskraft einzuhegen. Wo die Mythologie dem Gotte Mammon überlassen wird, wächst die Gefahr, die Bibel als naturwissenschaftliches Buch zu lesen.

Daraus erwächst ein Irrtum wie der Kreationismus, der aus dem fundamentalistischen Glauben, der in den sogenannten Pfingstkirchen gepredigt wird. Diese Lehre ist Teil des Versuchs, die transzendentale Kraft

Gottes zu leugnen und durch einen rationalen Glauben ersetzen zu wollen, der sich mit der Mythologie des Gottes Mammon nicht in die Quere kommt. So reden die Jünger dieses Pseudoglaubens in ihren Gottesdiensten „in Zungen", sie stammeln in Ekstase wirres Zeug und halten das für die Kraft des Heiligen Geistes. Die Propheten des Alten Testaments, die Apostel des Neuen Testaments und Jesus Christus selbst lehren aber etwas anderes: Die Kraft des Heiligen Geistes zeigt sich im klaren Wort! Darin, dass gesagt wird, was den Mächtigen gesagt werden muss, auch wenn man sich damit ins gesellschaftliche Abseits stellt oder sogar sein Leben riskiert.

Diese klaren Worte erwarten wir von unserer Kirche. Wir erwarten, dass sie gegen alle Widerstände klar benennt, woran unsere Gesellschaft krankt. Wir wollen, dass die Kirche laut aufschreit, wenn Menschen, die bei uns Schutz vor Hunger und Verfolgung suchen, zwangsweise in ihr Herkunftsland abgeschoben werden. Wir wollen, dass die Kirche laut ihre Stimme erhebt, wenn der Staat sich zum Büttel der Besitzenden macht anstatt für die Witwen und Waisen, die Armen und Fremdlinge einzutreten, was die Bibel als vornehmste Aufgaben eines guten Königs beschreibt. Wir wollen, dass die Kirche klar sagt, dass es ein Ende haben muss mit der Verbrennung von Öl, dass wir uns darauf verlassen dürfen, dass Gott uns genug Sonne, Wind und Wasser schickt, um unsere Bedürfnisse zu decken. Und wir wollen auch, dass die Kirche sagt, dass die Erde nach dem Willen Gottes die Heimstatt vieler Arten sein soll und sich die Menschen auch in ihrer Vermehrung beschränken müssen, um dies zu ermöglichen. Aber vor allem erwarten wir ein klares Wort, dass das Geld wieder zu einem Mittel zur Vereinfachung von Tauschvorgängen werden muss und nicht zum Zweck des Seins erhoben werden darf. Die Kirche, die so ihrem prophetischem Auftrag gerecht wird, sichert ihre Existenz nicht durch eigenen materiellen Besitz sondern durch den Glauben ihrer Mitglieder. Sie wird Beispiel geben für einen vernünftigen Umgang mit Besitz. Jesus von Nazareth war ganz Mensch. Als solcher aß und trank er und besaß die Kleidung, die er am Leibe trug. In der Nachfolge Jesu können wir frei von Gier in der Erwartung leben, in der Sicherheit, dass Gott uns alles schenken will, was wir zum Leben brauchen.

Die Cherubim, die den Weg zum Baum des Lebens verstellen, sind wir selbst: Das flammende, blitzende Schwert unserer Gier hält uns fern vom Baum des Lebens. Und von dieser Gier lassen wir uns immer wieder in Versuchung führen. Von Oscar Wilde stammt der Satz: „Ich kann allem widerstehen außer der Versuchung". Dieser Satz beschreibt gut, wie wir heute meist leben. Wir wissen, was Gut und Böse ist – aber unsere Gier hält uns viel zu oft davon ab, uns für das Gute zu entscheiden. Immer wieder sollten wir uns klar machen, dass wir die Freiheit haben, uns für das Gute zu entscheiden, und Gott von Herzen um die Kraft bitten, es zu tun.

Aber auch, wenn wir das nicht immer schaffen werden, dürfen wir auf die Gnade unseres Herrn vertrauen. Durch den Tod und die Auferstehung Jesu sind wir von der Endgültigkeit des Todes erlöst. Aber wir sind auch zum Tode erlöst: Das letzte Hemd hat keine Taschen, sagt der Volksmund. Spätestens im Tode werden wir vom Besitz, von unserer Gier befreit und dürfen wie ein Kamel durchs Nadelöhr eingehen in die Herrlichkeit des Herrn. Gelingendes Leben ist möglich, wenn wir aufhören auf unsere eigene Kraft zu vertrauen und stattdessen Gott walten lassen. Dann wird man über uns am Ende unser Tage wie über Hiob sagen: Er starb alt und lebenssatt.

Leben Sie großzügig. Seien Sie freigiebig gegenüber Ihren Mitmenschen und demütig gegenüber Gott. So kann Leben gelingen.

Hld. 7, 1 – 14

Die Bibel reduziert die menschliche Sexualität nicht auf ihre Funktion im Fortpflanzungsgeschehen. Biblische Texte sehen vielmehr auch die Freude, die sich in der Sexualität mitteilt. Das beeindruckendste Beispiel für diese Sicht auf sexuelle Lust ist das Hohelied, aus dem der folgende Predigttext stammt.

Liebe Gemeinde,

in der Lesung (Joh. 2, 1 – 11) haben wir gehört, wie Jesus in seinem ersten öffentlichen Auftreten eine Hochzeitsfeier am Laufen hält. Wir erfahren in dieser Geschichte aber so gut wie nichts über das Brautpaar. Wie hat der Bräutigam die Liebe seiner frisch Angetrauten gewonnen? Haben die jeweiligen Eltern die Ehe arrangiert? Oder war es eine echte Liebesheirat? In unserem heutigen Predigttext geht es auch um ein Paar. Offensichtlich sind sie nicht verheiratet, denn sie spricht im Text von ihrem Verehrer als ihrem Freund und in den Kapiteln davor spricht er von ihr als seiner Freundin. Für die Älteren unter Ihnen: Der junge Mann macht der Dame den Hof. Für die Jüngeren: Er gräbt sie an. Hören wir auf das Wort der Heiligen Schrift im 7. Kapitel des Hohelieds:

1 *Wende dich hin, wende dich her, o Sulamith! Wende dich hin, wende dich her, dass wir dich schauen! Was seht ihr an Sulamith beim Reigen im Lager?*

2 *Wie schön ist dein Gang in den Schuhen, du Fürstentochter! Die Rundung deiner Hüfte ist wie ein Halsgeschmeide, das des Meisters Hand gemacht hat.*

3 *Dein Schoß ist wie ein runder Becher, dem nimmer Getränk mangelt. Dein Leib ist wie ein Weizenhaufen, umsteckt mit Lilien.*

4 *Deine beiden Brüste sind wie junge Zwillinge von Gazellen.*

5 *Dein Hals ist wie ein Turm von Elfenbein. Deine Augen sind wie die Teiche von Heschbon am Tor Bat-Rabbim. Deine Nase ist wie der Turm auf dem Libanon, der nach Damaskus sieht.*

6 *Dein Haupt auf dir ist wie der Karmel. Das Haar auf deinem Haupt ist wie Purpur; ein König liegt in deinen Locken gefangen.*

7 *Wie schön und wie lieblich bist du, du Liebe voller Wonne!*

8 *Dein Wuchs ist hoch wie ein Palmbaum, deine Brüste gleichen den Weintrauben.*

9 *Ich sprach: Ich will auf den Palmbaum steigen und seine Zweige ergreifen. Lass deine Brüste sein wie Trauben am Weinstock und den Duft deines Atems wie Äpfel;*

10 *lass deinen Mund sein wie guten Wein, der meinem Gaumen glatt eingeht und Lippen und Zähne mir netzt.*

11 *Meinem Freund gehöre ich und nach mir steht sein Verlangen.*

12 *Komm, mein Freund, lass uns aufs Feld hinausgehen und unter Zyperblumen die Nacht verbringen,*

13 *dass wir früh aufbrechen zu den Weinbergen und sehen, ob der Weinstock sprosst und seine Blüten aufgehen, ob die Granatbäume blühen. Da will ich dir meine Liebe schenken.*

14 *Die Liebesäpfel geben den Duft, und an unsrer Tür sind lauter edle Früchte, heurige und auch vorjährige: Mein Freund, für dich hab ich sie aufbewahrt.*

Meine Damen,

ich weiß nicht, ob Sie jeden der Vergleiche als schmeichelhaft empfinden würden, benutzte ein Verehrer sie in Bezug auf ihre Person. Vielleicht würden Sie die Bezeichnung ihres Leibes als Weizenhaufen selbst dann nicht als liebkosend empfinden, wenn er als mit Lilien umsteckt beschrieben wird. Auch die Bezeichnung der Brüste als junge Zwillinge von Gazellen klingt für mich zunächst eher befremdlich als erotisch. Und ich kenne auch etliche Damen, die schockiert zum Schönheitschirurgen liefen, wenn man ihre Nase mit einem Turm auf dem Libanon vergliche, der nach Damaskus sieht.

Aber eines ist klar, selbst wenn das eine oder andere Bild mehr als schräg erscheint: Der Mann, der dies alles zu einer Frau sagt, ist schwer verschossen. Und er möchte nicht nur Händchenhalten. Offensichtlich wird er verstanden und erhört:

»Komm, mein Freund, lass uns aufs Feld hinausgehen und unter Zyperblumen die Nacht verbringen (...) Da will ich dir meine Liebe schenken«.

Meine Herren,

was wäre Ihre Erwartung an eine solche Ankündigung? Ich wäre dann doch etwas enttäuscht, bliebe es beim Küssen. Das Angebot ist eindeutig. Es geht in diesem Text um Sex, darum, dass sich zwei Menschen auch körperlich begehren. Das Hohelied ist ein Stück antiker erotischer Literatur, deren Kraft wir heute noch spüren, auch wenn wir manche Worte und Bilder sicher anders wählten.

Liebe Gemeinde,

Generationen von Predigern haben sich daran versucht, dem Hohelied diese erotische Dimension zu nehmen. Der Flirt, der in eindrucksvollen Worten beschrieben wird, sei als Sinnbild für die Verbindung zwischen Jesus und seiner Kirche zu verstehen, war lange Jahrzehnte ein beliebter Versuch, den vorehelichen Geschlechtsverkehr, den die beiden offensichtlich anstreben, aus der Heiligen Schrift wegzuretuschieren. Und auch heute tut sich die Kirche mit diesem Text noch schwer: Er ist nicht in den normalen Predigtreihen enthalten sondern stellt einen sogenannten Ergänzungstext dar, d.h. es ist in das Ermessen des Predigers gestellt, ob er diesen Text wählt.

Wie der Lesungstext ist auch der Predigttext ein Beispiel dafür, dass die Bibel das Leben in seiner ganzen prallen Fülle kennt und zutiefst bejaht. Da wird gegessen und getrunken, da wird gefeiert und getanzt, da werden Kinder gezeugt und geboren. Aber da wird natürlich auch gelitten und gestorben, da wird gefeilscht und betrogen, da wird gemordet und die Ehe gebrochen – und gar nicht so selten mehreres auf einmal. Das Leben in seiner ganzen Fülle – das ist uns von Gott geschenkt. Diese Botschaft zieht sich durch viele biblische Geschichten. Und dazu gehört auch die Sexualität als gute Gabe Gottes. Allein Paulus hat eine eher pessimistische Einstellung zur Körperlichkeit, die er aber selbst mit seiner Erwartung der Wiederkehr Jesu noch zu seinen Lebzeiten erklärt. Wenn das Weltgericht unmittelbar bevorsteht, dann müssten tiefe zwischenmenschliche Beziehungen unerfüllt bleiben. Wer aber erwartet, Gottes Angesicht erst in einer zukünftigen Welt erblicken zu dürfen, der kann sich auch in seiner gelebten Sexualität auf die biblische Botschaft berufen – und das bis ins hohe Alter, wie uns das Beispiel von Abraham und Sara lehrt, die erst im hohen Alter mit ihrem Sohn Isaak beschenkt wurden.

Innerhalb des Alten Testaments zählt das Hohelied zu den sogenannten Weisheitsbüchern. Und da es sich um ein biblisches Buch handelt, erzählt es sicher auch eine Geschichte, die uns etwas über das Verhältnis von Gott zu den Menschen sagen will. Welche Lehren können das sein? Eine Weisheit, die das Hohelied für mich bereithält, ist die grundsätzlich positive Einstellung zur körperlichen Liebe. Der Autor des Hohelieds lobt Gott für die Schönheit seiner Freundin, die Freundin lobt Gott für die Schönheit ihres Freundes. Wenn sie sich gegenseitig begehren, preisen sie Gott dafür, in der ekstatischen Erfüllung ihrer Liebe eine Vorahnung der ewigen Freude in Gottes Reich erleben zu dürfen. Gottes Geist beseelt unsere Körper – aber auch der Körper selbst ist von Gott geschaffen und uns als Instrument seiner Verherrlichung geschenkt.

„Liebe macht blind" – sagt der Volksmund. Und bei einigen der Bilder, mit denen die Vorzüge Sulamiths beschrieben werden, bin ich geneigt, diesem volkstümlichen Urteil zuzustimmen. Aber dann stellt sich mir die Frage: Gilt das auch für die Liebe Gottes zu uns Menschen? Ich bin überzeugt, dass dies in gewisser Hinsicht stimmt. Denn Gott liebt nicht unsere mehr oder minder attraktiven Körper – auch wer nach landläufigem Schönheitsideal als wenig attraktiv, ja sogar hässlich gilt, darf sich von Gott geliebt wissen. Gottes Blindheit ist nicht die Blindheit der Justitia, die ja oft mit verbundenen Augen dargestellt wird. Bei Gott hoffe ich darauf, dass er in seiner Gerechtigkeit sogar ganz genau hinschaut. Dabei wird er sich nicht von Glanz und Glamour blenden lassen – ganz im Gegenteil. Er wird hinter meine selbstgebauten Kulissen schauen. Aber anders als bei einem weltlichen Richter, darf ich bei Gott darauf vertrauen, dass sein Blick nicht nüchtern-sachlich sondern liebevoll ausfallen wird.

In dem bekannten Buch „Der kleine Prinz" drückt Antoine de Saint-Exupéry das mit den Worten aus: „Nur mit dem Herzen sieht man gut". Mit dem Herzen sehen – das ist es, was ich aus den Worten des Predigttextes höre. Wie Sulamith tatsächlich ausgesehen hat, lässt sich aus dem Text nicht rekonstruieren. So wie jeder andere Bibeltext auch geben die Worte keine historisch genaue Geschichte wieder, sondern erzählen von der Beziehung zwischen Menschen und was Gott damit zu tun hat. Und da ist das Hohelied ein ganz wichtiges Buch der Bibel: Es erzählt davon, wie sich zwei Menschen in ihrer Liebe entgrenzen, wie aus zwei Ichs ein Wir entsteht. Das kann das Ergebnis gelingender Sexualität sein. Hingabe ohne Vereinnahmung. Wenn man aufhört, das zu tun, was man tut, weil es einem selbst guttut, sondern man das tut, wovon man hofft, dass es dem Partner guttut, dann ist biblisches Erkennen der Moment, in dem ich fühle, dass mein Partner dasselbe für mich tut. Wenn in einem solchen Moment, in dem man einander in die Seele schaut, neues Leben entsteht – dann darf man die Herrlichkeit des Herrn preisen. Aber auch ohne Zeugung bringt uns der Akt der gegenseitigen Entgrenzung, die kurzzeitige Bereitschaft zur Selbstaufgabe des Ichs näher zu Gott und seiner allumfassenden Liebe. Und dann spielt es keine Rolle, ob die Beteiligten verheiratet sind oder nicht. Dann ist es egal, ob es sich um Mann und Frau oder um zwei Männer oder zwei Frauen handelt. Die Teilhabe an der Herrlichkeit Gottes im Geschenk gelingender Sexualität kann in der Zeugung neuen Lebens münden. Der Mensch kann seinem Schöpfer zu Lebzeiten nie näher sein als in einem solchen Moment. Aber die Sexualität braucht die Möglichkeit der Zeugung nicht als Begründung oder gar Rechtfertigung. Die Weisheit des Hohelieds sagt mir vielmehr, dass Gott uns als sexuelle Wesen geschaffen hat – und er sah, dass es so gut war.

Jes. 43, 1 – 7

Die polyamouröseste Liebesbeziehung von der die Bibel berichtet, ist die Liebe Gottes zu den Menschen. Nach unserer Überzeugung als Christen geben wir diese Liebeserklärung Gottes in der Taufe weiter. Haben Sie schon einmal einen Tauferinnerungsgottesdienst mitgefeiert? Konnten Sie die Liebe Gottes in der Segenshandlung spüren?

Liebe Gemeinde,

in der Begrüßung habe ich Ihnen angekündigt, dass das Thema des heutigen Gottesdienstes die Taufe sein wird. Der Predigttext ist jedoch einen Abschnitt aus dem Buch des Propheten Jesaja, also ein Abschnitt aus dem Alten Testament. Die Taufe begegnet uns aber erst im Neuen Testament. Was kann also ein Text, der zu einer Zeit entstand, in der die Taufe noch gar nicht praktiziert wurde, zu diesem Thema sagen? Hören Sie die Worte aus dem 43. Kapitel. Ich lese die Verse 1 bis 7:

1 *Und nun spricht der Herr, der dich geschaffen hat, Jakob, und dich gemacht hat, Israel: Fürchte dich nicht, ich habe dich erlöst; ich habe dich bei deinem Namen gerufen; du bist mein.*

2 *Wenn du durch Wasser gehst, will ich bei dir sein, dass dich die Ströme nicht ersäufen sollen; und wenn du ins Feuer gehst, sollst du nicht brennen, und die Flamme soll dich nicht versengen.*

3 *Denn ich bin der Herr, dein Gott, der Heilige Israels, dein Heiland. Ich habe Ägypten für dich als Lösegeld gegeben, Kusch und Seba an deiner statt,*

4 *weil du in meinen Augen so wert geachtet und auch herrlich bist und ich dich lieb habe.*

5 *So fürchte dich nun nicht, denn ich bin bei dir. Ich will vom Osten deine Kinder bringen und dich vom Westen her sammeln,*

6 *ich will sagen zum Norden: Gib her! Und zum Süden: Halte nicht zurück! Bring her meine Söhne von ferne und meine Töchter vom Ende der Erde,*

7 *alle, die mit meinem Namen genannt sind, die ich zu meiner Ehre geschaffen und zubereitet und gemacht habe.*

In allen vier Evangelien wird uns ziemlich zu Beginn von der Taufe Jesu erzählt; bei Matthäus und Lukas im dritten Kapitel; bei Markus und Johannes sogar schon im ersten Kapitel. Den Evangelisten war offensichtlich wichtig, Jesus auf das Wirken Johannes des Täufers zu beziehen, zu bezeugen, dass Johannes selbst sich als ein Vorbote des Messias begriff und bei der Taufe Jesu diesen als den Heiland er- und anerkannte. Die Kontinuität zur Verkündigung des Johannes darzustellen, war allen Evangelisten ein Anliegen.

Aber gleichzeitig berichtet Jesu Taufe auch von einem radikalen Neuanfang. Es ist etwas anderes, ob ich das Kommen des Messias ankündige oder ob ich bezeuge, dass er da ist. Kontinuität und Neuanfang: In der Taufe verbinden sich auf den ersten Blick zwei anscheinend gegensätzliche Begriffe. Unsere Alltagserfahrung ist, dass ich nur eines zurzeit kann: Etwas fortführen oder etwas Neues beginnen. Die Taufe kann beides gleichzeitig. Nicht nur Jesu Taufe – auch wenn wir heutzutage in unseren Gemeinden Kinder taufen, steht die Taufe für beides: Kontinuität und Neuanfang. Ich erlebe, dass vor allem Großeltern den Aspekt der Kontinuität bei der Taufe ihrer Enkel erleben: Die nächste Generation ist da; die Tradition der Familie wird fortgeführt werden. Aber auch für die Gemeinde bedeutet jede Taufe die Hoffnung auf ein Stück Kontinuität: Durch die Aufnahme eines neuen Mitglieds wird die Hoffnung belebt, dass auch die Kirche weiter besteht, dass der Glaube weitergegeben und weiter gelehrt, weiter gelebt werden kann.

Da es heute bei uns üblich ist, kleine Kinder zu taufen, steht für den Täufling selbst die Taufe für den Neuanfang seines Lebens. Ich erlebe, dass sich für die Eltern eines Täuflings der Gedanke des Neuanfangs sich aufdrängt und stärker wiegt als der Gedanke an Kontinuität. Gerade wenn es das erste Kind ist, bedeutet die Taufe, dass aus einem Paar eine Familie geworden ist, ein neuer Lebensabschnitt beginnt. Ich kenne viele Eltern, für die die Taufe ihres Erstgeborenen ein größerer Einschnitt war als die Hochzeit.

Zur Zeit Jesu und in der frühen Kirche war dagegen die Erwachsenen-Taufe üblich. Aber auch hierbei herrschte die Vorstellung, dass im Taufbecken der „alte Mensch“ symbolisch ersäuft würde und aus der Taufe ein neuer Mensch hervorginge. Jesu Taufe wird von den Evangelisten als Bedingung für sein Wirken in der Welt gesehen. Matthäus, Markus und Lukas berichten wortgleich, dass bei der Taufe Jesu durch Johannes sich Gottes Geist wie eine Taube auf Jesus legt und eine Stimme aus dem Himmel spricht: *«Du bist mein lieber Sohn, an dir habe ich Wohlgefallen«* (Mt. 3, $_{17}$; Mk. 1, $_{11}$; Lk. 3, $_{22}$). Der göttliche Segen, der auf Jesus ruht, wird so für die Menschen um ihn herum sicht- und hörbar.

So ist die Taufe bis heute in erster Linie ein Ritual des Segnens. Dem Täufling und seine Familie wird Gottes Segen zugesprochen. Schon im Schöpfungsbericht ist uns überliefert, dass Gott, als er sah, dass seine Schöpfung gut war, das Leben auf dieser Erde segnete. Der Segen Gottes, das ist das Gute. Was mich am christlichen Glauben immer wieder fasziniert, ist, dass Gott sich nach unserer Vorstellung diesen Segen nicht exklusiv vorbehält, nicht er allein ist berechtigt, über seinen Segen zu verfügen. Vielmehr erteilt er uns Menschen die Vollmacht, Gottes Segen auch anderen zuzusprechen und verpflichtet sich uns gegenüber, diese Zusage des göttlichen Segens dem Gesegneten gegenüber einzulösen. Diese Vollmacht zu segnen ist nicht an irgendwelche Ämter gebunden, sie hängt nicht von einem bestimmten Lebenswandel ab. Jede und jeder, die oder der selbst Gottes Segen zugesprochen bekam, kann diesen Segen auch weitergeben. Das deutsche Wort „segnen“ stammt vom lateinischen Verb „signare“ – Sie hören bestimmt die Verwandtschaft zu Begriffen wie „Signal" und “Signa-tur“. Der Segen ist also ein Zeichen, er wirkt wie eine Unterschrift Gottes – er ist die ursprüngliche Kunde – also die „Ur-Kunde“ der Liebe Gottes zu seinen Geschöpfen. Und wir Menschen sind aufgefordert, diese „Urkunde“ auszustellen! Der erste Auftrag Gottes an Adam lautet, dass er seinen Mitgeschöpfen Namen geben, sie bezeichnen soll, ihnen Namen gibt. *»Und Gott der Herr machte aus Erde alle die Tiere auf dem Felde und alle die Vögel unter dem Himmel und brachte sie zu dem Menschen, dass er sähe, wie er sie nennte, denn wie der Mensch jedes Tier nennen würde, so sollte es heißen«* (1. Mose 2, $_{19}$).

Diese Vollmacht ist so stark, so wirkmächtig, dass Johannes im ersten Vers seines Evangeliums feststellt: *»Am Anfang war das Wort«* (Joh. 1, $_1$). Und im heutigen Predigttext verkündigt Jesaja, wie Gott das dem Menschen übertragene Recht, die Schöpfung mit Namen zu versehen, respektiert: *»Ich habe dich bei deinem Namen gerufen, du bist mein«*. Bei einer Taufe nennt der Liturg zunächst den Namen, den die Eltern dem Täufling gegeben haben. Dann wird der Täufling auf den Namen des Vaters, des Sohnes und des Heiligen Geistes getauft. Nicht „IM Namen" – „AUF den Namen" lautet die Formulierung in der Taufliturgie! Denn mit der Taufe schreiben wir den Namen des Täuflings in das Buch Gottes, er respektiert die Namensgebung und wir ihn oder sie bei diesem Namen rufen. Das Vertrauen, dass Gott in uns Menschen setzt, in dem er uns das Recht der Namensgebung überträgt, erfüllt mich immer wieder mit einer Mischung aus Erschaudern über die Größe der Verantwortung und Stolz, dass Gott uns kleinen Menschen zutraut, dieser Verantwortung gerecht werden zu können.

Der Segen hängt also eng mit unserem Namen zusammen. Das Gute, dass wir einem anderen tun können, ist, ihn beim Namen zu nennen. Damit wird mein Gegenüber zu meinem Nächsten, ich respektiere seine Individualität, hebe ihn aus der Masse heraus.

Die Taufe ist also ein Akt, der die Individualität bejaht und stärkt. Gleichzeitig wird der Täufling mit dem Vollzug des Sakraments aber auch in die Gemeinschaft unserer Kirche aufgenommen. Es gibt nur wenige Menschen, die die Begabung haben, ihr Leben allein mit sich und Gott zu verbringen. Ich kann mir für mich kein solches Eremitendasein vorstellen und ich vermute, die meisten von Ihnen bevorzugen ebenfalls das Leben in der Gesellschaft. Die Taufe ist ein Schritt hierzu: Nicht nur die Kernfamilie ist beteiligt; dem Täufling und den Eltern werden Paten zur Seite gestellt, die in der Regel dem Freundes- oder weiteren Familienkreis der Eltern angehören. Aber auch die Gemeinde, in die hinein ein Kind getauft wird, macht mit der Taufe das Angebot, dass der Täufling Teil der Gemeinschaft werden kann, lädt ein, sich zugehörig zu fühlen. Aber die Prioritäten sind klar: Die Taufe sagt uns zu, dass Gott ein ganz individuelles Verhältnis zu jeder und jedem Getauften aufbaut. Der Wert des Einzelnen steht also im Vordergrund. Aber das Verhältnis zwischen dem Einzelnen und Gott kann und muss sich im Verhältnis zu den Mitmenschen manifestieren. Das ist dann das höchste Gebot, wie und Jesus selbst sagt: *»Du sollst den Herrn, deinen Gott, lieben von ganzem Herzen, von ganzer Seele und von ganzem Gemüt« Dies ist das höchste und größte Gebot. Das andere aber ist dem gleich: »Du sollst deinen Nächsten lieben wie dich selbst«* (Mt. 22, $_{37\,ff}$).

Ein weiterer Aspekt der Taufe wird in unserem heutigen Predigttext kurz angesprochen, wenn Jesaja verkündet: *»Wenn du durch Wasser gehst, will ich bei dir sein, dass dich die Ströme nicht ersäufen sollen«.* Wir taufen mit Wasser. Eigentlich könnte man ja erwarten, dass ein so mächtiger Akt, ein so wichtiges Symbol mit etwas weniger Trivialem als Wasser durchgeführt würde. Die römisch-katholische Denomination unseres christlichen Glaubens salbt den Täufling zusätzlich zur Taufe mit Wasser auch mit Chrisam-Öl. Aber das Wasser ist für mich das stärke Zeichen. So wird uns im Schöpfungsbericht überliefert, dass Gottes Geist auf dem Wasser schwebte. Das Wasser ist der Ursprung allen Lebens auf der Erde, ohne Wasser kann es kein Leben geben, wie wir es kennen. Aber es hat auch gefährliche Seiten, wie Jesaja erzählt. Gott hat nicht nur das Leben aus dem Wasser geschaffen; die Erzählung von der Sintflut zeigt, dass er Wasser auch nutzt, um Leben auszulöschen, zu vernichten. Und wir haben das ja erlebt: Ich denke nur an die Flutkatastrophe auf dem Balkan in diesem Frühjahr oder die verheerenden Hochwasser, die wir in den letzten Jahren in Deutschland hatten. Und in diesem Sommer sind so viele Menschen wie lange nicht bei Badeunfällen ums Leben gekommen. Das Wasser erinnert uns also auch daran, wie bedroht unser Leben ist. Wasser ist aber aus meiner Sicht auch deshalb das richtige Element zum Taufen, weil es sich stets verändert. Jesus selbst wurde im Jordan – also in fließendem Wasser getauft. Schon der antike Philosoph Heraklit erkannte, dass niemand zweimal in denselben Fluss steigen kann. Vielleicht machen Sie heute Nachmittag einen Spaziergang an der Nidda – das Wasser, das Sie dann im Fluss sehen, ist anderes als das, das sie beim letzten Mal beobachten konnten. Platon verkürzte diese Erkenntnis in die berühmten Worte „pantha rhei“ – alles fließt. So bleibt die Veränderung das einzig stabile in unserem Leben. Veränderungen sind anstrengend – aber nur sie machen das Leben lebenswert, das als Abfolge des Immer Gleichen unerträglich langweilig würde. Die Taufe stellt uns nicht hilflos in diesen Strom der Zeit, sie sagt uns zu, dass Gott bei uns bleibt. Als Symbolhandlung am Anfang eines Lebens schenkt sie uns Hoffnung und Zuversicht. So will ich mit einem Vers von Hermann Hesse enden:

> Wie jede Blüte welkt und jede Jugend
> Dem Alter weicht, blüht jede Lebensstufe,
> Blüht jede Weisheit auch und jede Tugend
> Zu ihrer Zeit und darf nicht ewig dauern.
> Es muss das Herz bei jedem Lebensrufe
> Bereit zum Abschied sein und Neubeginne,
> Um sich in Tapferkeit und ohne Trauern
> In andre, neue Bindungen zu geben.
> Und jedem Anfang wohnt ein Zauber inne,
> Der uns beschützt und der uns hilft, zu leben.

Von großen und kleinen Tieren

Der Mensch behauptet gerne von sich, er sei die Krone der Schöpfung. Vielleicht stimmt das sogar – aber dann sei doch an die Geschichte der Monarchie erinnert, um die es heute nicht zum Besten steht. Wo es noch ein gekröntes Staatsoberhaupt gibt, ist es zum Grüß-Onkel degradiert; die Entscheidungen treffen andere. Tiere gab es vor uns Menschen – und ich bin überzeugt, dass sie die Spezies Mensch überleben werden. Aber große und kleine Tiere – das steht auch für Macht und Ohnmacht.

2. Sam. 6, 12 – 22

König David gehört im Alten Testament zweifellos zu den „großen Tieren". Aber das schützt ihn, den Helden, der Goliath besiegt hatte, nicht vor Kritik. Und Kritik ist besonders schmerzhaft, wenn sie von jemandem geäußert wird, der einem wirklich nahe steht – in diesem Fall von seiner eigenen Frau. Doch David zeigt, worin Größe besteht – nicht in Abgehobenheit gegenüber den Untertanen, sondern darin, sich um eine Kritik, die sich an Fragen des Protokolls entzündet, nicht zu scheren. Würden wir uns solche Größe nicht auch von unseren Politikern wünschen, die an jenem Sonntag zur Wahl standen?

Liebe Gemeinde,

wir haben heute die Wahl. Manche von Ihnen werden schon auf dem Weg hierher Station im Wahllokal gemacht haben, andere haben vielleicht wie ich die Wahlbenachrichtigung noch in der Tasche, um nach dem Gottesdienst an die Urne zu gehen.

Bei unserer Wahlentscheidung spielen sicher die unterschiedlichsten Überlegungen eine Rolle: Der eine mag jedes Zutrauen in die Politik verloren haben und sich der Stimme enthalten wollen. Andere sind seit vielen Jahren oder gar Jahrzehnten einer Partei fest verbunden, der sie auch dieses Mal wieder ihre Stimme geben. Und wieder andere lassen sich vielleicht von Koalitionsmöglichkeiten leiten und setzen ihr Kreuz dort, wo sie erhoffen, dass sie als Resultat ihre Wunschkoalition erhalten.

Für die wenigsten von uns wird die Lage im Nahen Osten und hier speziell in Syrien die Wahlentscheidung beeinflussen. Das ist weit weg und die Politikerinnen und Politiker scheinen der Frage, wer in diesem Konflikt nun eigentlich die Guten sind, genauso hilflos gegenüber zu stehen, wie die Mehrzahl der Medien. Und so laviert die Kanzlerin zwischen einem Nein zur einer Syrien-Entschließung beim G20-Gipfel und einem Ja am nächsten Tag bei der EU-Außenministerkonferenz zum selben Text. Da hat die SPD in ihrem Kompetenzteam niemanden für die Frage der Sicherheits- und Verteidigungspolitik nominiert und bleibt daher angesichts der Krise sprachlos. Da hat die Linke nicht mehr anzubieten als ein Nein zu einem Bundeswehr-Einsatz, den niemand ernsthaft diskutiert. Der Außenminister findet zu nicht mehr als hilflosen Appellen an die Diplomatie. Da schwanken die Grünen zwischen der völkerrechtlicher Schutzverantwortung und einerseits und dem Verbot einer Intervention auf Basis eines unerreichbar erscheinenden Beschlusses des UN-Sicherheitsrats.

Ich weiß nicht, wie es Ihnen geht in Anbetracht der politischen Diskussion: Mein Eindruck ist, dass bei allen Beteiligten die Angst vor einem Gesichtsverlust im Falle einer Positionierung, die sich im Nachhinein als falsch herausstellt, größer ist, als der Wunsch, mit entschlossenem Handeln zu einem Ende des Blutvergießens beizutragen. Und das gilt sicher nicht nur für die deutschen Politikerinnen und Politiker, die sich im Wahlkampf erst recht keinen Fehltritt leisten wollen. Die Angst vor dem Gesichtsverlust ist bei Menschen, die in der Öffentlichkeit stehen, besonders groß. In der Lesung (Mt. 15, $_{21-28}$) haben wir von einer Dame gehört, die zum Volk der Kanaaniter gehört, heutzutage nennen wir diese Menschen „Palästinenser". Sie war nicht bedeutsam, nicht der Berichterstattung der Medien ausgesetzt, daher mag es ihr leichter gefallen sein, sich mit ihrer nachdrücklichen Bitte an Jesus der Lächerlichkeit auszusetzen. Aber die Bibel kennt auch Beispiele von Großen und Mächtigen, die sich in den Augen der Großen ihrer Zeit zum Narren machen. Hören Sie auf den Predigttext im 2. Buch Samuel im 6. Kapitel. Ich lese die Verse 12 bis 22:

12 *Und es wurde dem König David angesagt, dass der Herr das Haus*
Obed-Edoms segnete und alles, was er hatte, um der Lade Gottes
willen. Da ging er hin und holte die Lade Gottes aus dem Hause
Obed-Edoms herauf in die Stadt Davids mit Freuden.

13 *Und als die Träger mit der Lade des Herrn sechs Schritte gegangen waren, opferte man einen Stier und ein fettes Kalb.*

14 *Und David tanzte mit aller Macht vor dem Herrn her und war umgürtet mit einem leinenen Priesterschurz.*

15 *Und David mit dem ganzen Hause Israel führte die Lade des Herrn herauf mit Jauchzen und Posaunenschall.*

16 *Und als die Lade des Herrn in die Stadt Davids kam, guckte Michal, die Tochter Sauls, durchs Fenster und sah den König David springen und tanzen vor dem Herrn und verachtete ihn in ihrem Herzen.*

17 *Als sie die Lade des Herrn hineinbrachten, stellten sie sie an ihren Platz mitten in dem Zelt, das David für sie aufgeschlagen hatte. Und David opferte Brandopfer und Dankopfer vor dem Herrn.*

18 *Und als David die Brandopfer und Dankopfer beendet hatte, segnete er das Volk in dem Namen des Herrn Zebaoth,*

19 *und er ließ austeilen allem Volk, der ganzen Menge Israels, Mann und Frau, einem jeden einen Brotkuchen, ein Stück Fleisch und einen Rosinenkuchen. Danach kehrte alles Volk heim, ein jeder in sein Haus.*

20 *Als aber David heimkam, seinem Haus den Segensgruß zu bringen, ging Michal, die Tochter Sauls, heraus ihm entgegen und sprach: Wie herrlich ist heute der König von Israel gewesen, als er sich vor den Mägden seiner Männer entblößt hat, wie sich die losen Leute entblößen!*

21 *David aber sprach zu Michal: Ich will vor dem Herrn tanzen, der mich erwählt hat vor deinem Vater und vor seinem ganzen Hause, um mich zum Fürsten zu bestellen über das Volk des Herrn, über Israel,*

22 *und ich will noch geringer werden als jetzt und will niedrig sein in meinen Augen; aber bei den Mägden, von denen du geredet hast, will ich zu Ehren kommen.*

Michal, die den König David hier so schnippisch kritisiert, war nicht irgendwer. Der Text stellt sie uns als Tochter Sauls, des früheren Königs vor. Und sie war Davids Ehefrau. Ihre gesellschaftliche Stellung entsprach also der einer Königin. In ihren Augen machte sich David zum Narren. Und hat sie nicht Recht? Gerade in den letzten Wochen konnten wir in den Medien die Diskussion über einen Kanzlerkandidaten verfolgen, der sich mit einem erhobenen Mittelfinger ablichten ließ. Viele waren nicht bereit, die Ironie dieser Geste in der konkreten Situation, in der der Kandidat sie gezeigt hatte, zu erkennen. Vielmehr fragten sie in der Diktion unseres Textes: „Wie herrlich ist heute der Kandidat der SPD gewesen, als er vor dem ganzen Volk den Stinkefinger zeigte, was sonst nur Proleten tun?“ Über 4.000 Jahre liegen zwischen beiden Ereignissen und doch geht es im Grunde um dasselbe: An die öffentlichen Auftritte einer Führungsperson werden Erwartungen gerichtet. Und wer in seinem Verhalten diesen Erwartungen nicht entspricht, zieht sich den Hohn der Elite seiner Zeit zu.

Aber damit haben die Parallelen auch schon ein Ende. Denn David zeigte sein merkwürdiges Verhalten nicht als Reaktion auf eine Reporterfrage. Grund seines Tanzes, der Michals Spotts provozierte, war das Auffinden der Bundeslade mit den 10 Geboten. Gottes Wort kam in sichtbarer Form zum Volk Israel und sollte einen würdigen Platz in Jerusalem erhalten. David freut sich, und er lässt seiner Freude übermütig und überschwänglich freien Lauf. In vielen christlichen Gemeinden ist es bis heute Brauch, der Freude über Gottes Wort auch tanzend Ausdruck zu verleihen. Wir deutschen Protestanten fühlen uns von solchen Gottesdienstformen oft befremdet. *«Am Anfang war das Wort«* (Joh. 1, $_{1}$) – diese Botschaft des Johannesevangeliums wurde nicht zufällig als Predigttext für Weihnachten festgelegt. Aber auch in diesem Text heißt es später: *«Und das Wort ward Fleisch«* (Joh. 1, $_{14}$). Vielleicht hören wir manchmal zu wenig auf die körperbetonte Seite der biblischen Botschaft. Auch in unserem Predigttext spielen körperliche Bedürfnisse eine wichtige Rolle: Jede und jeder erhält einen Brotkuchen, ein Stück Fleisch und einen Rosinenkuchen. Die detaillierte Aufzählung der Speisefolge mutet etwas merkwürdig an. Ich vermute, dass diese Schilderung weniger historisch detailgenau gemeint ist als vielmehr zum Ausdruck bringen soll, dass die Gaben reichlich waren. Das Fest, das zur Ehre der Bundeslade und der darin enthaltenen 10 Gebote gefeiert wurde, sollte nach dem Willen Davids für alle ganz praktisch erlebbar sein. Und ich werde den Verdacht nicht ganz los, dass es auch diese Großzügigkeit Davids war, der die schnippische Bemerkung Michals herausforderte. Denn David geht in seiner Erwiderung nicht auf den Vorwurf ein, dass er sich vor den Augen der einfachen Leute lächerlich gemacht habe. Er sieht in seiner großzügigen Geste und in seiner Bereitschaft, sich auf eine Stufe mit den geringsten in seinem Volk zu stellen, so etwas wie ein Wahlversprechen. Allerdings zeigt die weitere biblische Erzählung über die Regentschaftszeit Davids, dass man schon damals Wahlversprechen nicht ganz so ernst nehmen durfte: Oft genug noch wird David in Situationen geraten, in denen er dem Machterhalt Priorität vor den Interessen der Bürger einräumt. Aber Gott lässt David auch in solchen Situationen nicht im Stich: Er schickt immer wieder seine Propheten, die ihn auf Fehlverhalten hinweisen. Könnte nicht auch Michal eine Prophetin sein, die David eine Botschaft Gottes überbringt? Hat sie denn nicht recht mit ihrer Kritik, dass sein Verhalten eines Königs unwürdig war?

An vielen Stellen in der Bibel findet sich die Warnung vor falschen Propheten. Doch woran erkennt man einen richtigen, wie entlarvt man einen falschen Propheten? Nach meiner Erfahrung gibt es zwei Kernbotschaften, die Gottes Botschaft an uns Menschen als sein Wort erkennbar machen: Das erste ist die Aussage *«Fürchte dich nicht!«* Mit diesen Worten begrüßt der Engel Maria, als er ihr die Geburt Jesu ankündigt (LK. 1, $_{30}$). „Fürchtet euch nicht!" – das sind die ersten Worte, die die himmlischen Heerscharen den Hirten auf dem Felde sagen (Lk. 2, $_{10}$). „Fürchtet euch nicht" hören auch die Frauen am leeren Grab als erstes, als ihnen die Auferstehung verkündet wird (Mt. 28, $_{5}$). Die Boten Gottes geben sich nach diesen Zeugnissen also zunächst dadurch zu erkennen, dass sie gegen die Angst sprechen. Michal sagt aber zu David Worte der Angst: „Du blamierst dich vor den Leuten! Die Menschen werden dich nicht ernst nehmen, wenn du so unverschämt, also ohne Scham, deiner Freude Ausdruck verleihst." Das ist eine Botschaft der Angst, nicht eine der Furchtlosigkeit. Schon daran kann David erkennen, dass diese Worte KEINE prophetische Botschaft sind.

Das zweite Erkennungsmerkmal ist für mich, dass die Botschaft Gottes zur Liebe befreit. Die 10 Gebote, die sich in der Lade befinden, sind Gebote gegen die Lieblosigkeit. Ich will heute nicht so viel zu den Geboten sagen, denn die sind am nächsten Sonntag als Predigttext dran. Daher heute nur ein Satz dazu: Jedes der zehn Gebote warnt uns vor Akten der Lieblosigkeit. Und was sagt Michal zu David? Ihre Aussage ist gleich doppelt lieblos: Nicht nur gegenüber David selbst, nein, sie achtet offensichtlich auch die Mägde und die „losen Leute" gering, spricht von ihnen ohne Respekt und Empathie. Eine solche Nachricht kann nicht Gottes Wort sein.

Die Kirche ist aufgerufen, Gottes Botschaft zu verbreiten. So sollten auch kirchliche Worte kritisch darauf überprüft werden, ob sie diesen beiden Anforderungen gerecht werden: Botschaften gegen die Angst zu sein und zur Liebe zu befreien. Wenn diese Anforderungen erfüllt sind, dann kann Kirche bis heute ungeahnte Wirkungen entfalten. In Syrien lief alles auf einen Militärschlag der USA hinaus. Die Spirale der Gewalt schien unaufhaltsam in Gang gesetzt. Aber ein alter Mann in Rom wollte sich mit dieser Logik des Krieges nicht abfinden. Er rief zum Friedensgebet für Syrien auf. Er hatte keine Angst davor, sich lächerlich zu machen mit seinem Glauben an die Wirkung des Gebets. Und keine zwei Tage später stellt ein Journalist die richtige Frage, wie denn ein militärisches Eingreifen der USA noch verhindert werden könne. Der gefragte US-Außenminister antwortet eher flapsig: Wenn denn Assad die syrischen Chemiewaffen unter internationale Kontrolle stellen würde. Wenige Stunden später nehmen ihn der russische und syrische Außenminister beim Wort und erklären die Bereitschaft des Regimes, diese schrecklichen Waffen abzugeben. Die Supermächte verhandeln in Genf und finden eine Einigung, die der Diplomatie, an die niemand mehr geglaubt hatte, wieder eine Chance gibt. Niemand zwingt uns, diese überraschende Wendung dem Wirken Gottes zuzuschreiben, dass durch ehrliches Gebet bewirkt wurde. Aber es verbietet uns auch niemand, das zu glauben und Gott dafür zu danken und ihn zu loben.

Ich selbst habe schon die Erfahrung gemacht, dass meine Gebete erhört wurden. Vor allem dann, wenn ich für andere bat, Fürbitte hielt, konnte ich mehrfach die Erfahrung machen, dass sich die Dinge so entwickelten, wie ich es erhofft hatte – wenn auch meist auf einem anderen Weg als von mir erwartet. Aus eigener Erfahrung will ich Sie ermutigen, dem Rat Martin Luthers zu folgen: *„Bete, als ob alles Arbeiten nichts nützt und arbeite, als ob alles Beten nichts nützt."* Man muss nicht Papst sein, um mit Gebeten etwas zu bewirken. Für mich als Protestanten ist es eher die überraschende, neue Erfahrung, dass es auch nicht stört, wenn man Papst ist! Haben Sie also keine Angst, dass sie sich lächerlich machen könnten, wenn Sie auf die Kraft des Gebetes trauen. Bei mir wächst immer mehr die Überzeugung, dass es im Gegenteil gerade diese Bereitschaft ist, in den Augen der Nächsten als naiv dazustehen ist, die unseren Gebeten ihre Kraft verleiht.

Jer. 23, 16 – 29

Auch König Joschija war ein ziemlich großes Tier. Und diesem großen Tier hat der Prophet Jeremia Botschaften zu überbringen, die nicht dazu angetan waren, Entzücken hervorzurufen – ganz im Gegenteil! Und es war dazu noch klar, dass er es sich mit der gesamten Entourage im Hofstaat verscherzen würde. In einer solchen Situation fühlt man sich wohl ziemlich leicht als armer Wurm. Aber Gott schenkt ihm die Kraft, seinen Auftrag zu erfüllen.

Liebe Gemeinde,

„Wir werden den Euro retten", sagen uns die Politiker allenthalben. „Wenn die Schuldenkrise zu Nachfrageausfällen in den europäischen Nachbarstaaten führen, werden China, Indien und Brasilien in die Bresche springen", sagen uns die Volkswirte. „Die Energiewende ist lediglich eine technische Herausforderung; es wird nicht nötig sein, unser Verhalten zu ändern", sagen uns die Ingenieure. Und die Werbung dudelt dazu: „Ich will so bleiben wie ich bin – Du Darfst!" Solche Vorhersagen, die die Menschen beruhigen, sind keine Erfindung unserer Zeit. Der Prophet Jeremia lebte vor mehr als 2.600 Jahren in Juda. Die Herrscher dieses Königreiches sahen sich mit großen Umbrüchen in ihrer Umwelt konfrontiert: Das Assyrische Reich hatte seine Vormachtstellung verloren. Doch war dies keinesfalls ein Grund, sich entspannt zurück zu lehnen. Vielmehr erstarkte mit Babylon eine neue Großmacht, und was man von dort hörte, war keinesfalls dazu angetan, beruhigend zu wirken. Aber die Herrschenden fühlten sich sicher: Geschützt durch ein Bündnis mit Ägypten konnten die Könige von Juda, die zur Zeit Jeremias regierten, sogar einige Städte zurück erobern, die zuvor von Assyrien besetzt gewesen waren. Und tat König Joschija, den der Prophet Jesus Sirach als Idealtyp eines jüdischen Königs beschreibt, nicht alles, um auch den Herrn zufrieden zu stellen? Der Baalskult wurde verfolgt, die Gesetze streng eingehalten, der Tempelkult stand in voller Blüte. Alles stand zum Besten, die Probleme waren rein technischer Natur. Und in diese Scheinsicherheit hinein spricht Jeremia und warnt. Ich lese die Verse 16 bis 29 aus dem 23. Kapitel des Propheten Jeremia:

16 *So spricht der Herr Zebaoth: Hört nicht auf die Worte der Propheten,
die euch weissagen! Sie betrügen euch; denn sie verkünden euch
Gesichte aus ihrem Herzen und nicht aus dem Mund des Herrn.*
17 *Sie sagen denen, die des Herrn Wort verachten: Es wird euch wohl-
gehen -, und allen, die nach ihrem verstockten Herzen wandeln, sagen sie: Es wird kein Unheil über euch kommen.*
18 *Aber wer hat im Rat des Herrn gestanden, dass er sein Wort gesehen und gehört hätte? Wer hat sein Wort vernommen und gehört?*
19 *Siehe, es wird ein Wetter des Herrn kommen voll Grimm und ein
schreckliches Ungewitter auf den Kopf der Gottlosen niedergehen.*
20 *Und des Herrn Zorn wird nicht ablassen, bis er tue und ausrichte,
was er im Sinn hat; zur letzten Zeit werdet ihr es klar erkennen.*
21 *Ich sandte die Propheten nicht und doch laufen sie; ich redete nicht
zu ihnen und doch weissagen sie.*
22 *Denn wenn sie in meinem Rat gestanden hätten, so hätten sie meine
Worte meinem Volk gepredigt, um es von seinem bösen Wandel und
von seinem bösen Tun zu bekehren.*
23 *Bin ich nur ein Gott, der nahe ist, spricht der Herr, und nicht auch ein
Gott, der ferne ist?*
24 *Meinst du, dass sich jemand so heimlich verbergen könne, dass ich
ihn nicht sehe?, spricht der Herr. Bin ich es nicht, der Himmel und
Erde erfüllt?, spricht der Herr.*
25 *Ich höre es wohl, was die Propheten reden, die Lüge weissagen in
meinem Namen und sprechen: Mir hat geträumt, mir hat geträumt.*
26 *Wann wollen doch die Propheten aufhören, die Lüge weissagen und
ihres Herzens Trug weissagen*
27 *und wollen, dass mein Volk meinen Namen vergesse über ihren
Träumen, die einer dem andern erzählt, wie auch ihre Väter meinen
Namen vergaßen über dem Baal?*
28 *Ein Prophet, der Träume hat, der erzähle Träume; wer aber mein
Wort hat, der predige mein Wort recht. Wie reimen sich Stroh und
Weizen zusammen?, spricht der Herr.*
29 *Ist mein Wort nicht wie ein Feuer, spricht der Herr, und wie ein Ham-
mer, der Felsen zerschmeißt?*

Jeremia sieht ein Unglück heraufziehen. Im Gebet wird ihm immer klarer: Das kann nicht gut gehen. Der König wird bei seinem Versuch, die beiden Großmächte Ägypten und Babylon gegeneinander auszuspielen, Schiffbruch erleiden und das ganze Volk mit ins Unglück stürzen. Das kann es doch nicht sein, was Gott mit seinem Volk vorhat. Wahrscheinlich hat er wochenlang gegrübelt: Wie sage ich es den Menschen, wie sage ich es dem König? Gott schickt ihm die Warnung – die passenden Worte dafür muss er selbst finden. Und Jeremia kämpft für seinen Auftrag, um den er sich wahrlich nicht gerissen hat. *»Ach, Herr, HERR, ich tauge nicht zu predigen; denn ich bin zu jung«.* (Jer. 1, $_6$) – so wehrt er sich gegen seine Berufung.

Dazu kommt, dass er immer stärker spürt, dass seine Weissagung nicht auf fruchtbaren Boden fällt. Er sieht noch eine Chance, das drohende Unheil abzuwenden. Das Volk Israel müsste sich ganz auf den Herrn verlassen, ihm wirklich vertrauen und nicht nur stumpf den Geboten gehorchen. Es ist ja nicht so, dass der Unaussprechbare nicht mehr vorkäme im Tempel und im täglichen Leben. Aber der Gottesdienst und die Glaubenspraxis sind ritualisiert, man starrt auf den Buchstaben jedes einzelnen Gebots anstatt zu versuchen, ihren Sinn zu begreifen und in diesem Geist dann die Anforderungen der jeweiligen Zeit zu meistern. Aber warum kann Jeremia nicht überzeugen? Er wurde von Gott zum Propheten berufen. Er kann sich nicht in der Masse verstecken, er kann den Ton, den die Leithammel anstimmen nicht einfach nachblöken, er gehört nicht dazu und ist doch mitten drin. Es ist ein entsetzlich einsames Leben. Und dabei merkt er, dass er das Unglück, dass er kommen sieht nicht verhindern kann, er schafft es nicht, sich in einer Art und Weise verständlich zu machen, die Verhaltensänderungen bewirkt.

Sein Leben ist – wie das fast aller biblischen Gestalten – ein Leben des vordergründigen Scheiterns. Ja, Jeremia hat den Gott kennengelernt, der nahe ist, aber er kannte auch sehr gut den Gott, der ferne ist. Gott, den wir als den Schöpfer der sichtbaren und der unsichtbaren Welt bezeugen, der allmächtige Vater – dieser Gott ist stets URSACHE und nie WIRKUNG. Glauben Sie, dass Sie wichtig und mächtig genug sind, um

Gottes Handeln im Guten oder im Bösen zu erzwingen? Und wenn Sie und ich nicht dazu in der Lage sind, warum sollte dann irgendwer dazu in der Lage sein? Sind wir nicht alle GLEICH GELIEBTE Geschöpfe unseres himmlischen Vaters? Nein – ich kann nicht an einen Gott glauben, den ich zwingen kann. ER kann mich zwingen, ER greift in mein Denken, Fühlen und Handeln ein, ER hat mich gemacht und wird mich zu sich rufen, wenn ER es an der Zeit hält. Paul Gerhard beschreibt das in einem berühmten Weihnachtslied so: Und weil ich nun nicht weiter weiß, bleib ich anbetend stehen. Wenn ich Gott so als Ursache meines Lebens annehme, wenn ich mich ihm ausliefere, dann ist Gott ein naher Gott. Wenn ich Gott aber zwingen will, durch das Befolgen der Gebote, durch „gute Taten" oder durch meine Gebete; dann ist Gott ein ferner Gott. Auf DEM Ohr ist Gott taub.

Macht aber Beten dann Sinn, wenn ich Gott damit nicht beeinflussen kann? Ein Gebet kann Gott nicht verändern – aber MICH. Im Gebet kann ich mir meiner Stärken klar, kann ich ruhig und besonnen werden und so Situationen bestehen, in denen ich sonst versagt hätte. Ein Gebet in Not und Gefahr, vor schwierigen Entscheidungen – das kann mich neu erkennen lassen, was die eigentliche Ursache meines Lebens ist und mein Verhalten verändern. Deshalb ist es für mich Quatsch zu glauben, dass ich durch das Befolgen von Geboten Gott gnädig stimmen könnte. Gott ist schon gnädig! Wer ungnädig ist, bin ich! Wenn ich Gott als Ursache meines Lebens ernst nehme, wenn ich auf ihn vertraue und ihm jeden Bissen der Frucht des Baumes der Erkenntnis abringe, dass ich erkennen möge, was Gut und Böse sei – dann hat dieser Glaube Folgen. Dann spüre ich den Funken der göttlichen Barmherzigkeit in mir, dann antworte ich auf die Liebe Gottes indem ich meinen Nächsten liebe wie mich selbst. Dann werde ich Gebote nicht blind befolgen – sondern ich werde zum Jünger und die Gebote halten. Und zwischen „befolgen" und „halten" ist ein himmelweiter Unterschied. Befolgen ist stur, blind und unbarmherzig – Halten ist flexibel, situationsabhängig und treu im Geist, nicht stur am Wortlaut fixiert.

Hören wir dazu nochmal auf Worte aus der Lesung: *»Wenn jemand spricht: Ich liebe Gott, und hasst seinen Bruder, der ist ein Lügner. Denn wer seinen Bruder nicht liebt, den er sieht, der kann nicht Gott lieben, den er nicht sieht«. (1. Joh. 4, 20)* Ich bin der Überzeugung, dass der Autor des Johannesbriefes uns damit sagen will, dass aufrichtiger Glaube – die Triebfeder unseres Wollens und Wünschens – sich in unseren Handlungen niederschlägt. Gott ist die Liebe – und Handeln im Glauben heißt dann Handeln aus Liebe als Antwort auf Gottes Liebe zu uns. Das kann auch eine Ermahnung sein, manchmal sogar eine Strafe. Wie Eltern ihre Kinder durch Ermahnung und Strafe dazu bringen wollen, sich und anderen keinen Schaden zuzufügen, so ermahnt und straft uns Gott, wenn wir im Begriff sind, unserem Glauben untreu zu werden.

Aber: Wie haben SIE in Ihrer Jugend auf die Ermahnungen und Strafen Ihrer Eltern reagiert? Ich muss zugeben, dass ich häufiger trotzig als einsichtig war. Schließlich fühlte ich mich schon groß, wollte beweisen, dass ich zu eigenen Entscheidungen fähig war. Aber wenn ich heute zurückblicke, muss ich erkennen, dass es mit meiner Eigenständigkeit nicht gar so weit her war, dass Ermahnung und Strafe häufig durchaus angemessen waren. Und: Ich konnte mit meinem Trotz nicht die Liebe meiner Eltern zerstören. Und das ist auch Gottes Zusage an uns: Er wird treu zu seiner Liebe zu uns Menschen stehen, egal wie widerborstig wir uns anstellen.

Allerdings sollten wir nicht Gott die Verantwortung zuschustern, wenn wir uns in unserer Überheblichkeit und Selbstüberschätzung mal gründlich verrannt haben. Nicht Gott der Herr führt uns in Leid und Verderben – das bekommen wir selbst ziemlich gründlich hin, wenn wir taub bleiben für die Ermahnungen, die er uns zukommen lässt. Gerade wir Deutschen sollten das doch erkennen: Wir haben aus Hass und Selbstüberschätzung im 20.ten Jahrhundert unermessliches Leid über die Juden und die Völker Europas gebracht, da sollten wir uns hüten, Gott die Zerstörung unserer Städte anzulasten. Das haben wir uns schon selbst eingebrockt! Und auch da gab es rechtzeitig Propheten, die uns vor der Gefahr gewarnt haben, und wie Jeremia erst dann zum großen Propheten wurde, als das verheißene Unglück eingetreten war, so haben auch wir Deutschen erst nach der Befreiung von den Nazis erkannt, wie sehr Mahner wie Dietrich Bonhoeffer oder Kardinal von Galen im Recht waren. Aber trotz der unermesslichen Verbrechen die von Deutschen und in deutschen Namen an den Völkern der Welt begangen wurden – Gott ließ auch unser Volk nicht fallen, er wendet sich uns zu, bringt Menschen in den Ländern unserer vormaligen Feinde zu Akten der Liebe. Jede Familie in den USA, die ein Care-Paket nach Deutschland sandte, jeder Pilot der Luftbrücke, der zugunsten des Lebens seiner ehemaligen Feinde sein eigenes Leben riskierte, jeder Soldat der Roten Armee, der deutsche Frauen vor der Vergewaltigung durch seine Kameraden schützte – jeder dieser Menschen war ein Wunder der göttlichen Gnade.

Und wie ist das heute? Welche Handlungen sind in der Eurokrise, in der Staatsschuldenkrise, in der Energiewende Akte der Liebe? Liebe Gemeinde – das weiß ich leider auch nicht. Vielleicht sind wir schon in einer Situation wie König Joschija, der aufgrund vorangegangener Lieblosigkeit in einer Situation gefangen war, die ihm nur noch die Wahl zwischen zwei Übeln ließ. Aber eines weiß ich: Wenn ich überlege, welche Handlungen Dritter ich in meinem Leben als Akte der Liebe zu mir sehe, dann waren das nie die Handlungsoptionen, die für den anderen bequem waren. Es waren vielmehr Taten, die mindestens unbequem, manchmal sogar gefährlich waren. Akte der Liebe bleiben uns in Erinnerung, weil sie überraschend und mutig waren. Akte der Liebe begnügen sich nicht mit der goldenen Regel: „Was du nicht willst, dass man dir tut, das füg auch keinem anderen zu". Akte der Liebe gehen darüber hinaus, es ist das aktive Tun, das man sich in einer ähnlichen Situation von einem Menschen vielleicht nicht einmal zu erhoffen gewagt hätte. So wünsche ich uns allen ein offenes Herz, Kraft, Mut und Besonnenheit, um die liebevolle Option erkennen und verwirklichen zu können.

Jona 3, 1 – 10, 4, 1 – 4 + 11

Manch ein Mensch erscheint uns wie ein reißendes Tier, blutdürstig, boshaft und unberechenbar. Wenn wir von Menschen hören, die sich in unserer Wahrnehmung wie Raubtiere verhalten, liegt der Wunsch nahe, dass Gott sie strafen möge. Aber haben Sie sich schon einmal überlegt, dass auch diese Menschen Gottes Kinder sind?

Liebe Gemeinde,

in der griechischen Mythologie gibt es die Figur der Kassandra. Sie galt als besonders schöne Frau, in die sich sogar der Gott Apollon verliebte. Um sie für sich zu gewinnen, verlieh er ihr die Gabe der Weissagung. Aber sie wies seine Avancen zurück – und als Strafe verfluchte Apollon sie, so dass niemand ihren Weissagungen Glaube schenken würde. Ein wirklich tragisches Schicksal.

In der Bibel wird uns die Geschichte eines Sehers erzählt, dem es ganz und gar anders geht – und auch er hadert mit seinem Schicksal! Ein schmales Büchlein im Alten Testament berichtet vom Propheten Jona. Sie erinnern sich bestimmt: Das ist der mit dem Walfisch. Er will seiner Berufung entgehen, der Auftrag, den er von Gott erhält ist ihm nicht geheuer. Das hat er mit anderen Propheten gemeinsam. So wehrt sich zum Beispiel auch Jeremia gegen seine Berufung zum Propheten: *»Ich tauge nicht zu predigen – ich bin zu jung!«* (Jer. 1, 6). Aber Jona hat einen ganz besonderen Grund, sich seiner Berufung zu widersetzen. Er wird von Gott nach Ninive, der Hauptstadt des Assyrischen Reiches gesandt, um der Stadt den drohenden Untergang vorherzusagen. Er soll die Bewohner zu Buße und Umkehr bewegen. Nun hatten aber die Assyrer das Nordreich Juda zerstört. Jona GÖNNT den Bewohnern Ninives das angedrohte Strafgericht Gottes von Herzen – er hat also keinerlei Grund, dazu beizutragen, es abzuwenden!

Hören Sie nun den Bibeltext aus dem 3. und 4. Kapitel des Buches Jona:

1 Und es geschah das Wort des Herrn zum zweiten Mal zu Jona:

2 Mach dich auf, geh in die große Stadt Ninive und predige ihr, was ich dir sage!

3 Da machte sich Jona auf und ging hin nach Ninive, wie der Herr gesagt hatte. Ninive aber war eine große Stadt (...).
4 Und als Jona anfing, in die Stadt hineinzugehen (...) predigte er und sprach: Es sind noch vierzig Tage, so wird Ninive untergehen.
5 Da glaubten die Leute von Ninive an Gott und ließen ein Fasten ausrufen und zogen alle, Groß und Klein, den Sack zur Buße an.
6 Und als das vor den König von Ninive kam, stand er auf von seinem Thron und legte seinen Purpur ab und hüllte sich in den Sack und setzte sich in die Asche
7 und ließ ausrufen und sagen in Ninive als Befehl des Königs und seiner Gewaltigen: Es sollen weder Mensch noch Vieh, weder Rinder noch Schafe Nahrung zu sich nehmen, und man soll sie nicht weiden noch Wasser trinken lassen;
8 und sie sollen sich in den Sack hüllen, Menschen und Vieh, und zu Gott rufen mit Macht. Und ein jeder bekehre sich von seinem bösen Wege und vom Frevel seiner Hände!
9 Wer weiß? Vielleicht lässt Gott es sich gereuen und wendet sich ab von seinem grimmigen Zorn, dass wir nicht verderben.
10 Als aber Gott ihr Tun sah, wie sie sich bekehrten von ihrem bösen Wege, reute ihn das Übel, das er ihnen angekündigt hatte, und tat's nicht.
1 Das aber verdross Jona sehr und er ward zornig
2 und betete zum Herrn und sprach: Ach, Herr, das ist's ja, was ich dachte, als ich noch in meinem Lande war (...), denn ich wusste, dass du gnädig, barmherzig, langmütig und von großer Güte bist und lässt dich des Übels gereuen.
3 So nimm nun, Herr, meine Seele von mir; denn ich möchte lieber tot sein als leben.
4 Aber der Herr sprach: Meinst du, dass du mit Recht zürnst?
11 (...) mich sollte nicht jammern Ninive, eine so große Stadt, in der mehr als hundertzwanzigtausend Menschen sind, die nicht wissen, was rechts oder links ist, dazu auch viele Tiere?

In den 1980er Jahren gab es bei uns die Weissagung, dass der Wald sterben würde. Insbesondere die Forstwissenschaftler Bernhard Ulrich und Peter Schütt hatten auf alarmierende Schäden an den Baumbeständen hingewiesen; ein Thema, das in einem Spiegel-Bericht im November 1981 aufgriffen wurde und schnell eine breite Öffentlichkeit erreichte. In Deutschland wurde das Bundes-Immissionsschutzgesetz von 1974 verschärft und auch internationale Abkommen konnten erreicht werden, um die Schadstoffbelastung in der Luft zu verringern. Seit 1984 gibt es einen jährlichen Waldschadensbericht – und tatsächlich können seit Beginn des neuen Jahrhunderts Verbesserungen beobachtet werden. Das Waldsterben fand nicht statt. Wie denken Sie darüber? Waren die Warnungen von vornherein überzogen? Hatten nicht die Trockenheit im Frühsommer 1976 und dann der harte Winter 1978/79 zu den Schäden geführt und der Wald hätte sich von alleine erholt? War alles nur Alarmismus? Oder haben Verhaltensänderungen dazu geführt, dass die vorhergesagte Katastrophe ausblieb?

Die Bibel berichtet uns, dass es in Ninive zu einer Verhaltensänderung kam, durch die Gott dazu gebracht wurde, von der angedrohten Strafe abzusehen. Sie zieht nicht die prophetische Qualifikation Jonas in Zweifel. Dabei gäbe es dazu doch allen Grund: Nicht gerade mit Begeisterung und Engagement überbringt er seine Botschaft, vielmehr erzählte er sie im Stile eines Nachrichtensprechers: *»Es sind noch vierzig Tage, so wird Ninive untergehen«* - so zitiert ihn die Bibel. In welchem Ton hat er wohl so gesprochen? Der Auftrag, diese Botschaft zu überbringen, bereitet ihm ja sichtlich Unbehagen. Erst im zweiten Anlauf war er der Aufforderung Gottes gefolgt. War vielleicht sogar ein triumphierender Unterton in seiner Stimme zu hören, wünschte er sich doch nichts sehnlicher, als dass seine Prophezeiung in Erfüllung ginge? Was brachte den König von Ninive dazu, der Botschaft des Fremden zu vertrauen?

Stellen Sie sich mal vor, heute käme jemand aus einem fernen Land nach Berlin und sagte irgendwo am, nicht einmal in Zentrum der Stadt: Noch 40 Tage und Berlin wird untergehen. Würde derjenige zu Frau Merkel gebracht, um seine Botschaft zu wiederholen? Wohl eher in die Psychiatrie! Und selbst wenn die Nachricht bis in Bundeskanzleramt vordränge: Würde sich eine Regierung trauen, zum allgemeinen Konsumverzicht aufzurufen? Die Auswirkungen auf das Wirtschaftswachstum wären ja verheerend! Ein einziger Tag ohne privaten Konsum hätte einen Rückgang des Bruttoinlandprodukts um 0,2% zur Folge. Der König von Ninive hat die Wirtschaft seines Staates mit den von ihm angeordneten Maßnahmen in die Rezession geführt. Ich kann mir die Reaktionen der Wirtschaftsweisen in Deutschland und Europa lebhaft vorstellen, würde eine Regierung solche Maßnahmen auch nur in Erwägung ziehen!

Der König von Ninive traut sich aber, solch gravierende Einschnitte zu befehlen. Um die Bevölkerung zum Mitmachen zu bewegen, brauchte es aber sicher mehr als des Befehls. Ich erinnere mich an eine Situation in einem Unternehmen, in dem ich früher tätig war: die Firma war in schwieriges Fahrwasser geraten und musste Sparmaßnahmen ergreifen. Eine Arbeitsgruppe hatte Vorschläge erarbeitet und mit der Unternehmensleitung abgestimmt. Und dann kam der Tag als bei einer Betriebsversammlung die Vorschläge vorgestellt wurden. Der Belegschaft war die Notwendigkeit klar und es herrschte eine große Bereitschaft, mitzuziehen. Der Leiter der Arbeitsgruppe stellte also die Ergebnisse vor. Und dann kam der Chef und sagte: Die Maßnahmen gelten ab sofort für alle – außer für mich. Damit waren jede Aufbruchsstimmung verflogen – und es wird Sie vermutlich nicht wundern, dass dieses Unternehmen heute nicht mehr existiert.

Der König von Ninive macht es da viel klüger als mein früherer Chef: Er legt als erster seinen Purpur ab und kleidet sich in Sack und Asche, dann überzeugt er die Mächtigen in seinem Staat und erst dann lässt es den Befehl an das gemeine Volk ergehen. Um Veränderungen durchsetzen zu können, braucht es das gute Beispiel der Mächtigen; die Führung muss vorleben, was sie von den Subalternen befiehlt. Dann kann auch eine radikale Verhaltensänderung gelingen.

Jona hat offensichtlich nicht damit gerechnet, dass seine lieblos und uninspiriert vorgetragene Warnung solch eine Reaktion hervorrufen würde. Er hat fest auf die Bosheit der Bevölkerung von Ninive vertraut. Er war sich sicher: Die würden sich nie ändern, er wird der Vernichtung dieser Stadt beiwohnen. Ein Unsicherheitsfaktor blieb allein Gott, der in seiner unerfindlichen Barmherzigkeit immer wieder Gnade vor Recht ergehen ließ und die Bösen verschonte. Aber diesmal muss er doch zuschlagen! Er hat doch auch Sodom und Gomorrha vernichtet – und Ninive war mindestens so schlimm. Auch heute haben wir es in Ninive wieder mit einer schlimmen Macht zu tun. Die Truppen des Islamischen Staates halten diese Ortschaft besetzt. Sie sind üble Mörder und Schlächter, sie foltern, vergewaltigen und brandschatzen. Ganz ehrlich: Wenn ich jemandem die Pest an den Hals wünsche, wenn es jemanden gibt, dem ich von Herzen die Vernichtung gönne – dann sind es diese barbarischen Fanatiker. Und da bekommt die Jona-Geschichte eine Aktualität, die mir ganz und gar nicht behagt. Gott lässt uns in dieser Geschichte wissen: Auch diese Menschen sind zuerst und vor allem seine geliebten Geschöpfe. Nicht ihre Vernichtung, ihre Einsicht und Umkehr ist Gottes Ziel. Wer geht hin nach Ninive und sagt ihnen, dass ihre Vernichtung bevorsteht, wenn sie sich nicht ändern? Wo bleibt der Jona unserer Tage, der gegen seinen eigenen berechtigten Wunsch nach Vergeltung handelt und diese Menschen so warnt, dass sie beginnen zu glauben? Wenn wir die biblische Botschaft ernst nehmen, sollten wir nicht darum beten, dass die IS-Truppen vernichtet werden. Vielmehr sollten wir bitten, dass Gott ihnen einen Propheten sendet, der sie zur Umkehr bewegt. *»Liebt eure Feinde und bittet für die, die euch verfolgen, damit ihr Kinder seid eures Vaters im Himmel. Denn er lässt seine Sonne aufgehen über Böse und Gute und lässt regnen über Gerechte und Ungerechte.«* (Mt. 5, $_{44f}$)

Jona war auch für Jesus ein Vorbild, als er diese Worte in der Bergpredigt sprach. Wir erfahren leider nicht, wie die Bevölkerung von Ninive das Ausbleiben des Untergangs auffasste. Aber ich bin recht sicher, dass es auch dort zwei Fraktionen gegeben hat: Einmal jene, die dankbar waren, dass Gott sie verschont habe und dann solche, die meinten, die Drohung sei von Anfang an unbegründet gewesen, die ganze Reueaktion doch nur eine Clownerie und man in Zukunft doch solcher Panikmache keine Aufmerksamkeit mehr schenken sollte. Im Mai diesen Jahres machte eine Meldung nur wenige Schlagzeilen: Die Forscher Eric Rignot und Ian Joughin haben unabhängig voneinander in Studien festgestellt, dass in der Antarktis eine Kettenreaktion in Gang gesetzt sei, die unabänderlich zum Abschmelzen der dortigen Gletscher führen wird. Wir können nicht wissen, ob diesen Forschern mit ihrer Vorhersage das Schicksal der Kassandra oder das des Jona bevorsteht. Ich bin der Überzeugung, dass es vernünftig ist, alles daran zu setzen, dass es ihnen dereinst geht wie Jona – die Enttäuschung, nicht recht gehabt zu haben lässt sich gut verschmerzen, wenn man Leid und Verderben für Hunderttausende vorhersagen musste. Wenn uns die Umkehr jedoch nicht gelingt, wird es ihnen ergehen wie Kassandra. Dass es geht, haben wir seit den 1980er bewiesen, als gelang durch Veränderungen in unseren Konsumgewohnheiten das Waldsterben zu stoppen. Wir haben die Chance!

Jer. 9, 22 – 23

Ein mittelgroßes Tier war Johann Hinrich Wichern. Er hat Karriere gemacht: In der preußischen Staatsverwaltung und der Kirche. Aber auch wenn er in den Augen der Zöglinge im von ihm gegründeten Rauhen Haus sicher ein „großes Tier“ war – er hat sich stets seine Menschlichkeit bewahrt. Und wie setzen Sie Ihren Einfluss ein? Oder machen Sie es sich bequem und ziehen sich darauf zurück, nur „ein kleiner Mann“ zu sein, der eh nichts bewegen könne?

Liebe Gemeinde,

der Prophet Jeremia, dem der heutige Predigttext zugeschrieben wird, lebte vor mehr als 2.600 Jahren im damaligen Südreich Juda. Wenn man den Angaben bei Wikipedia glauben darf, war er ein Sohn aus gutem Hause, dem die Türen der Reichen und Mächtigen offenstanden. Er hatte Kontakt mit der intellektuellen Elite des Reiches und kannte die stärksten Krieger seiner Generation. Aber er ließ sich von Glanz und Glamour nicht blenden. Hören Sie, was er den Wichtigen in Staat und Gesellschaft zu sagen hat. Ich lese die Verse 22 und 23 aus dem 9. Kapitel:

22 *So spricht der Herr: Ein Weiser rühme sich nicht seiner Weisheit, ein Starker rühme sich nicht seiner Stärke, ein Reicher rühme sich nicht seines Reichtums.*

23 *Sondern wer sich rühmen will, der rühme sich dessen, dass er klug sei und mich kenne, dass ich der Herr bin, der Barmherzigkeit, Recht und Gerechtigkeit übt auf Erden; denn solches gefällt mir, spricht der Herr.*

Ein Weiser rühme sich nicht seiner Weisheit. Warum denn nicht? Schließlich hat er oder sie viel gelernt, lange studiert, um diese Weisheit zu erlangen. Wenn der Klügere immer nachgibt, regieren bald die Dummen. Und Weisheit ist ja mehr als Bildung; zur Weisheit gehören auch Lebenserfahrung und Herzensbildung. Weisheit, das ist doch etwas, worauf man stolz sein darf!

Ein Starker rühme sich nicht seiner Stärke. Warum denn nicht? Schließlich hat er oder sie lange trainiert, Eisen gestemmt und Liegestütze gemacht. Wenn die Starken nicht wären – wer sollte die Schwachen stützen? Stärke, das ist doch etwas, worauf man stolz sein darf!

Ein Reicher rühme sich nicht seines Reichtums. Warum denn nicht? Schließlich hat er oder sie hart für diesen Reichtum gearbeitet, hat Vorräte angelegt und klug gewirtschaftet. Und wenn es die Reichen nicht gäbe – wer sollte Steuern zahlen und Arbeitsplätze schaffen? Reichtum, das ist doch etwas, worauf man stolz sein darf.

Jeremia spricht die Worte des Predigttextes in eine spezifische Situation. Er blickt weiter. Er sieht, wie König Joschija, der als weise, stark und reich gilt, sich vergaloppiert. Der lange übermächtige Nachbar Assur ist geschwächt, die Hauptstadt Ninive wurde von der neu erstarkten Großmacht Babylon eingenommen. Joschija nutzt die Gunst der Stunde und erobert einige Orte des alten Nordreiches zurück. Doch dann rühmt er sich seiner Weisheit, seiner Stärke und seines Reichtums. Er versucht, den ägyptischen Pharao und den babylonischen König gegeneinander auszuspielen und so sein Reich weiter zu vergrößern. Und dieser Übermut mündet dann in die Katastrophe: Ägypten und Babylon nähern sich an und brauchen den jüdischen Pufferstaat nicht mehr. Der babylonische König erobert Jerusalem und zerstört den Tempel. Er führt große Teile des Volkes Israel ins babylonische Exil. Jeremia selbst flieht nach Ägypten, wo er später stirbt. Nun, Sie und ich, wir müssen keine Entscheidungen über Krieg und Frieden treffen. Wir stehen wohl nur selten in der Gefahr, derartigen strategischen Fehleinschätzungen wie König Joschija zu unterliegen und das Wohl ganzer Generationen unserer Mitmenschen zu beeinflussen. Doch auch uns sagt Jeremia heute: Ein Weiser rühme sich nicht seiner Weisheit, ein Starker rühme sich nicht seiner Stärke, ein Reicher rühme sich nicht seines Reichtums. Rühmen – dieses Wort meint nicht in erster Linie prahlen, angeben. Für Jeremia rühmt man sich dessen, worauf man darauf sein Selbstbewusstsein gründet. Und dann hört sich der Text so an: So spricht der Herr: Wenn du weise bist, gründe dein Selbstbewusstsein nicht auf deine Weisheit. Wenn du stark bist, vertraue nicht ausschließlich auf deine Stärke. Wenn du reich bist, meine nicht, du könntest dich von aller Unbill freikaufen. Und ja, dann stimmt das auch heute für uns. Heute leiden allein in Deutschland mehr Menschen an Demenz als damals im ganzen Südreich Israel lebten. Und diese Krankheit zerstört jede Weisheit. Was bleibt dann, wenn mein

Selbstbewusstsein allein auf meiner Weisheit gründet? Oder denken Sie an Alfred Nobel: ein kluger Ingenieur, der mit dem Dynamit ein Mittel erfand, um den Bergbau effektiver zu gestalten – und der erkennen musste, dass seine Erfindung für die furchtbarsten Waffen missbraucht wurde, die die damalige Zeit kannte. Seine Weisheit hatte sich als Fluch erwiesen. Genauso trügerisch kann es sein, sich auf seine Stärke verlassen zu wollen. Denken Sie an Muhammed Ali, den einstmals besten Boxer der Welt, der heute ein von Parkinson gezeichnetes zitterndes Mahnmal seiner selbst ist. Oder an viele andere Starke, die nur so lange stark schienen, bis ein noch Stärkerer auftauchte. Wer wird Ihnen aufhelfen, wenn Sie sich Ihrer Stärke rühmten und dann doch eines Tages als Geschlagener dastehen? Und auch Reichtum täuscht Sicherheit nur vor. Ein falscher Rat, eine Fehlentscheidung – und schon kann der schöne Reichtum futsch sein. Oder um es mit einem Bankberater zu sagen: „Ihr Geld ist nicht verloren – es gehört jetzt nur jemandem anderem". Wie abgrundtief lächerlich jemand wirkt, der einstmals stark und reich war – das hat uns zum Beispiel der frühere Fußballstar Ailton im RTL-Dschungelcamp vor Augen geführt.

Jeremia warnt uns: worauf du immer dein Selbstbewusstsein gründest – wenn du es in dir selbst, in deinem eigenem Vermögen und Können suchst, kannst du es verlieren. Überhaupt könnte Jeremia wahrscheinlich mit dem Wort Selbstbewusstsein wenig anfangen. Bewusstsein ist für ihn der göttliche Funken in uns. Daher geht der Text dann auch weiter. Suche nicht nach Gründen für Selbstbewusstsein, sondern mache dir bewusst, dass dir dein Bewusstsein von Gott geschenkt ist, auf den du vertrauen darfst. Gottvertrauen ist das beste Selbstbewusstsein – ich glaube, das ist eine zentrale Aussage des zweiten Verses unseres Predigttextes: *»Wer sich rühmen will, der rühme sich dessen, dass er klug sei und mich kenne, dass ich der Herr bin«* beginnt dieser Vers. Wie diese Aufforderung in der Praxis aussehen kann, das lehrt uns das Beispiel des Namenspatrons unserer Gemeinde. Johann Hinrich Wichern. Er war nicht reich – nur dank eines Stipendiums konnte er studieren. Er war nicht stark – kurz vor seinem 73ten Geburtstag starb er nach 7jähriger Krankheit, die von Schwäche, Schmerzen und Schlaflosigkeit geprägt war. Und er hielt sich auch nicht für besonders weise, obwohl er als Seelsorger, Lehrer und Reformator des Strafvollzugs auch schon zu Lebzeiten einen großen Ruf genoss. Aber weder seine Erfolge noch seine Niederlagen, weder sein Können noch seine Bildung waren ihm letztlich wichtig. Er rühmte sich allein dessen, dass er Gott kannte und ihn als seinen Herrn bezeugen durfte. So lautet sein letztes Vermächtnis: „*Wenn Gott es beschlossen hat, mich zu sich zu nehmen, so sollt Ihr, meine Lieben, wissen, dass mein einziges Gebet ist, dass ich selig werde, dass ich zu ihm komme und Frieden in ihm finde. Ich habe mich immer zu ihm bekannt, aber in großer Schwachheit. Er wird mir aber meine Sünden vergeben, darauf geht alle meine Hoffnung um seiner Liebe und Liebestat willen, um seines für mich vergossenen Blutes willen.*" Da ist kein Selbstmitleid, keine Selbstgefälligkeit und keine Selbstgerechtigkeit herauszuhören. Wichern war als Gründer der Inneren Mission, als Sozialreformer ein barmherziger Mann. Er war ein Mann des Rechts, der im Strafvollzug sowohl der Opfer der Einsitzenden gedachte und dennoch das Recht der Gefangenen nicht aus dem Auge verlor. Er war ein Verfechter der göttlichen Gerechtigkeit, der das Priestertum aller Gläubigen predigte und sich als Oberkonsistorialrat für Reformen in der Kirche einsetzte. Aber er wusste, dass er Erfolge nicht aus eigener Kraft erzielen konnte. *»Wer sich rühmen will, der rühme sich dessen, dass er klug sei und mich kenne, dass ich der Herr bin, der Barmherzigkeit, Recht und Gerechtigkeit übt auf Erden; denn solches gefällt mir, spricht der Herr«* – Jeremias Botschaft ist bei Johann Hinrich Wichern offensichtlich auf fruchtbaren Boden gefallen. Wer lebt wie uns von Jeremia geheißen und von Johann Hinrich Wichern vorgemacht, dem bleiben trotzdem Kummer und Leid, Angst und Schmerz nicht erspart. Aber wer so lebt, der leidet nicht ungetröstet, der muss nicht befürchten, bei der Suche nach seinem Selbst nur auf eine große innere Leere zu stoßen. Wer so lebt, der kann nie tiefer fallen als in Gottes Hand.

Joh. 12, 12 – 19

Häufig werden mit Tieren menschliche Eigenschaften assoziiert. Die Fabeln des Äsop sind nicht mehr allgemein bekannt – aber die Eigenschafts-Zuschreibungen sind uns geläufig: der Löwe ist stark und mächtig, der Fuchs listig, der Adler stolz und so weiter. Ein Tier kommt dabei sehr schlecht weg: Der Esel. Störrisch, mürrisch, zickig – Ihnen fallen bestimmt auch zunächst solche Eigenschaften ein, von denen Sie sich nicht wünschen, dass man sie Ihnen nachsagt, wenn Sie an Esel denken. Und doch kommt dieses Tier im Neuen Testament zu höchsten Ehren.

Liebe Gemeinde,

der Predigttext für den heutigen Sonntag steht im Johannesevangelium im 12. Kapitel. Ich lese die Verse 12 bis 19

12 *Als am nächsten Tag die große Menge, die aufs Fest gekommen war, hörte, dass Jesus nach Jerusalem käme,*

13 *nahmen sie Palmzweige und gingen hinaus ihm entgegen und riefen: Hosianna! Gelobt sei, der da kommt in dem Namen des Herrn, der König von Israel!*

14 *Jesus aber fand einen jungen Esel und ritt darauf, wie geschrieben steht (Sacharja 9, 9):*

15 *»Fürchte dich nicht, du Tochter Zion! Siehe, dein König kommt und reitet auf einem Eselsfüllen. «*

16 *Das verstanden seine Jünger zuerst nicht; doch als Jesus verherrlicht war, da dachten sie daran, dass dies von ihm geschrieben stand und man so mit ihm getan hatte.*

17 *Das Volk aber, das bei ihm war, als er Lazarus aus dem Grabe rief und von den Toten auferweckte, rühmte die Tat.*

18 *Darum ging ihm auch die Menge entgegen, weil sie hörte, er habe dieses Zeichen getan.*

19 *Die Pharisäer aber sprachen untereinander: Ihr seht, dass ihr nichts ausrichtet; siehe, alle Welt läuft ihm nach.*

Tiere spielen im Neuen Testament an mehreren Stellen eine Rolle. So wird erzählt, dass fünf Brote und drei Fische ausreichten, um 5.000 Menschen zu speisen. An einer anderen Stelle nutzt Jesus das Kamel, um zu uns in einem Gleichnis zu sprechen: Eher passt ein Kamel durch ein Nadelöhr als dass ein Reicher ins Himmelreich komme. Mir fällt auch das Bild vom guten Hirten ein, der nach dem einen verlorenen Schaf sucht. Und ich denke an das Bild von den Vögeln am Himmel, die nicht säen und nicht ernten und doch von Gott ernährt werden. Doch nur ein Tier kommt gleich zweimal an sehr prominenten Stellen vor: Der Esel. Ein Esel wird im Stall zu Bethlehem Zeuge der Geburt Jesu und auf einem Esel zieht Jesus nach Jerusalem ein – wissend, dass sich dort sein Lebensweg auf Erden vollenden wird.

Er hatte Lazarus zum Leben erweckt. Das war reine Provokation. Er musste wissen, dass er mit dieser Handlung sowohl die jüdischen als auch die römischen Autoritäten gegen sich aufgebracht hatte. Der Hohepriester Kaiphas sorgte sich um den Einfluss der Priester auf das Volk. Für den römischen Statthalter, der Herr über Leben und Tod war, bedrohte jemand, der die Gabe hatte, jemanden aus dem Tod zurück zu holen, die Basis seiner Macht. Jesus hatte bis dahin in der Provinz gewirkt; nun nähert er sich der Metropole – und er weiß, was ihn dort erwartet.

Wie wir im Predigttext gehört haben, wird Jesus dort von einer jubelnden Menschenmenge begrüßt. Sie kommen ihm mit Palmzweigen entgegen – daher hat der heutige Sonntag auch seinen Namen „Palmsonntag". Im Eingangslied haben wir es gesungen: „Dein Zion streut dir Palmen und grüne Zweige hin". Und obwohl dies ein Bezug auf eine Bibelstelle ist, die eng mit der Passionszeit verknüpft ist, nutzt Paul Gerhard diesen Bezug in einem Adventslied. Advent und Passion, Weihnachten und Ostern sind inhaltlich auf engste miteinander verknüpft. Weihnachten macht ohne Ostern keinen Sinn: Die Menschwerdung Gottes in Jesus Christus offenbart sich erst in der Auferstehung. Ostern wäre ohne Weihnachten nicht möglich: Nur weil Jesus Christus als Mensch geboren wurde, kann er die Passion und den Kreuzestod erleiden – und in der Auferstehung über Tod und Schmerz triumphieren. Und die äußere Klammer zwischen beiden Erzählungen in der Bibel ist ein unscheinbares Grautier – der Esel.

Dieses Tier hat bei uns kein besonders gutes Image. Wer gesagt bekommt, er sei ein Esel, fühlt sich beleidigt. Dummheit und Ungeschicklichkeit sind meine Assoziationen, wenn man mir vorwirft, ein Esel zu sein. Zudem gilt ein Esel als ausgesprochen stur. Wenn er nicht mag, dann mag er nicht – basta! Da helfen weder Zuckerbrot noch Peitsche.

Aber dem Esel werden auch positive Eigenschaften zugeschrieben. So ist die Kehrseite der Sturheit die Langmut. So ist ein Bild, das wir häufig mit dem Esel verbinden, das des Lasttiers, das trägt, was man ihm auflädt. An so einen Packesel muss ich denken, wenn ich im Hebräerbrief lese: *»Jesus, (...) der (...) das Kreuz erduldete und die Schande gering achtete (...)«.* (Hebr. 12, $_2$) Auch ein Packesel muss viel erdulden, er leistet unschätzbare Dienste und wird doch oft gering geachtet. So zu leben, dazu gehört eine ganze Menge Mut. Für diese spezielle Form des Mutes, die sich von der Tapferkeit im Kampf klar unterscheidet, haben wir ein spezielles Wort: De-Mut.

Die Vorsilbe „de" ist lateinischen Ursprungs. Sie bezeichnet eine Richtung von oben nach unten. Deutlich wird dies zum Beispiel am Wort „*de*klamieren". Ich rede heute zu Ihnen von einem erhöhten Punkt aus, ich spreche zu Ihnen herab. Diese Redesituation gibt es nicht nur in der Kirche, sondern auch auf dem Theater. Ein Schauspieler deklamiert seinen Vortrag. Dass die Vorsilbe „de" ein Gerichtet-Sein von oben nach unten ausdrückt, lässt sie im Lateinischen sogar als einzige Vorsilbe zum Hauptwort werden: „DE-US", das heißt Gott. Manch einer mag beim Wort *De*mut an ein sich jämmerlich windendes, um Gnade flehendes Etwas denken. Ich glaube, dass Luther, wenn er bei der Übertragung der Bibel ins Deutsche den Begriff „Demut" oder das damit verbundene Eigenschaftswort „demütig" verwendete, vielmehr das Bild eines Hirten vor Augen hatte, der sich zu einem verletzten Lamm herunterbeugt und sich in dem Moment der Fürsorge selbst verletzbar macht.

Demut ist dann ein Ausdruck der Furchtlosigkeit in der Barmherzigkeit, der Moment höchster Erhabenheit im Sich-klein-Machen. „Demütig" ist so verstanden das Gegenteil von „eitel". Beim Wort „eitel" denken wir heute zuerst an eingebildet, sich aufplustern. Luther nutzt das Wort „eitel" aber in erster Linie im Sinn von „vergeblich". *»Es ist alles ganz eitel«* (Pred. 1, 2) übersetzt Luther den Prediger Salomon, der verbittert die Vergeblichkeit alles menschlichen Strebens resümiert. Aber wenn demütig das Gegenteil von eitel ist, dann ist es auch das Gegenteil von vergeblich! Demütiges Handeln ist niemals vergeblich, ganz im Gegenteil. *»Was ihr getan habt einem diesem geringsten meiner Brüder, das habt ihr mir getan«* (Mt. 25, 40) - predigt Jesus. Demütig den Hungrigen zu speisen, dem Durstigen zu trinken zu geben, den Nackten zu kleiden, den Kranken und den Gefangenen zu besuchen – das alles ist NICHT vergeblich, es ist im Gegenteil die Quelle von SINN. Sinn, das ist eine zentrale biblische Botschaft, erfahren wir NICHT, wenn wir um uns selbst kreisen, uns selbst zu verwirklichen suchen, SINN erfahren wir in der Hinwendung zum Nächsten. *»Es ist nicht gut, dass der Mensch alleine sei«* (1. Mose 2, 18), erkennt Gott der Herr schon in der Schöpfung. Denn allein, allein gelassen, kreisten wir um uns selbst und fänden keinen Sinn.

Was mich – und ich denke, viele andere mit mir – bis heute überwältigt, wenn ich in der Bibel die Erzählungen von Jesus Christus lese, ist dessen Fähigkeit ganz und gar demütig zu sein. Er widmet sich ohne jede Rücksicht auf seine eigene Person dem Nächsten, auch wenn er sich dabei selbst in Gefahr bringt. Er wusste genau, dass die Auferweckung des Lazarus eine Provokation der Obrigkeit darstellte, die ihn sein eigenes Leben kosten würde. Und doch ist ihm das Leben des Lazarus wichtiger als sein eigenes. Er kann helfen – also tut er es. Er sucht nicht, ob es vielleicht einen anderen gäbe, der seine Hilfe noch nötiger braucht. Es bremst ihn nicht, dass es ungerecht sein könnte, dem einen, Lazarus, zu helfen und vielen anderen nicht. Es schert ihn nicht, ob Lazarus wohl nach der Auferweckung ein braver und anständiger Mensch sein wird oder ob er zu einem herzlosen Menschen wird, der die Auferweckung gar nicht verdient hat.

Denn auch das kann ja passieren: Das man im besten Willen, jemandem zu helfen, doch Schuld auf sich lädt. Aber wurde uns nicht in unserer Erziehung immer wieder eingebläut, dass man als Christ danach streben sollte, ohne Sünde zu leben? Ja, wenn ich mich auf meinen Nächsten einlasse, dann ist das gefährlich. Ich habe für mich die Erfahrung machen müssen, dass gerade jene mich besonders schmerzhaft verletzen können, die ich nahe an mich herangelassen habe. Also – warum sollte ich jemandem nahe kommen wollen, wenn ich mich dadurch der Gefahr aussetze, diese Person zu verletzen? Wer sich in Gefahr begibt, kommt darin um, sagt ein Sprichwort.

Dazu fällt mir ein weiterer berühmter Esel aus der Literatur ein: Der Esel aus dem Märchen „Die Bremer Stadtmusikanten". Den Tod vor Augen zieht er los, aber er bleibt nicht allein, er sucht sich Begleiter. „Etwas Besseres als den Tod finden wir überall!" – mit diesem Versprechen heuert er seine Kameraden an. Die Vier lassen sich aufeinander ein, kommen einander nahe und sind damit stets in der Gefahr, sich und ihre Mitstreiter zu enttäuschen. „Etwas Besseres als den Tod finden wir überall" – das mag im Märchen stimmen, aber in der Wirklichkeit wissen wir doch, dass wir eben nichts Besseres als den Tod finden werden. Die Abschlussparty der Schule des Lebens findet nun mal auf dem Friedhof statt. Jesus erweckt Lazarus von den Toten – aber die Bibel sagt nichts darüber aus, was dann geschah. Vermutlich war es doch nur ein Herauszögern des Sterbens, sonst wäre bestimmt mehr über das weitere Leben des Lazarus überliefert. Bleibt uns also doch nur, mit dem Prediger zu klagen: *»Es ist alles ganz eitel«* (Pred. 1, $_{2}$)? Ist alles vergeblich, sinnlos, da am Ende doch der Tod steht?

Jesus Christus gibt uns mit seinem Leben eine Antwort gegen solchen Defätismus. Er zeigt, dass ein Leben möglich ist, das dem Tod keine Macht einräumt. Er lebt gerne, er sehnt sich nicht nach dem Tode. Einen Fresser und Weinsäufer (Mt. 11, $_{19}$) schimpfen ihn seine Gegner – für mich zeigt das, dass er voller Lebenslust sein irdisches Dasein gestaltete. Und diese Lebenslust teilt er mit anderen, er wirkt ansteckend, schart Jüngerinnen und Jünger um sich, hilft Kranken und predigt von Gott, der ein solches Leben verheißt. Aber er ist auch frei von Todesangst. Er weiß, dass Leid und Schmerz und letztlich auch der Tod zum Leben nun mal dazugehören. Aber das hält ihn von nichts ab. Er klammert sich nicht an sein Leben, bangt nicht ängstlich, er zögert nicht das zu tun, wovon er überzeugt ist, dass es richtig ist. Aber nicht das Vertrauen in seine eigene Kraft befähigt ihn zu einem solchen Leben. Es ist die Demut, das volle Vertrauen, dass Gott der Vater bei ihm ist, dass er Trost und Zuspruch auch in den schwersten Stunden erleben wird. So kann er sich einlassen auf die Leidenszeit, sich von seinen Ängsten frei machen. Er überwindet dem Tod, weil er ihm keine Macht über sein Leben gibt.

Sie haben sich in Ihrer Gemeinde dazu entschlossen, Flüchtlingen Quartier zu geben. Sie können nicht wissen, ob darunter jemand ist der verabscheuungswürdige Verbrechen begangen hat oder begehen wird. Jesu Passion spricht Sie - und uns alle - von der Verantwortung für solche unvermeidbaren Verstrickungen frei. Immer wieder erzählt uns die Bibel von Menschen, die sich in Schuld verstricken, davon, dass auch der Frommste nicht in der Lage ist, sein Leben als soziales Wesen so zu führen, dass dabei nicht auch Schuld entstünde. Das ist für mich der Kern der christlichen Rede von der Erbsünde: Wir sind seit der Vertreibung aus dem Paradies nicht in der Lage, unser Leben frei von solcher Schuld zu führen, es ist im göttlichen Bauplan des Menschen schlicht nicht vorgesehen. Aber es bleibt nicht bei dieser Botschaft, die niederschmetternd wirken könnte! In Jesus Christus wird Gott wahrer Mensch, ein Mensch der sich der Gefahr von Schuld aussetzt. Was passiert mit den 99 Schafen während der Hirte das eine Verirrte sucht? Vielleicht kommt der Wolf und reißt Dutzende Tiere in der allein gelassenen Herde. Das wäre die Schuld des Hirten, der die Tiere sich selbst überlassen hat, um das Eine zu suchen. Und doch wird uns gerade dieser Hirte als Vorbild vorgeführt. Wenn ich demütig akzeptiere, dass es Schuld zu meinem Leben nun einmal dazugehört, aber auch der Botschaft vertraue, dass Gott dies bereits weiß und mir vergibt – dann wird die Rede von der Erbsünde zum puren Evangelium, zur frohen Botschaft, die Freiheit verheißt.

Das Gericht Gottes ist nach meinem Verständnis der biblischen Verheißung ein Ort der Gnade und nicht ein Ort der Strafe.

So gestärkt können wir immer wieder, jeden Tag aufs Neue in den Kampf um die Menschlichkeit ziehen, auch wenn er noch so vergeblich erscheint. Demütig können wir annehmen, dass wir das Reich Gottes nur erbitten können, es aber nicht durch unser Tun herbeizuführen in der Lage sind. Aber das kann und darf keine Entschuldigung dafür sein, das zu unterlassen, was wir tun können, um die Welt wenigstens ein wenig besser zu machen. Von unseren Kämpfen werden wir manche verlieren: Nicht für alle der 22 Flüchtlinge, die Sie aufgenommen haben, werden sich Perspektiven ergeben oder auch nur die Aufnahme als eine gute Erfahrung in ihrer Erinnerung verankern.

Wer immer sich um seinen Nächsten kümmert, läuft in Gefahr, von seinem Umfeld ein Esel gescholten zu werden. Der Samariter, der dem verletzt am Straßenrand Liegenden geholfen hat (Lk. 10, $_{25-37}$): Bestimmt gab es jemanden in seinem Dorf, der ihm vorhielt, doch ein Esel zu sein. Er hat Zeit und Geld aufgewendet, ohne zu wissen, ob es sich rentiert. Aus Sicht unserer Zeit ist so ein Verhalten dumm und ich kenne viele, die darüber den Kopf schütteln.

Ein Esel wird genannt, wer sich Bedürftigen zuwendet, anstatt seine Kraft darauf zu konzentrieren, für sein eigenes Aus- und Fortkommen zu sorgen.

Ein Esel wird genannt, wer sich Wind und Regen auf der Straße aussetzt, um gegen Ungerechtigkeit und Verfolgung zu demonstrieren, anstatt die Welt zu nehmen, wie sie nun einmal ist und seinen Profit aus den Verhältnissen zieht.

Ein Esel wird genannt, wer sich gegen Hunger engagiert anstatt mit Lebensmittelspekulationen daran zu verdienen.

Solch ein Esel will ich gerne sein. Darum bitte ich Gott den Herren: Lehre mich, wie ein Esel zu leben; langmütig und geduldig, belastbar und beharrlich, genügsam und fröhlich

Jes. 65, 17 – 25

Von Franz von Assisi ist überliefert, dass er zu Tieren predigte. Haben Tiere eine Beziehung zu Gott? Ich bin mir bei dieser Frage nur in einer Hinsicht sicher: Es steht außerhalb der Möglichkeit menschlicher Erkenntnisfähigkeit, darüber eine sichere Aussage zu treffen. Wie geht es Ihnen damit, wenn Sie auf Fragen stoßen, von denen Sie sich eingestehen müssen, dass eine Antwort darauf die Grenzen des menschlichen Geistes überschreitet? Können Sie dankbar sein für das Staunen, das als einzige Reaktion bleibt?

Liebe Gemeinde,

als Kind war ich ein Meister im Erfinden von Ausreden. Meine besondere Leidenschaft galt dem Sich Drücken vor dem Abwasch. Kein Grund war abstrus genug um nicht von mir als Begründung herangezogen zu werden, warum ich gerade dann abwesend war, wenn das frisch gespülte Geschirr fleißiger Hände harrte, die es abtrocknen und wegräumen sollten. Ein Geschirrspüler war denn auch eines der ersten Dinge, die ich mir in meiner ersten eigenen Wohnung zulegte. Aber bis dahin ärgerte ich meine Mutter und meine Geschwister durch meine Abwesenheit. Wenn ich dann – nach getaner Arbeit – wieder auftauchte und einer meiner Geschichten erzählte, lautete die Reaktion oft: „Wer's glaubt, wird selig!" Im heutigen Predigttext geht es nicht um eine Ausrede. Der Prophet Jesaja schildert seine Version einer neuen, gerechten Welt. Er verkündet die Möglichkeit einer Wirklichkeit, deren Beschreibung uns den Ausruf entlocken kann: „Wer's glaubt, wird selig!". Hören Sie selbst auf die Worte aus dem 65. Kapitel des Jesaja-Buches. Ich lese die Verse 17 bis 25.

17 *Denn siehe, ich will einen neuen Himmel und eine neue Erde schaffen, dass man der vorigen nicht mehr gedenken und sie nicht mehr zu Herzen nehmen wird.*

18 *Freuet euch und seid fröhlich immerdar über das, was ich schaffe. Denn siehe, ich will Jerusalem zur Wonne machen und sein Volk zur Freude,*

19 *und ich will fröhlich sein über Jerusalem und mich freuen über mein Volk. Man soll in ihm nicht mehr hören die Stimme des Weinens noch die Stimme des Klagens.*

20 *Es sollen keine Kinder mehr da sein, die nur einige Tage leben, oder Alte, die ihre Jahre nicht erfüllen, sondern als Knabe gilt, wer hundert Jahre alt stirbt, und wer die hundert Jahre nicht erreicht, gilt als verflucht.*

21 *Sie werden Häuser bauen und bewohnen, sie werden Weinberge pflanzen und ihre Früchte essen.*

22 *Sie sollen nicht bauen, was ein anderer bewohne, und nicht pflanzen, was ein anderer esse. Denn die Tage meines Volks werden sein wie die Tage eines Baumes, und ihrer Hände Werk werden meine Auserwählten genießen.*

23 *Sie sollen nicht umsonst arbeiten und keine Kinder für einen frühen Tod zeugen; denn sie sind das Geschlecht der Gesegneten des Herrn, und ihre Nachkommen sind bei ihnen.*

24 *Und es soll geschehen: Ehe sie rufen, will ich antworten; wenn sie noch reden, will ich hören.*

25 *Wolf und Schaf sollen beieinander weiden; der Löwe wird Stroh fressen wie das Rind, aber die Schlange muss Erde fressen. Sie werden weder Bosheit noch Schaden tun auf meinem ganzen heiligen Berge, spricht der Herr.*

Der Predigttext beginnt mit einer Ankündigung. Gott, der Herr, gibt dem Volk Israel durch seinen Propheten die Zusage, dass er eine neue Erde und einen neuen Himmel schaffen wolle. Ja, hier und heute, da ist Leid und Trauer, da ist Schmerz und Verzweiflung, da ist Elend und Tod. Was kann uns in dieser Welt trösten? *»Herr, lehre uns bedenken, dass wir sterben müssen, damit wir klug werden«* (Ps. 90, $_{12}$) – so betet der Psalmist in unserem Wochenspruch. Ist das nicht zynisch angesichts all der Not, die der Tod schafft? Der Mensch ist unseres Wissens nach das einzige Wesen, das sich seiner Endlichkeit, der unerbittlichen Unausweichlichkeit des Endes der eigenen Existenz bewusst ist. In diese tiefe Verzweiflung kann man sich leicht hineinsteigern. Selbstmord aus Angst vor dem Tode bleibt dann der einzige Ausweg. Wie soll man da leben? Besteht Gottes Gerechtigkeit wirklich nur darin, dass keiner, wirklich niemand, von Leid und Tod verschont bleibt? Jesaja kennt diese Verzweiflung nur zu gut. Er spricht zu denjenigen, die aus dem babylonischen Exil zurückkehrten – und deren Hoffnung oft genug unerfüllt blieb. Sie fanden nicht das Land, in dem Milch und Honig fließen, wie es den Israeliten verhießen war, die sich auf den Weg aus Ägypten machten. Sie fanden vielmehr ein Land, das noch schwer unter den Kriegsfolgen zu leiden hatte, in dem die Infrastruktur zerstört war und die wenigen guten Positionen und das Land unter denjenigen aufgeteilt waren, die der Exilierung entgangen waren. Die hatten nicht auf die Rückkehrer gewartet, ja sie waren mit der Versorgung und Integration der Heimkehrer, die für sie fremd geworden waren, überfordert. Die Kindersterblichkeit war hoch, die Grundbesitzer ließen die Neuankömmlinge für sich schuften und prellten sie um ihren Lohn. Wäre es nicht besser gewesen in Babylon zu bleiben? Die Neuankömmlinge hatten nichts – und gerade heute am Ewigkeitssonntag denke ich daran, dass sie nicht einmal die Gräber ihrer Eltern und Großeltern hatten, an denen sie ihrer Trauer einen Ort hätten geben können. Die Toten waren im Exil geblieben. Gegen diese Depression spricht Jesaja seinen Zuspruch von einem neuen Himmel und einer neuen Erde. Er schafft Bilder mit einer großen poetischen Kraft, er lässt vor den Augen der Verzweifelten eine Welt entstehen, wie man sie sich schöner kaum erträumen könnte. Und diese Zusage ist an keine Voraussetzung geknüpft! *„Ich will einen neuen Himmel und eine neue Erde schaffen!“*, sagt Gott uns durch Jesaja zu. Weder Opfer noch das Halten der Gebote sind erforderlich, damit Gott diese Zusage erfüllt. Allein sein gnädiger Wille, seine Liebe zu uns als seinen Geschöpfen genügt! Wir müssen nicht nur keinen eigenen Beitrag leisten – wir können es nicht einmal. Diese Verheißung wird für mich besonders im letzten Vers des Textes deutlich, in dem es heißt: *„Wolf und Schaf sollen beieinander weiden; der Löwe wird Stroh fressen wie das Rind“*. Wir gestehen Tieren keine Moral zu. Niemand käme auf die Idee, einen Wolf für schuldig zu halten, wenn er ein Schaf reist oder einen Löwen zu verurteilen, der ein Rind schlägt. Doch selbst den Tieren verheißt Jesaja ein friedliches Miteinander in dieser neuen Wirklichkeit. Für uns Menschen sieht der Prophet ein langes, erfülltes Leben als die Verwirklichung dieser Trostbotschaft. Er kennt noch keine Hoffnung auf die Auferstehung, die durch Jesus Christus in unsere Welt kam. Im Glaubensbekenntnis, das wir vorhin gebetet haben, bekennen wir zunächst die Menschlichkeit Jesu: Gekreuzigt, gestorben und begraben. Hinabgestiegen in das Reich des Todes". Gott selbst teilt in seinem Sohn Jesus Christus mit uns die Erfahrung des Todes und der damit verbundenen Trauer. Aber dabei bleibt es nicht: „Am dritten Tage auferstanden von den Toten", bekennen wir weiter. Wie lange werden wir, werden unsere Lieben im Reich des Todes verharren müssen? Darauf weiß ich keine Antwort. *»Eins aber sei euch nicht verborgen, ihr Lieben, dass "ein" Tag vor dem Herrn wie tausend Jahre ist und tausend Jahre wie ein Tag«* (2. Petr. 3, $_{8}$), so formuliert der Apostel die Erkenntnis, dass unsere Zeitvorstellung bei Gott keine Gültigkeit hat. Aber wir haben eine Zusage von Jesus: *»Dein Glaube hat dir geholfen«* (z.B. Lk. 17, $_{19}$), so erklärt Jesus selbst seine Wunderheilungen. Allein aus Glaube werden wir gerettet. Ja, wer's glaubt, wird selig. Was wir glauben, wird darüber bestimmen, welche Erfahrung wir nach dem Tode machen. Denn in unserem Glauben, in unserem Wünschen und Beten sind wir frei. Der Apostel Paulus musste die Erfahrung der Gefangenschaft erleiden. Und selbst im Gefängnis konnte er Gott danken und für seine Peiniger bitten. Diese Freiheit konnte ihm niemand nehmen. Ich bin gewiss, dass sich sein Glaube erfüllt, so wie sich der Glaube vieler erfüllen wird, die aus dem Grunde ihres Herzens Gott danken und für die bitten, die ihnen Unrecht zufügen. Wer's glaubt, wird selig: Diese oft herabsetzend gemeinte Aussage kann uns Hoffnung machen, dass gelingendes Leben hier auf Erden möglich ist, Hoffnung, dass der Tod nicht das letzte Wort hat sondern Gottes Liebe zu uns über den Tod hinausreicht. Davon können wir etwas erahnen, wenn wir uns liebevoll an die erinnern, die uns in eine neue Wirklichkeit, in den neuen Himmel und die neue Erde vorausgegangen sind. Gott erbarme sich ihrer Seelen und schenke uns Trost in unserer Trauer.

Joh. 1, 29 – 34

Ein kleines Tier – und diesmal ist Tier ganz wörtlich zu verstehen, das in der Bibel an vielen Stellen eine Rolle spielt, ist das Lamm. Das Lamm gilt als Inbegriff der Schutzbedürftigkeit, als ein schwaches, verletzliches Wesen. Jesus zeigt und, wie aus dieser Schwäche Stärke wird.

Liebe Gemeinde,

„Du Opfer!" auf den Schulhöfen ist diese Zuschreibung zu einem der schlimmsten Schimpfwörter geworden. „Du Opfer!" – das meint, du bist ein Verlierer, du kannst dich nicht wehren, dich kann man ungestraft mobben. „Du Opfer" – so bezeichnen Schülerinnen und Schüler – aber wirklich nur Sie? – Menschen, die sie verachten, auf die sie herabsehen, die sie für Abschaum halten.

Es ist aber auch ein ganz anderer Blick möglich auf jemanden, den man als Opfer sieht. Im Judentum ist es üblich, zum Passahfest ein Lamm als Opfer zu schlachten. Diese Tradition des Opferlamms ist bis heute auch im Islam und in mancher orthodoxen Tradition des Christentums lebendig. Der biblische Blick auf das Opfer ist nicht der Blick der Schulhöfe. Die Bibel sieht das Opfer ganz und gar positiv! So wird in unserem heutigen Predigttext Jesus schon ganz zu Beginn seines Wirkens als Opfer vorgestellt.

Hören Sie die Verse 29 bis 34 aus dem 1. Kapitel des Johannesevangeliums:

29 *Am nächsten Tag sieht Johannes, dass Jesus zu ihm kommt, und spricht: Siehe, das ist Gottes Lamm, das der Welt Sünde trägt!*

30 *Dieser ist's, von dem ich gesagt habe: Nach mir kommt ein Mann, der vor mir gewesen ist, denn er war eher als ich.*

31 *Und ich kannte ihn nicht. Aber damit er Israel offenbart werde, darum bin ich gekommen zu taufen mit Wasser.*

32 *Und Johannes bezeugte und sprach: Ich sah, dass der Geist herabfuhr wie eine Taube vom Himmel und blieb auf ihm.*

33 *Und ich kannte ihn nicht. Aber der mich sandte zu taufen mit Wasser, der sprach zu mir: Auf wen du siehst den Geist herabfahren und auf ihm bleiben, der ist's, der mit dem Heiligen Geist tauft.*

34 *Und ich habe es gesehen und bezeugt: Dieser ist Gottes Sohn.*

Johannes erkennt in Jesus den Christus, den Heiland, den Erlöser. Aber er begrüßt ihn nicht als den starken Krieger, nicht als den Held und schon gar nicht als Kämpfer. Er begrüßt ihn als das Lamm Gottes. Ein Lamm ist schwach und verletzlich, es wird keinen Ritter tragen, nicht den Pflug ziehen. Wird ein Lamm erwachsen, wird es zum Schaf. Ein Schaf gibt Wolle; es hilft uns, uns zu wärmen. Und ein Lamm ist das klassische Opfertier.

Vielleicht war es in der Zeit, in der Johannes wirkte, einfacher, einen Menschen als Opfer vorzustellen, ohne ihn damit zu diskreditieren als dies heute möglich wäre. Israel war von den Römern besetzt; das Volk litt unter der Steuerlast, die von korrupten Zöllnern, die für die Eintreibung der Abgaben zuständig waren, ins Unerträgliche gesteigert wurde. Jeder römische Soldat – und sei er von noch so geringem Rang – konnte jeden Juden – und sei dieser gesellschaftlich noch so hoch angesehen – zwingen, ihm sein Gepäck eine Meile weit zu tragen. Das war eine Demütigung sondergleichen. Jesus spricht diese Erfahrung später in der Bergpredigt an: *»Und wenn dich jemand nötigt, eine Meile mitzugehen, so geh mit ihm zwei«* (Mt. 5, $_{41}$). Opfer wurde man nur zu leicht im Israel unter römischer Besatzung.

Und doch: Die Begrüßung des Jesus durch Johannes ist kein Bild der Schwäche. *»Siehe, das ist Gottes Lamm, das der Welt Sünde trägt!«*. Ein Lamm - ein verletzliches, schwaches Tier – das soll stark genug sein, die Sünde der Welt zu tragen? Was könnte schwerer wiegen als die Sünde der ganzen Welt? Das Bild vom Lamm Gottes wird so zum Bild der Stärke. Stärke: Das ist für mich die Fähigkeit des Duldens, des Ertragens und Erleidens. Kraft hingegen ist die Fähigkeit des Löwen – die Fähigkeit sich im Zweifel auch mit Gewalt durchzusetzen. Die meisten Menschen, die uns aus der Geschichte bekannt sind, strotzten nur so vor Kraft. Denken wir nur an die Weihnachtsgeschichte: Herodes war so ein Kraftmensch. Mit aller Kraft, ja mit Gewalt, will er die ihm angekündigte Geburt eines neuen Königs rückgängig machen. Wie anders sind da Maria und Josef. Maria, die unverheiratet schwanger wird und nicht weiß, von wem das Kind ist, entscheidet sich für das Baby und riskiert so ihren Stellung in der Gesellschaft, wenn nicht gar ihr Leben. Josef erbarmt sich und nimmt die werdende Mutter unter seinen Schutz – er übernimmt die Vaterrolle für ein Kind, von dem er weiß, dass es nicht das seine ist. Das Matthäusevangelium davon, dass Josef und Maria erst nach ihrer Rückkehr aus Ägypten in Nazareth Wohnung nahmen (Mt. 2, $_{22f}$). Für den Evangelisten war klar: Mit dieser Familiengeschichte konnten sie nicht in ihre ursprüngliche Heimat zurück; zu stark wäre die gesellschaftliche Ächtung gewesen. Das ist keine kraftstrotzende Geschichte – aber eine Geschichte voller Stärke.

Das Symbol der Kraft ist für mich das Feuer. Wasser hingegen ist für mich das Symbol der Stärke. Es ist unscheinbar, wirkt weich – und doch wurde das Gesicht der Erde vom Wasser mehr geprägt als vom Feuer. Wasser grub die Flussläufe, an denen wir Menschen wohnen, Wasser formte in Form von Gletschern unsere Landschaften, Wasser bewirkte aber oft genug auch Untergang und Tod, wie uns schon die Bibel in der Geschichte von der Sintflut erzählt. Aber ohne Wasser gäbe es kein Leben. *»Der Geist Gottes schwebte auf dem Wasser«* (1. Mose 1, $_{2b}$) – so heißt es ganz am Anfang der Bibel in der Schöpfungsgeschichte. Und weil Gottes Geist so mit dem Element des Wassers verbunden ist, taufte Johannes und taufen wir heute mit Wasser. Dieses Wasser der Taufe versieh Jesus und mit ihm alle getauften Christen nachhaltiger mit dem Zeichen des Heiligen Geistes als es jedes Tattoo je könnte. Wer getauft ist – und das sage ich vor allem den Konfirmandinnen und Konfirmanden – braucht kein Tattoo mehr, um sich seiner Identität zu vergewissern. *»Ich habe dich bei deinem Namen gerufen – du bist mein!«* (Jes. 43, $_{1b}$) das ist das unsichtbare Tattoo mit dem Gott uns in der Taufe versieht. Und ich stelle mir vor, dass es dieses – für normale Menschen unsichtbare – Tattoo war, das Johannes bei Jesus wahrnehmen konnte. Er kannte Jesus vorher nicht – und doch erkannte er ihn. Diese ganz besondere Beziehung zu Gott, die Jesus auszeichnete – für Johannes war diese Beziehung sichtbar. Er hat gesehen, dass dies ein ganz besonderer Mensch ist und konnte so bezeugen: *»Dieser ist Gottes Sohn«*. Sohn Gottes: Auch dieses Bild ist ein Bild der Stärke, nicht ein Bild der Kraft.

Der Sohn Gottes verwandelt eben nicht Steine zu Brot, er sagt vielmehr, dass der Mensch nicht vom Brot allein lebt. Er stürzt sich nicht von den Zinnen des Tempels, um von den Engeln aufgefangen zu werden – er stellt Gott nicht auf die Probe. Er lehnt die ihm vom Teufel angetragene Weltherrschaft ab, die er um den Preis der Anbetung des Bösen erhalten könne. (Lk. 4, $_{3-13}$) Es geht Jesus nicht um die Kraft, die Weltgeschichte zu verändern – auch wenn er damit manche enttäuscht, die auf einen mächtigen König warteten, der sie mit dem Schwert in der Hand vom Joch der römischen Besatzung befreien möge. Es geht ihm um die Stärke, Gottes Heilsplan auszuhalten, der ihm am Ende das Leben kosten wird. Er ist bereit, zum Opfer zu werden.

Auch die mächtigen Herrscher schätzen die Tugend der Opferbereitschaft. Nur: sie verlangten die Bereitschaft, Opfer zu werden, immer nur von anderen. Welcher Feldherr in der Geschichte wäre nicht darauf angewiesen gewesen, dass andere bereit waren, sich abschlachten zu lassen, während er im sicheren Lager die Schlacht beobachtete? Im Gedicht „Fragen eines lesenden Arbeiters von Berthold Brecht stehen die folgenden Zeilen:

Der junge Alexander eroberte Indien.
Er allein?

Cäsar schlug die Gallier.
Hatte er nicht wenigstens einen Koch bei sich?

Philipp von Spanien weinte, als seine Flotte
untergegangen war. Weinte sonst niemand?

Brecht beweint hier diejenigen, die sich aus Gründen, die nur von den Mächtigen für ehrenhaft gehalten werden zum Opfer machen lassen. Diejenigen, die sich für Söldnerlohn, für das Vaterland oder aus Pflichterfüllung für die kraftstrotzenden Pläne der Herrschenden missbrauchen lassen und so zu Opfern aber auch zu Tätern werden. Ja, solche Opfer haben den Spott der Schulhöfe verdient! Es sind die Opfer der Kraft. Und es sind diese Opfer der Macht, zu denen Jesus vor allem kommt. Diejenigen, die von den Mächtigen missbraucht werden und sich missbrauchen lassen. Die Witwen und Waisen, die um diejenigen trauern, die auf den Schlachtfelder der Geschichte getötet oder zu Krüppeln gemacht wurden. Ihnen sagt er die Stärke des Heiligen Geistes zu. Für sie wird er zum Lamm Gottes. und wird selbst Opfer der Kraft der religiösen Tradition, die sich mit den Interessen der politisch Herrschenden verbindet.

Denn Jesu Stärke lässt ihn die ultimative Kränkung überstehen, die auch der kraftvollste Mensch ertragen muss: Die Erfahrung der eigenen Sterblichkeit, den Tod. In der Auferstehung Jesu zeigt sich Gottes ganze Stärke. Auf diese Stärke dürfen wir trauen, wenn uns jemand zum Opfer machen will.

Maria, Josef und andere Flüchtlinge

Sie wissen es sicher schon: Maria und Josef flohen nach der biblischen Überlieferung vor dem Gebot des Herodes, die erstgeborenen Kinder zu töten, nach Ägypten. Jesus Christus, den wir als unseren Heiland verehren, war nicht nur Jude, er war auch Asylant. Ein Grund mehr, dass sich christliche Gemeinden den Sorgen und Nöten von Flüchtlingen in unserer Zeit annehmen. Bietet Ihre Gemeinde ein Kirchenasyl an? Warum nicht?

Apg. 10, $_{21-35}$

Im Herbst 2013 stand die Gemeinde Cantate Domino in der Frankfurter Nordweststadt vor einer großen Herausforderung: 23 Flüchtlinge – überwiegend aus Westafrika – klopften an ihre Tür. Sie hatten bis dahin unter einer Mainbrücke campiert, aber nun war das Wetter zu schlecht geworden, um im Freien überleben zu können. Und dann passierte ein Wunder: „Klopfet an, so wird euch aufgetan" – dieses Wort aus Mt. 7, $_7$ ereignete sich ganz praktisch: Die Gemeinde sorgte dafür, dass die Männer über den Winter kamen. Und weitere Gemeinden schlossen sich dem an oder nahmen auf andere Weise Anteil am Schicksal derjenigen, die als Flüchtlinge hier leben. Lassen Sie sich von Not berühren?

Liebe Gemeinde,

in der Lesung (2. Kön. 5, $_{1-15}$) haben wir vom Hauptmann Naaman gehört, der am Aussatz litt. Wer an dieser Krankheit litt, galt als unrein. Rein / unrein – das ist ein Begriffspaar, das uns heute im Alltag nur selten begegnet. Woran denken Sie, wenn Sie das Wort „rein" hören? Vielleicht an die Schauspielerin Johanna König, die uns jahrelang im Werbefernsehen im Auftrag eines US-amerikanischen Konsumgüterkonzerns davon überzeugen wollte, dass ein bestimmtes Waschmittel nicht nur sauber sondern rein wäscht? Oder fällt Ihnen vielleicht der sarkastische Spruch aus den 70ern ein, dass der Main Wasser von „Höchster Reinheit" enthalte?

Wenn die Bibel von Reinheit spricht, ist damit etwas anderes gemeint. Reinheit bezeichnet einen Zustand der seelischen Hygiene, nicht der äußerlichen. Diese Vorstellung von Reinheit begegnet uns heute vor allem, wenn wir uns im islamischen Kulturkreis bewegen. So wirbt mein Lieblings-Imbiss damit, dass die dort verkauften Döner „halal" sind. Halal bzw. das Gegenteil haram sind die arabischen Worte für das, was Luther mit den Worten rein bzw. unrein übersetzt hat. Es ist vielen von uns geläufig, dass z.B. Schweinefleisch für Muslime haram, also unrein ist. Auch für das Volk Israel gilt das Fleisch von Schweinen und vielen anderen Tieren als unrein. Aber nicht nur tierische Produkte können unrein sein, auch Verhaltensweisen. Wer als Jude oder Moslem die Fastenzeiten ohne Not nicht einhält, handelt unrein. Manchmal erwische ich mich dabei, wie ich solche Einstellungen mitleidig belächle. Die vier großen „soli" des Protestantismus haben sich tief in mein Bewusstsein eingegraben: sola fide, sola gratia, sola scriptura, solus Christus – das sind die Schlüssel zum evangelischen Himmel, nicht irgendwelche Verhaltensweisen. Und doch gibt es auch in unserer modernen westlichen Gesellschaft einen relativ breiten Konsens darüber, was sich gehört und was nicht. Wer gegen diesen Sittenkodex verstößt, den grenzen wir aus, der gehört nicht dazu. Stellen Sie sich einmal folgende Situation vor: Sie haben zu einem festlichen Essen geladen und dann zieht sich einer Ihrer Gäste Schuhe und Strümpfe aus und widmet sich am Tisch der Pflege seiner Fußnägel. Ein klarer Verstoß gegen die guten Sitten, was dieser Mensch tut, ist unanständig.

Im Predigttext für den heutigen Sonntag wird erzählt, wie Petrus zu einem Verhalten aufgefordert wird, dass für ihn und seine Umwelt als zutiefst unanständig galt: Er wird zu einem Heiden, ja schlimmer noch, in das Haus eines Offiziers der römischen Besatzungsarmee eingeladen um dort über seine Erlebnisse mit Jesus zu berichten. Ich versuche mir eine Situation vorzustellen, in der ich mich so fühlen würde, wie sich Petrus fühlen musste, als ihn die Einladung in das Haus des Kornelius erreicht. Das könnte vielleicht eine Einladung sein, bei einem Hurenkongress in Hamburg über meinen Glauben zu sprechen. Es wäre eine Tagesreise weit weg, es würden mich Menschen erwarten, von denen der Großteil der Bevölkerung sagen würde, dass schon der Umgang mit ihnen einen selbst befleckt. Würde ich einer solchen Einladung Folge leisten? Nun, Petrus entscheidet sich dafür, die Einladung anzunehmen.

Aber nun hören Sie, was uns die Bibel über die Begegnung zwischen Petrus und Kornelius berichtet. Kornelius hatte Männer geschickt, um Petrus die Einladung in sein Haus zu überbringen. Ich lese aus dem 10. Kapitel der Apostelgeschichte des Lukas die Verse 21 bis 35:

21 *Da stieg Petrus hinab zu den Männern und sprach: Siehe, ich bin's, den ihr sucht; warum seid ihr hier?*

22 *Sie aber sprachen: Der Hauptmann Kornelius, ein frommer und gottesfürchtiger Mann mit gutem Ruf bei dem ganzen Volk der Juden, hat Befehl empfangen von einem heiligen Engel, dass er dich sollte holen lassen in sein Haus und hören, was du zu sagen hast.*

23 *Da rief er sie herein und beherbergte sie. Am nächsten Tag machte er sich auf und zog mit ihnen, und einige Brüder aus Joppe gingen mit ihm.*

24 *Und am folgenden Tag kam er nach Cäsarea. Kornelius aber wartete auf sie und hatte seine Verwandten und nächsten Freunde zusammengerufen.*

25 *Und als Petrus hereinkam, ging ihm Kornelius entgegen und fiel ihm zu Füßen und betete ihn an.*

26 *Petrus aber richtete ihn auf und sprach: Steh auf, ich bin auch nur ein Mensch.*

27 *Und während er mit ihm redete, ging er hinein und fand viele, die zusammengekommen waren.*

28 *Und er sprach zu ihnen: Ihr wisst, dass es einem jüdischen Mann nicht erlaubt ist, mit einem Fremden umzugehen oder zu ihm zu kommen; aber Gott hat mir gezeigt, dass ich keinen Menschen meiden oder unrein nennen soll.*

29 *Darum habe ich mich nicht geweigert zu kommen, als ich geholt wurde. So frage ich euch nun, warum ihr mich habt holen lassen.*

30 *Kornelius sprach: Vor vier Tagen um diese Zeit betete ich um die neunte Stunde in meinem Hause. Und siehe, da stand ein Mann vor mir in einem leuchtenden Gewand*

31 *und sprach: Kornelius, dein Gebet ist erhört und deiner Almosen ist gedacht worden vor Gott.*

32 *So sende nun nach Joppe und lass herrufen Simon mit dem Beinamen Petrus, der zu Gast ist im Hause des Gerbers Simon am Meer.*
33 *Da sandte ich sofort zu dir; und du hast recht getan, dass du gekommen bist. Nun sind wir alle hier vor Gott zugegen, um alles zu hören, was dir vom Herrn befohlen ist.*
34 *Petrus aber tat seinen Mund auf und sprach: Nun erfahre ich in Wahrheit, dass Gott die Person nicht ansieht;*
35 *sondern in jedem Volk, wer ihn fürchtet und recht tut, der ist ihm angenehm.*

Was mich an dieser Geschichte fasziniert, ist der Rollenwechsel, den Petrus anscheinend mühelos bewältigt. Er wurde als Lehrender in das Haus des Kornelius gebeten und findet sich in der Rolle der Lernenden wieder. Noch bevor er anfängt von seinen Erlebnissen mit Jesus von Nazareth zu erzählen, lässt er sich auf die Situation ein und lernt, dass Gott die Abstammung und der Beruf eines Menschen egal sind. Jede und jeder ist Gott angenehm, der ihn fürchtet und recht tut. Fürchten hat in diesem Zusammenhang nichts mit Angst zu tun; wir würden heute an dieser Stelle vermutlich eher das Wort „respektieren" nutzen. Petrus erkennt, dass Diskriminierung nicht dem Willen Gottes entspricht. Nun steht diese Geschichte schon eine ganze Zeit lang in der Bibel und man könnte meinen, dass diese Zeit hätte ausreichen können, damit wir Christinnen und Christen diese Botschaft kapieren. Aber das fällt uns noch immer schwer.

Benachteiligungen und Ausgrenzungen aufgrund der Herkunft sind nach wie vor Gang und Gäbe. Mein Mann ist Rumäne, mein Adoptivsohn ist eritreischer Abstammung – ich weiß also, wovon ich spreche. Sie haben hier in der Gemeinde Cantate Domino einen großen und wichtigen Schritt gemacht, um solche Ausgrenzungen zu überwinden: Sie haben ihre Tür für eine Gruppe afrikanischer Einwanderer geöffnet, haben Obdach und Nahrung für diese Menschen organisiert und arbeiten daran, Perspektiven für deren weiteres Leben zu entwickeln.

Aber selbst in einer solchen Situation kommen wir immer wieder in die Gefahr, unbewusst auszugrenzen. Haben Sie schon einmal über diese Menschen gesprochen und dabei das Wort „die" verwendet? Damit grenzen Sie ab zwischen „die“ und „wir“. Ich meine das nicht als Vorwurf – ich halte das für unvermeidlich. Denn so wie wir nicht Menschen sein können ohne zwischen „ich“ und „du“ zu unterscheiden, so wenig kommen wir darum herum, zwischen „wir“ und „die“ zu differenzieren. So geht es auch Petrus und seinen Freunden in Joffe als sie die Einladung ins Haus des Kornelius erreicht. „Was sollen wir bei DENEN?“ mag der erste Gedanken gewesen sein. Aber dann überwindet Petrus seine Vorurteile gegen das Fremde, macht sich auf den Weg und lässt sich von der Freundlichkeit des Kornelius überraschen. Er findet in ihm nicht den Feind sondern einen ehrlich interessierten Menschen. Und was mir ganz wichtig ist an dieser Erzählung: Er nimmt die Ehrung, die ihm Kornelius entgegenbringt, nicht widerspruchslos hin. *»Steh auf, ich bin auch nur ein Mensch«*. Er lässt ihn nicht auf dem Boden liegen, er erhebt ihn aus dem Staub und stellt so ganz wörtlich wieder Augenhöhe her, auf der eine wirkliche Begegnung erst möglich ist.

In der Begegnung zwischen Petrus und Kornelius und den jeweiligen Begleitern hebt sich der Unterschied zwischen „wir“ und „die“ auf. Im Hören auf Gottes Wort wird aus beiden Gruppen EINE Gemeinde.

Ich bin überzeugt: Wenn immer wir Ausgrenzungen überwinden, erleben wir ein Stück vom Reich Gottes. *»Dein Reich komme«* – das können wir nur erbitten, aber nicht aus eigener Kraft verwirklichen. Und doch haben wir den Auftrag als Christinnen und Christen eine Ahnung von der Herrlichkeit des Gottesreiches in unserem Herzen zu bewahren und der Welt zu vermitteln.

In dem Sie die Türen Ihrer Gemeinde für Fremde geöffnet haben, hat Ihre Gemeinde einen starkes Zeichen gegen Ausgrenzung gesetzt. Sie haben Mut bewiesen, indem Sie sich nicht dem weltlichen Gesetz gebeugt haben, das in Einwanderern zuerst eine Bedrohung für unseren Wohlstand sieht. Sie haben Gottes Gesetz gehorcht, das uns gebietet, im Nächsten zuerst das geliebte Geschöpf Gottes, unseren Bruder im Herrn, zu sehen. Ich glaube, das ist es, was Petrus meint, wenn er sagt, dass derjenige Gott angenehm ist, der ihn fürchtet und recht tut. Genau das ist die Reihenfolge: Gottes Wort zu respektieren und aus diesem heraus, das zu tun, was nötig ist. Das ist dann recht getan, selbst wenn es gegen weltliches Gesetz verstößt. Dazu brauch es Mut UND Demut. Demut bedeutet für mich, dass wir zulassen, nicht alles selbst und aus eigener Kraft bewirken zu können, sondern Platz lassen für Gottes Wirken und auf ihn zu trauen. Jesus verheißt uns in der Bergpredigt: *»Selig sind, die reinen Herzens sind, denn sie werden Gott schauen«.* (Mt. 5, $_8$) Dem Mitmenschen menschlich begegnen, das macht für mich ein reines Herz aus. Und dann schauen wir dem Mitmenschen in die Augen und schauen dabei Gott als seinem Schöpfer. Ich wünsche uns, dass wir diesen Begriff der Reinheit wieder für uns entdecken – und bei diesem Wort nicht mehr an Klementine aus der Werbung denken müssen.

Jes. 40, 26 – 31

Eine andere Gemeinde, die sich der Aktion „Wir für 22" anschloss, bezeichnete die von ihr beherbergten Flüchtlinge als „Wintergäste". Manchmal ist es wichtig, sich nur für eine begrenzte Zeit zu verpflichten, gleich zu Beginn ein klares Ende zu definieren. So kann ich meine Kraft besser einteilen - und am Ende der definierten Zeitspanne vielleicht überrascht feststellen, dass meine Kraft nicht verzehrt wurde, sondern gewachsen ist. Denn Liebe wird durch Teilen mehr, nicht weniger. Haben Sie eine solche Erfahrung auch schon gemacht?

Liebe Gemeinde,

letzte Woche haben wir Ostern gefeiert. Nach dem Karfreitagsgottesdienst war die Orgel verstummt, um dann am Sonntagmorgen mit dem Lied "Christ ist erstanden" zu neuem Leben zu erwachen. Ich bekomme dabei immer noch eine Gänsehaut. Für mich ist das einer der Momente im Kirchenjahr, in denen ich mich im Strom der Zeiten geborgen fühle, wo ich eine Verbundenheit spüre mit den Generationen vor mir und Vertrauen fassen kann in die Hoffnung, dass Gott die Menschen auch noch für viele weitere Generationen am Leben erhält. Im Glaubensbekenntnis sprechen wir von der "Gemeinschaft der Heiligen" – am Ostersonntagmorgen beim "Christ ist erstanden", da sagt mir dieser Begriff etwas.

Die Gemeinschaft der Heiligen ist einer der Begriffe im Glaubensbekenntnis, mit dem ich mir lange schwer getan habe. Wer oder was soll das sein? Sind damit die Menschen gemeint, denen andere Menschen den Status der Heiligkeit verleihen? Gerade heute spricht Papst Franziskus zwei seiner Vorgänger heilig – da stellt sich mir diese Frage mit besonderer Dringlichkeit.

Die Gemeinschaft der Heiligen – das sind für mich die Menschen, die nicht nur im Vertrauen auf die Auferstehung gestorben sind, sondern mit und in diesem Vertrauen gelebt haben. Das sind Männer und Frauen, die wie die Frauen am Grab Jesu den Ruf des Engels in ihrem Leben hören: *»Fürchtet Euch nicht!«* (Mt. 28, 5). Die Gemeinschaft der Heiligen, das sind für mich keine wundertätigen Geistheiler, keine Vermittler unserer Bitten an Gott. Die Gemeinschaft der Heiligen, das sind für mich die Menschen, die sich in ihrem Leben mit Zivilcourage für andere einsetzten – und das nicht, weil ihnen die mutige Tat einen Adrenalinkick verschafft, sondern weil ihr Gefühl für ANSTAND stärker ist als ihre Furcht.

Das sind Menschen wie meine Oma, die gegen das Verbot der Obrigkeit die Menschen in einem sogenannten "Zigeunerlager" mit Lebensmittel aus ihrem kleinen Einzelhandelsladen versorgte und den Familien, von denen sie wusste, dass sie jüdische Gäste hatten, mehr abgab, als die Lebensmittelmarken ihnen zustanden. Die, obwohl dem Wochenbett gerade zum zweiten Mal entstiegen, dem Gauleiter der Nazipartei antwortete, für sie sei "Grüß Gott" immer noch ein deutscher Gruß und sie nicht daran denke, ihre Begrüßungsformel zu verändern.

Die Gemeinschaft der Heiligen, das sind für mich auch die Menschen, sich in oft stundenlangen Gremiensitzungen mit Haushalten, Bau- und Denkmalschutzvorschriften, Haftpflichtversicherungen für Kindertagesstätten und vielen anderen, scheinbar so unbedeutenden und manchmal skurril wirkenden Problemen und Problemchen beschäftigen, die aber nun mal in unserer Welt geregelt sein müssen, damit Kirche funktionieren kann.

Die Gemeinschaft der Heiligen – die habe ich in den letzten Wochen und Monaten auch hier in der Wicherngemeinde erleben dürfen, in Ihrer Fürsorge für unsere Wintergäste, denen Sie das Gefühl gaben, dass es Menschen gibt, denen ihr Schicksal nicht gleichgültig ist und die sie hier willkommen heißen.

Zu dieser Gemeinschaft der Heiligen spricht Jesaja in unserem heutigen Predigttext:

26 *Hebet Eure Augen in die Höhe und seht! Wer hat dies geschaffen? Er {, der Heilige,} führt ihr Heer vollzählig heraus und ruft sie alle mit Namen; seine Macht und starke Kraft ist so groß, dass nicht eins von Ihnen fehlt.*

27 *Warum sprichst du denn, Jakob, und du, Israel, sagst: Mein Weg ist dem Herrn verborgen, und mein Recht geht vor meinem Gott vorüber? Weißt du nicht?*

28 *Hast du nicht gehört? Der Herr, der ewige Gott, der die Enden der Erde geschaffen hat, wird nicht müde noch matt, sein Verstand ist unausforschlich.*

29 *Er gibt dem Müden Kraft und Stärke genug dem Unvermögenden.*

30 *Männer werden müde und matt, und Jünglinge straucheln und fallen;*

31 *aber die auf den Herrn harren, kriegen neue Kraft, dass sie auffahren mit Flügeln wie Adler, dass sie laufen und nicht matt werden, dass sie wandeln und nicht müde werden.*

Ich glaube, dass Jesaja uns mit diesen Zeilen Hinweise gibt, wie wir bis in unsere Tage hinein Heilige erkennen können. Da ist nicht von Wundern die Rede, die jemand nach seinem oder ihrem Tode als Gebetserhörung vollbracht hat. Da ist nicht die Rede davon, dass unser Heil bereits vor unserer Geburt vorherbestimmt sei und wir am materiellen Wohlergehen einer Person erkennen können, ob dieser Mensch von Gott gesegnet sei. Diese Erklärungsversuche des Heiligen aus der römisch-katholischen bzw. der calvinistischen Theologie finden in dieser Aussage des Propheten keinen Halt. Mich überzeugt aber Jesajas Definition: Heilig sind die, die auf den Herren harren und wir erkennen sie daran, dass sie neue Kraft bekommen, wenn sie müde sind, dass sie in Situation, die zu bewältigen wir ihnen nicht zutrauen, sich als stark erweisen, dass sie laufen können, ohne matt zu werden, dass sie wandeln ohne müde zu werden.

Ein weiterer Hinweis von Jesaja ist mir hier wichtig: Die Heiligen, denen er den Beistand Gottes zuspricht, ergeben sich nicht klaglos in ihr Schicksal. Sie lassen den lieben Gott nicht einen guten Mann sein. Nein, sie hadern und schimpfen auch mal mit Gott. *»Mein Weg ist dem Herrn verborgen, und mein Recht geht vor meinem Gott vorüber«* - so klagt Jakob, so jammert Israel. Aber was steckt hinter diesen Vorwürfen? Doch nicht, dass es Gott nicht gäbe oder man ihm nichts zutrauen würde! Ganz im Gegenteil: Diese Klage bringt doch zum Ausdruck, dass man mit Gottes Eingreifen rechnet, ja, dass man enttäuscht ist, wenn es ausbleibt. Seien Sie ehrlich meine Damen und Herren: Wann haben Sie das letzte Mal wirklich fest damit gerechnet, dass Ihr Weg dem Herrn offenbar sei und ihr Recht von Gott erstritten wird?

Gott ist für viele doch nur dann der Allmächtige, wenn was misslingt oder etwas Erwünschtes ausbleibt. Für alles, was in unserem Leben und unserem Land an Gutem passiert, machen wir viel lieber das Schicksal, den Einfluss der Sterne und – vor allem und am liebsten – unserer eigenen Kraft und Klugheit verantwortlich. Wer aber so lebt, der harrt nicht auf Gott, der versucht ihn zum Narren zu halten!

Noch etwas wird für mich an durch diesen Jesaja-Text deutlich: Heiligkeit hat sehr viel mit "Recht" zu tun. *»Mein Recht geht vor meinem Gott vorüber«* lautet die Klage des Volkes Israel über den unsichtbaren und damit oft so fern scheinenden Gott. Was aber ist Recht? Das mosaische Gesetz verlangt von einer Rechtsordnung die Wahrung der Verhältnismäßigkeit: *»Auge um Auge, Zahn um Zahn«*, (2. Mose 21, $_{24}$). Der einmal angerichtete Schaden soll ausgeglichen werden, nicht mehr und nicht weniger. Das ist doch nur recht und billig, viele können dieser Vorstellung von Gerechtigkeit bis heute viel abgewinnen. Aber das ist nicht die Gerechtigkeit von der Jesaja spricht – und noch viel weniger ist es die Gerechtigkeit, die Jesus predigt. Er mahnt in der Bergpredigt: *»Wenn dich jemand auf deine rechte Backe schlägt, dem biete die andere auch dar. Und wenn jemand mit dir rechten will und dir deinen Rock nehmen, dem lass auch den Mantel. Und wenn dich jemand nötigt, eine Meile mitzugehen, so geh mit ihm zwei. Gib dem, der dich bittet, und wende dich nicht ab von dem, der etwas von dir borgen will«*. (Mt. 5, $_{39b-42}$)

Solches Handeln ist nicht recht und billig. Es ist friedfertig, bereit auf das eigene Recht zu verzichten, um des lieben Friedens willen. Menschen, die so handeln, sagt Jesus zu, dass sie *»Gottes Kinder heißen werden«* (Mt. 5, $_{9b}$) Gottes Kinder – das will uns sagen, dass wir alle aus einem Akt der Liebe entstanden sind – Gottes freier und ungeschuldeter Liebe zu uns Menschen, der er in seiner eigenen Menschwerdung in Jesus Christus auf die Spitze treibt. Gottes Liebe zu uns Menschen ist so groß, dass er in Jesus Christus selbst den Tod erleidet. Das ist alles andere als recht und billig – Gott zeigt, dass wir ihm lieb und teuer sind.

Ostern, das Wunder der Auferstehung. Aber wie hätte Jesus nicht auferstehen sollen? Wie hätte Lazarus nach seiner Auferweckung sonst weiterleben können? Er musst ja aushalten, kurz nach seiner Auferweckung erfahren zu müssen, dass Jesus Christus, sein Retter, zum Tode verurteilt und gekreuzigt worden war – und der Anlass für den Prozess gegen Jesus nicht zuletzt diese Auferweckung von den Toten war. Ohne Christi Auferstehung: wie hätte Lazarus es aushalten sollen, der EINE zu sein, den der Herr vom Tode erweckt hatte? Daher bin ich überzeugt: Nicht nur Jesu Tod am Kreuz war eine Liebestat für die Menschen – auch und gerade in seiner Auferstehung erfahren wir. Dass wir noch mit der größten Last neu anfangen dürfen, ein Weiterleben möglich ist. Wie die Neugeborenen – so dürfen wir uns nach Ostern mit Lazarus fühlen.

1. Mose 12, 1 – 4

Flüchtling sein, in der Fremde Asyl suchen, auf dem Weg in eine ungewisse Zukunft sein – diese Erfahrungen prägen die biblischen Erzählungen von Anfang an. Haben Sie schon einmal den Ort verlassen, den Sie bis dahin Heimat nannten? Und hat sich dadurch Ihre Heimat verändert? Was halten Sie von diesem Vorschlag, Heimat zu definieren: „Heimat ist der Ort, an dem ich begraben werden möchte“? Dies würde Heimat zu einer veränderbaren, willentlich beeinflussbaren Größe machen und sie vom Herkunftsort lösen.

Liebe Gemeinde,

in der Lesung (Lk. 5, 1 – 11) haben wir gehört, wie Jesus drei Jünger beruft. Simon Petrus und seine Gefährten, Jakobus und Johannes, waren Fischer am See Genezareth. Jesus weißt sie an, mitten am Tag auf den See hinaus zu fahren und zu fischen. Jeder Angler weiß, dass zum Fischfang die Nacht bzw. die frühen Morgenstunden die beste Zeit ist. Aber trotz der ungewöhnlichen Uhrzeit machen sie einen überreichen Fang. Dieses Ereignis muss ihnen wie ein Wunder vorkommen. Nach diesem Zeichen sind sie bereit, alles stehen und liegen zu lassen und Jesus nachzufolgen. Ich finde das sehr erstaunlich. Da kommt jemand, ein einfacher Zimmermannssohn aus einer Kleinstadt in Galiläa, erzählt ihnen was von Gott und der Welt und nur weil der Fischzug danach reiche Beute bringt, geben sie ihr bisheriges Leben auf. Ich kann mir dieses Verhalten nicht erklären, wenn ich nicht mit in Betracht ziehe, dass die Römer das Land besetzt halten. Dadurch herrschte einerseits eine große Unzufriedenheit, die aber andererseits die Hoffnung hatte wachsen lassen, dass etwas geschehen würde, was die Lage grundsätzlich zu verändern in der Lage sei. Erst vor dieser Stimmung zwischen Verzweiflung und Hoffnung wird das Verhalten der Jünger für mich verständlich. Der Predigttext für den heutigen Sonntag erzählt auch eine Berufungsgeschichte. Die ist für mich noch viel unglaublicher. Hören Sie selbst:

Ich lese die Verse 1 bis 4 aus dem 12. Kapitel des ersten Buch Mose:

1 *Und der Herr sprach zu Abram: Geh aus deinem Vaterland und von deiner Verwandtschaft und aus deines Vaters Hause in ein Land, das ich dir zeigen will.*

2 *Und ich will dich zum großen Volk machen und will dich segnen und dir einen großen Namen machen, und du sollst ein Segen sein.*

3 *Ich will segnen, die dich segnen, und verfluchen, die dich verfluchen; und in dir sollen gesegnet werden alle Geschlechter auf Erden.*

4 *Da zog Abram aus, wie der Herr zu ihm gesagt hatte, und Lot zog mit ihm.*

Abraham lebte zu dem Zeitpunkt, als ihn dieser Ruf erreicht, in Haran in der heutigen Türkei. Schon sein Vater Terach hatte eine Verheißung erhalten: Er solle aus seiner Heimat Ur – das liegt etwa 100 Kilometer nordwestlich von Basra im heutigen Irak – aufbrechen in das Land Kanaan. Die Bibel gibt uns auch hier kaum Hinweise, warum Terach diese Aufforderung ernst nimmt und geht. Hat es etwas mit den schwierigen Familienverhältnissen zu tun? Terach hatte drei Söhne: Neben Abraham noch Nahor und Haran. Haran war der Vater von Lot, der also Abrahams Neffe war. Die Bibel erzählt uns noch von zwei Töchtern von Haran: Milka und Jiska. Haran stirbt noch vor seinem Vater Terach. Nahor heiratet darauf Milka, seine Nichte und Abraham heiratet Sara, die aber unfruchtbar ist.

Die Bibel erzählt uns wie gesagt nicht, warum Terach aus Ur aufbrach. Sie sagt nur, dass er Abraham mit dessen Frau Sara sowie Lot mitnahm, nicht jedoch Haran und Milka. Die Ehe zwischen Onkel und Nichte scheint also kein Grund dafür zu sein, weshalb der Aufbruch in ein fremdes Land für Terach attraktiver war, als in Ur zu bleiben. Es könnte eher an dem doppelten Unglück liegen, das Terachs Familie getroffen hat: Erst stirbt ein Sohn vor dem Vater und dann bleibt die Frau des zweiten Sohnes unfruchtbar. Ich könnte mir vorstellen, dass diese Umstände zu einer Art Mobbing gegen die Familie Terachs geführt hatte: Wen so viel Unglück trifft, der muss sich den Zorn der Götter zugezogen haben. Und mit so jemandem pflegt man keinen privaten oder geschäftlichen Umgang. Terach zieht also mit seiner Sippe los und folgt dem Lauf des Euphrats nach Norden. Schon für diesen Aufbruch wird das Land Kanaan als Ziel genannt. Aber wir erfahren, dass dieser Aufbruch auf etwa der Hälfte der Strecke stecken bleibt; die Familie lässt sich zunächst in

Haran nieder und wohnt dort, bis Terach stirbt. Ist es Zufall, dass Terach in dem Ort bleiben will, der so heißt wie sein verstorbener Sohn? Die Bibel sagt uns nicht, wie lange die Familie in Haran blieb. Nach dem Bericht von Terachs Tod schließt sich gleich der Predigttext an, der durch diese Vorgeschichte noch rätselhafter wird.

»Und der Herr sprach zu Abram: Geh aus deinem Vaterland und von deiner Verwandtschaft und aus deines Vaters Hause in ein Land, das ich dir zeigen will«.

Der Text ist für mich rätselhaft, da die erste Aufforderung ja bereits erfüllt ist. Abraham ist mit Terach aus Ur weggegangen und ist ihm nach Haran gefolgt. Er ist also aus seinem Vaterland aufgebrochen und hat auch seine Verwandtschaft – seinen Bruder Nahor, seine Nichte und Schwägerin Milka und deren Schwester Jiska in Ur zurückgelassen. Aber dieser Aufbruch genügt noch nicht. Das verheißene Ziel, das Land Kanaan, ist noch nicht erreicht. Aber während Terach konkret das Land Kanaan als Ziel angegeben wird, bleibt die Verheißung an Abraham vage, es ist nur von einem Land die Rede, dass der Herr Abraham zeigen will. Mal ganz ehrlich meine Damen und Herren: Würden Sie einer solch vagen Aufforderung folgen? Ich kann mir das für mich nicht vorstellen, wenn ich nicht in einer Situation bin, die ich als unerträglich oder zumindest höchst belastend empfinde. Wie hört sich das für sie an: Gib alles auf, was du bisher erreicht hast und suche einen Neuanfang. Verzichte auf deine Sicherheit, wage etwas Neues, auch wenn du noch nicht weißt, was das sein wird. Abraham hört aber nicht nur diese Zumutung, ihm wird durch ein Versprechen Mut gemacht:

»Ich will dich zum großen Volk machen und will dich segnen und dir einen großen Namen machen, und du sollst ein Segen sein«.

Dieses Versprechen muss Abraham merkwürdig vorkommen; seine Frau Sara ist schließlich unfruchtbar. Wie soll er da zum Stammvater eines großen Volkes werden? Die Absurdität dieser Ankündigung wird aufgehoben durch das Versprechen des Segens. Und das ist – so meine ich – die zentrale Stelle dieses Textes. Segen – was ist das? So wie er Abraham angekündigt wird, muss Segen eine Kraft sein, die in der Lage ist, alles radikal zu verändern. Segen ist die Zusage einer Gemeinschaft. Zunächst die Gemeinschaft zwischen Gott und den Menschen, für die Abraham exemplarisch steht. Die Religionen, die es vor dem Judentum gab, verehrten Götter, die durch menschliche Handlungen wie Tieropfer gnädig gestimmt werden mussten. Die Beziehung zwischen Mensch und Gottheit waren in den Vorstellungen dieser Religionen stets davon bestimmt, dass der Mensch in Vorleistung treten muss. So zeigt sich in dieser Textstelle das radikal neue an der Gottesvorstellung Abrahams: Nicht er muss etwas leisten, Gott geht in Vorleistung und spricht ihm seinen Segen zu. Der Aufbruch zu dem Abraham gerufen wird, ist nicht Vorbedingung des Segens; der Segen gibt ihm die Kraft, das Unplausible, das anscheinend Unvernünftige zu tun. Der Segen verändert die Gemeinschaft; er kehrt Herrschaftsverhältnisse um. Nicht mehr der Mensch muss Gott dienen; Gott stellt sich in den Dienst des Menschen. Aber nicht nur die Gemeinschaft zwischen Gott und den Menschen wird durch diese Kraft verändert, auch die Beziehung der Menschen untereinander wird verändert. Abraham selbst wird die Kraft und die Macht zugesprochen, zum Segen zu werden. Bis heute bezieht sich fast die Hälfte der Menschheit auf diesen Segen. Nicht nur die Juden, auch wir Christen und die Muslime verehren Abraham als Stammvater, wir alle beten zum Gott Abrahams. Die Ankündigung Gottes: *»In dir sollen gesegnet werden alle Geschlechter auf Erden«* – sie ist wahr geworden.

Weil Segen eine so mächtige Kraft ist, spricht unsere Kirche den Segen besonders in solchen Situationen zu, in denen sich eine Gemeinschaft verändert: Heute am Ende des Gottesdienst werde ich Ihnen den Segen spende. Wir gehen dann als Gemeinschaft auseinander, bleiben aber als Gemeinde im Segen Gottes beieinander. Wenn ein Paar vor Gott und den Menschen seine Zusammengehörigkeit dokumentiert, spenden wir diesen Menschen den Segen. Wenn aus einem Paar durch die Geburt eines Kindes zur Familie wird, segnen wir das Kind in der Taufe, weil sich mit dem neuen Erdenbürger auch unsere Gemeinde verändert und segnen Eltern und Paten. Wenn sich eine Familie durch den Tod eines Angehörigen verändert, dann segnen wir den Leichnam am Grab ein letztes Mal. Denn der Segen gehört zum Leben; der Leichnam wird ausgesegnet; der Segen für die Trauernden soll ihnen Kraft schenken, auch diese Veränderung anzunehmen. Segen ist wie die Schwerkraft: Wir können das Wesen dieser Kraft nicht beweisen, aber wir können die Wirksamkeit fühlen.

In unserem Predigttext wird dem Segen eine andere Kraft gegenübergestellt: *»Ich will segnen, die dich segnen, und verfluchen, die dich verfluchen«,* geht der Text weiter. Das Gegenteil von Segen ist also der Fluch. Das Lateinische macht diesen Gegensatz sehr deutlich: Segnen heißt auf Latein „beneficare" – Gutes sagen, Gutes wünschen. Wir kennen diese Wortwurzel im Deutschen durch das altmodisch gewordene Wort „gebenedeit", das in manchen Kirchenliedern noch vorkommt. Aber auch das „Schlecht reden, Böses wünschen" – auf Latein „maleficare" kommt im Deutschen noch vor: Oder haben Sie sich noch nie über etwas geärgert, was sie als „vermaledeit" empfunden haben? Gutes oder Schlechtes herbeireden – in der Vorstellungswelt des Alten Testaments haben Worte eine unmittelbar wirkende Kraft. *»Und Gott sprach«* (z.B. 1. Mose 1, $_3$): So beginnen die einzelnen Phasen in der Schöpfungsgeschichte. Und diese unmittelbare Wirksamkeit des Wortes spüren wir auch im Neuen Testament: *»Am Anfang ward das Wort«* (Joh. 1, $_1$) – so beginnt das Johannesevangelium. Ob wir uns und unseren Mitmenschen Gutes oder Böses wünschen, ob wir sie segnen oder verfluchen – für die Bibel hat dies unmittelbare Auswirkungen. Ich bin überzeugt, dass dies auch heute noch gilt. Wir können mit unseren Worten Gutes und Böses bewirken, wir können trösten und heilen, aber wir können auch verletzen. Gott ruft Abraham und mit ihm alle Geschlechter auf Erden zum Segen, zum gut Sprechen, zur Kraft der Veränderung. Und diese Kraft, dieses gut reden – es wirkt. *»Da zog Abram aus, wie der Herr zu ihm gesagt hatte, und Lot zog mit ihm«.*

Abraham findet den Mut, den Weg der Veränderung einzuschlagen. Er traut sich zu, sich auf Gottes Versprechen einzulassen und Gottes Segen wird schon in diesem kurzen Abschnitt sichtbar wirksam, denn Lot schließt sich ihm an. Er muss den Weg nicht alleine gehen, Gott stellt ihm einen Begleiter zur Seite. Aber auch die Rolle Lots verdient einen

Augenblick des Verweilens: Er hat Frau und Kinder und dennoch bricht er mit auf zu einem ungewissen Ziel. Der Segen, der auf Abraham ruht, er wirkt ansteckend. Nicht nur Abraham traut sich, Lot kann die Kraft des Segens ebenfalls spüren und sich auf sie einlassen.

So wird für mich auch klarer, warum Simon Petrus, Jakobus und Johannes sich auf Jesu Aufforderung einlassen können, alles aufzugeben und ihm zu folgen. Sie spüren den Segen, den Jesus, der Christus, verkörpert. Die Kraft der Göttlichkeit, die aus Jesus spricht, sie steckt an und ermöglicht einen neuen Anfang. Gott verspricht uns ein Leben in Fülle, wenn wir uns auf diesen neuen Anfang einlassen. Ein Leben, geprägt von der Gewissheit, mit sich und Gott im Reinen zu sein; ein Gefühl das sich auch nicht in Beschwernissen und Ängsten auflöst. Denn zur Fülle gehören auch Leid, Schmerz, Trauer, Einsamkeit, Angst und Einsamkeit. Doch der Segen Gottes lässt und mit diesen Gefühlen nicht allein, er steht uns bei, bewahrt unsere Herzen und Sinne. Und so stirbt Abraham alt und lebenssatt. Er ist am Ende seiner Tage getröstet. Hat es sich dafür gelohnt, alle Strapazen auf sich zu nehmen? Ich bin sicher, Abraham und Lot, Simon Petrus, Jakobus und Johannes und mit ihnen viele andere bis in unsere Tage würden diese Frage bejahen. Die Kraft des Segens hat ihr Leben verändert. Ich wünsche mir und Ihnen, dass auch wir diese Kraft spüren und in unserem Leben wirksam werden lassen.

1. Kön. 19, 1 – 12

Mancher ist aber auch auf der Flucht, weil er sich selbst in Schwierigkeiten gebracht hat und nun vor den Folgen wegläuft. Hat er oder sie deshalb keine Unterstützung und Hilfe verdient? Wenn in den Nachrichten von „unschuldigen Zivilisten" die Rede ist, die vor kriegerischen Auseinandersetzungen fliehen, fragen Sie sich dann auch, wo die SCHULDIGEN Zivilisten bleiben?

Liebe Gemeinde,

der Predigttext für den Sonntag Okuli steht im 1. Buch der Könige im 19. Kapitel. Sie hören die Verse 1 bis 12

1 *Und Ahab sagte Isebel alles, was Elia getan hatte und wie er alle Propheten Baals mit dem Schwert umgebracht hatte.*

2 *Da sandte Isebel einen Boten zu Elia und ließ ihm sagen: Die Götter sollen mir dies und das tun, wenn ich nicht morgen um diese Zeit dir tue, wie du diesen getan hast!*

3 *Da fürchtete er sich, machte sich auf und lief um sein Leben und kam nach Beerscheba in Juda und ließ seinen Diener dort.*

4 *Er aber ging hin in die Wüste eine Tagereise weit und kam und setzte sich unter einen Wacholder und wünschte sich zu sterben und sprach: Es ist genug, so nimm nun, Herr, meine Seele; ich bin nicht besser als meine Väter.*

5 *Und er legte sich hin und schlief unter dem Wacholder. Und siehe, ein Engel rührte ihn an und sprach zu ihm: Steh auf und iss!*

6 *Und er sah sich um, und siehe, zu seinen Häupten lag ein geröstetes Brot und ein Krug mit Wasser. Und als er gegessen und getrunken hatte, legte er sich wieder schlafen.*

7 *Und der Engel des Herrn kam zum zweiten Mal wieder und rührte ihn an und sprach: Steh auf und iss! Denn du hast einen weiten Weg vor dir.*

8 *Und er stand auf und aß und trank und ging durch die Kraft der Speise vierzig Tage und vierzig Nächte bis zum Berg Gottes, dem Horeb.*

9 *Und er kam dort in eine Höhle und blieb dort über Nacht. Und siehe, das Wort des Herrn kam zu ihm: Was machst du hier, Elia?*

10 *Er sprach: Ich habe geeifert für den Herrn, den Gott Zebaoth; denn Israel hat deinen Bund verlassen und deine Altäre zerbrochen und deine Propheten mit dem Schwert getötet und ich bin allein übrig geblieben, und sie trachten danach, dass sie mir mein Leben nehmen.*

11 *Der Herr sprach: Geh heraus und tritt hin auf den Berg vor den Herrn! Und siehe, der Herr wird vorübergehen. Und ein großer, starker Wind, der die Berge zerriss und die Felsen zerbrach, kam vor dem Herrn her; der Herr aber war nicht im Winde. Nach dem Wind aber kam ein Erdbeben; aber der Herr war nicht im Erdbeben.*

12 *Und nach dem Erdbeben kam ein Feuer; aber der Herr war nicht im Feuer. Und nach dem Feuer kam ein stilles, sanftes Sausen.*

Okuli – meine Augen – das ist der Name des heutigen 3. Sonntags in der Passionszeit. Was man mit den eigenen Augen gesehen hat, dem kann man trauen, darauf verlässt man sich. Dass unsere Augen uns täuschen, können wir uns gar nicht vorstellen. Die EKD hat die Fastenaktion „Sieben Wochen ohne“ in diesem Jahr unter das Motto gestellt „Sieben Wochen ohne falsche Gewissheiten“. Daher frage ich mich, ob nicht auch das, was ich mit eigenen Augen gesehen habe, mir eine falsche Gewissheit vermitteln könnte. Im heutigen Predigttext begegnet uns der Prophet Elia aus dem Alten Testament. Wir wissen nicht viel über seine Person. Aber die Bibel erzählt, dass ihm Gott der Herr in einer Dürrezeit einen Raben schickt, der ihn ernährt. Elia hat Gottes Wirken also mit eigenen Augen gesehen, ja mehr noch, er hat erfahren, dass Gott ihn am Leben erhält. Sein Vertrauen in Gott ist grenzenlos, er ist sich ganz gewiss, dass er einen Auftrag von Gott selbst erhalten hat.

In seiner Zeit steht Elia mit dieser Gewissheit ziemlich alleine da. Im Nordreich Juda, das seine Heimat ist, regiert König Ahab. Dessen Frau Isebel ist eine Anhängerin des Baalskultes und setzt durch, dass nicht länger Jahwe, der Gott Israels, sondern Baal verehrt wird. Elia ist sich ganz sicher, dass diese Abkehr vom Gott Israels ein schlimmes Vergehen ist. Heißt es nicht im Gesetz: *»Ich bin der Herr, dein Gott (...), du sollst keine anderen Götter neben mir haben«* (2. Mose 20, $_{2a+3a}$)? Seine Gewissheit verleiht ihm schier übermenschliche Kräfte. 450 Propheten

Baals stehen gegen ihn – und er schafft es, sie alle zu töten. Hier setzt nun die Geschichte ein, die wir im Predigttext gehört haben.

Elia hatte einen Triumph gefeiert. Er war sich ganz sicher, dass Gott selbst ihm die Kraft geschenkt hatte, um die Baalspriester zu töten. Aber jetzt ist er zur Fahndung ausgeschrieben und ihm ist völlig klar, welches Schicksal ihn erwartet, wenn die Häscher des Königshauses ihn erwischen. Isebel kocht offensichtlich vor Wut, sie ist fest entschlossen, an Elia ein Exempel zu statuieren. Aus ihrer Sicht ist Elia ein Terrorist, sie verfolgt ihn mit derselben Unerbittlichkeit wie in unseren Tagen Barack Obama Osama bin Laden verfolgen ließ. Auch die US-Regierung ließ ihren Feind nicht im Unklaren über das Schicksal, das sie ihm zugedacht hatte: Wenn wir dich kriegen, töten wir dich, so wie du unsere Leute umgebracht hast. Elia, der sich ja seinerseits völlig im Recht fühlte, bekommt Angst und haut ab. Er flieht in die Wüste, er ist völlig erschöpft und verzweifelt. Die Mediziner würden heute das heute damit erklären, dass sein Körper beim Kampf mit den Baalspriestern jede Menge Hormone ausgeschüttet hatte, die eine Art Rausch ausgelöst haben müssen. Wir hören das heute oft von Ausdauersportlern, die in ihrer Anstrengung eine Art Rausch erleben Und wie bei jedem Rausch – wenn er vorbei ist, kommt der Kater. Aber wie konnte Elia in diese Situation kommen? Die Reaktion Isebels kann ihn schwerlich überrascht haben. Er war sich seiner Sache doch so sicher – und nun findet er sich in einer unwirtlichen Gegend wieder und will am liebsten sterben.

Ich glaube, dass seine Verzweiflung sehr begründet ist. Seine Gewissheit war einfach zu groß. Er war sich so sicher, dass er im Auftrag Gottes handelte; kein zweifelnder Gedanke hatte Platz in seinem Denken. Er kannte sehr wohl das Gebot *»Du sollst nicht töten«* (2. Mose 20, $_{13}$) – aber er fühlte sich als Werkzeug Gottes, er war sich sicher den Willen des Höchsten zu vollstrecken, wenn er die Götzendiener tötete. Aber hatte er denn dabei kein schlechtes Gewissen?

Ich verstehe Gewissen als einen Prozess. Eine Gewissensentscheidung zu treffen, verlangt von mir, dass ich mehrere Handlungsoptionen prüfe, mich frage, was denn in einer konkreten Situation gut und richtig sei.

Elia, den wir heute als militanten Fundamentalisten einstufen würden, kannte keine Fragen mehr. Seine Gewissheit, sicher zu wissen, was Gott von ihm wolle, macht ihn taub für alle Fragen.

Im Alten Testament lesen wir immer wieder von Geschichten, die uns aus heutiger Sicht unverständlich erscheinen. Mehrfach wird dort von Schlachten berichtet, in denen Zehntausende getötet werden. Aus heutiger Sicht beging das Volk Israel bei der Landnahme schlimme und schlimmste Kriegsverbrechen. Wie konnte Gott das zulassen, dass in seinem Namen gemeuchelt wird? Immer wieder beschäftigt uns diese Frage: „wie konnte Gott das zulassen?" Warum schützte er sein Volk Israel nicht vor dem Terror der Nazis sondern ließ die Shoah geschehen? Warum lässt er zu, dass Menschen aus ihrer Heimat vertrieben werden und in der Fremde Schutz suchen müssen? Wie kann Gott es zulassen, dass Eltern ihre Kinder bis zum Tode quälen? Welche Fragen beschäftigen Sie? Was ist aus Ihrer Sicht nicht zu verstehen, dass Gott es zulässt?

Ich habe auf meine und Ihre Frage auch keine Antwort. Aber ich habe inzwischen gelernt, an diesen Fragen nicht zu verzweifeln, sondern sie wertzuschätzen. Verzweifeln – in diesem Wort steckt der Begriff „Zweifel". Ich glaube, dass der Zweifel nicht der Feind des Glaubens ist, sondern sein geliebter kleiner Bruder. Denn was wäre der Glaube ohne den Zweifel? Er wäre Wissen, er verlöre seine Substanz als das Vertrauen in das nicht Beweisbare. Erst der Zweifel zwingt mich, mein Gewissen zu befragen – eben weil ich mir nie ganz sicher sein kann. Und er bewahrt mich vor der totalen Erschöpfung, in die der Glaube diejenigen treibt, die sich von keinem Zweifel mehr anfechten lassen.

Elia muss die Verzweiflung in der Wüste erleben, damit in seinem Glauben wieder Platz für den Zweifel wird. *»Mein Gott, mein Gott, warum hast du mich verlassen?«*, (Mk. 15, $_{34}$) so klagt Jesus am Kreuz. Erst im Moment der Anfechtung kann aus dem Wissen wieder Glauben werden. Und kaum hat Elia seinen Zweifel und damit den Glauben wieder gefunden, macht er die Erfahrung, dass Gott ihn nicht im Stich lässt. Er findet Speise und Trank und kann sich gestärkt auf den Weg machen. 40 Tage und Nächte wandert er durch die Wüste zum Berg Horeb. Nun dürfen wir diese Zeitangabe nicht als historische Angabe missverstehen. Hinter solchen Zahlenangaben steckt immer auch eine tiefere Wahrheit. Die Zahl 40 symbolisiert den Prozess einer tiefgreifenden Veränderung. Das Volk Israel wanderte nach der Flucht aus Ägypten 40 Jahre durch die Wüste bevor es ins gelobte Land kam. Da will uns die Bibel sagen, dass die Menschen, die dort ankamen, nicht mehr dieselben waren wie bei ihrem Aufbruch. Und bis heute dauert die vorösterliche Fastenzeit 40 Tage; denn auch das ist eine Zeit, die uns tiefgreifend verändern will. Elia war also ein anderer geworden, als er beim Berg des Herrn ankommt. Und Gott prüft diese Veränderung; er stellt ihn auf die Probe: *»Der Herr sprach: Geh heraus und tritt hin auf den Berg vor den Herrn! Und siehe, der Herr wird vorübergehen«*. Wird Elia wieder auf das vertrauen, was er mit eigenen Augen sieht? Dann wäre er doch noch ganz der Alte! Also legt Gott erst einmal falsche Spuren: Ein starker Wind, ein Erdbeben, ein Feuer kommen. Starke Mächte, die Tod und Verwüstung bringen können. So hat Elia bisher Gott gesehen: Als den mächtigen Streiter, den Weltenrichter, der seine Feinde zermalmt. Er sah sich als ein Werkzeug des göttlichen Zorns. Aber dabei hat er sich entmenschlicht. Und da sagt ihm Gott am Berg Horeb: Nein! Diese zerstörerische Kraft bin ich nicht. Ich mache dich nicht zum Mittel meines Handelns, du – und alle Menschen mit dir – sind ZWECK meines Tuns, nie bloße MITTEL. Du brauchst nicht sein wie Gott, du darfst Mensch bleiben. Also kommt Gott in einem stillen, sanften Sausen. Das konnte Elia aber so wenig sehen, wie wir ein stilles, sanftes Sausen sehen können. Nicht im Sichtbaren, im Unsichtbaren offenbart sich Gott dem Elia.

Okuli – meine Augen. Der Predigttext für den heutigen Sonntag sagt uns, dass es manchmal hilfreich ist, dem zu misstrauen, was die eigenen Augen sehen. Manchmal müssen wir die Augen schließen, um erkennen zu können. Daher will ich gerade am heutigen Sonntag Okuli mit einem Wort aus dem Buch „Der kleine Prinz“ schließen: „Nur mit dem Herzen sieht man gut.“

Jer. 1, 4 - 10

Mancher würde vielleicht nur gerne weglaufen, entscheidet sich dann aber zum Bleiben. Welche Kraft benötigt man, um sich fürs Dableiben zu entscheiden, auch wenn man weiß, dass das lebensgefährlich wird? Hätten Sie den Mut zum Bleiben oder würden Sie versuchen, Ihre Haut zu retten?

Liebe Gemeinde,

„42". Das ist in Douglas Adams Kultroman „Per Anhalter durch die Galaxis" die absolut sicher korrekte Antwort auf die Frage „nach dem Leben, dem Universum und dem ganzen Rest". Sollten Sie ein iPhone 4S mit Sprachsteuerung haben, stellen Sie dem Gerät mal die Frage nach dem Sinn des Lebens. Die Antwort, die ihr Smartphone Ihnen geben wird, lautet „42". Selbstverständlich ist diese Antwort unsinnig – bei Douglas Adams wissen wir, warum er sich eine unsinnige Antwort ausdachte: Er hielt die Frage für Unfug. Aber ich bin der Überzeugung, dass die Frage nach dem Sinn des Lebens nicht unsinnig ist; ja noch mehr: Ich glaube, es gibt auf diese Frage eine sinnvollere Antwort als „42". Der Supercomputer „Deep Thought", der nach 7,5 Millionen Jahren Rechenzeit die Antwort „42" ausspuckt, schickt ihr voraus, dass sie dem Publikum wohl nicht gefallen werde. Ich fürchte, auch meine Antwort wird manchen von Ihnen nicht gefallen. Aber hören wir erst einmal auf den Predigttext. Er steht im 1. Kapitel des Propheten Jeremia. Ich lese die Verse 4 bis 10:

4 *Und des Herrn Wort geschah zu mir:*

5 *Ich kannte dich, ehe ich dich im Mutterleibe bereitete, und sonderte dich aus, ehe du von der Mutter geboren wurdest, und bestellte dich zum Propheten für die Völker.*

6 *Ich aber sprach: Ach, Herr, HERR, ich tauge nicht zu predigen; denn ich bin zu jung.*

7 *Der Herr sprach aber zu mir: Sage nicht: »Ich bin zu jung«, sondern du sollst gehen, wohin ich dich sende, und predigen alles, was ich dir gebiete.*

8 *Fürchte dich nicht vor ihnen; denn ich bin bei dir und will dich erretten, spricht der Herr.*

9 *Und der Herr streckte seine Hand aus und rührte meinen Mund an und sprach zu mir: Siehe, ich lege meine Worte in deinen Mund.*
10 *Siehe, ich setze dich heute über Völker und Königreiche, dass du ausreißen und einreißen, zerstören und verderben sollst und bauen und pflanzen.*

Jeremia erhält einen Auftrag. Einen Auftrag zu bekommen, das kennen wir von Kindesbeinen an: „Geh mal im Laden einen Liter Milch holen" – solche und ähnliche Aufträge habe ich in meiner Jugend oft von meiner Mutter erhalten. Und gerne habe ich versucht mich davor zu drücken. „Ich muss noch Hausaufgaben machen", „Meine Freunde warten auf mich auf dem Bolzplatz": Wenn ich für jede faule Ausrede eine Mark bekommen hätte – ich wäre ein reicher Mann.

Der Auftrag, den Jeremia erhält, ist von einer Aufgabe, wie ich sie von meiner Mutter erhalten habe, weit entfernt. Es geht nicht um eine kleine Erledigung; es ist ein Auftrag, der sein ganzes weiteres Leben prägen wird. Und er hat Angst davor – und sucht nach Ausreden. *»Ich tauge nicht zu predigen – ich bin zu jung!«* – so versucht er sich zu drücken.

Denn er hat völlig zu Recht Angst vor seinem Auftrag, als Prophet zu wirken. Es gibt am Tempel fest angestellte Propheten. Mit ihnen wird er sich anlegen müssen. Am ersten Sonntag nach Trinitatis haben wir von seinen Auseinandersetzungen mit diesen Propheten gehört. Er ahnt sehr wohl, was mit diesem Auftrag auf ihn zukommt. Er wird – folgt er dem Ruf – mehr verpassen als eine Runde Kicken mit seinen Kumpels.

Auf meine Ausreden reagierte meine Mutter meist mit „Jetzt stell dich nicht an!" Ich war ein Meister der situativen Taubheit und erst wenn es nach einigen Minuten schallte: „Hooolger – nun mach zu!" bequemte ich mich, den mir zugedachten Auftrag auszuführen. Die Konsequenzen, die ein längeres Hinauszögern provoziert hätte, wollte ich dann doch nicht auf mich nehmen.

Gott reagiert auf die Ausrede Jeremias nicht mit Ungeduld. Er spricht ihm Mut zu und verspricht ihm seine Unterstützung. *»Fürchte dich nicht vor ihnen; denn ich bin bei dir und will dich erretten«* heißt es im Predigttext. Und es bleibt nicht bei dieser Zusage, vielmehr folgt eine liebevolle

Geste: *»Der Herr streckte seine Hand aus und rührte meinen Mund an«* – so hat Jeremia seine Berufung empfunden. Gott wendet sich ihm liebevoll zu. Er verspricht ihm das Blaue vom Himmel: *»Siehe, ich setze dich heute über Völker und Königreiche, dass du ausreißen und einreißen, zerstören und verderben sollst und bauen und pflanzen«* heißt es im letzten Vers des Predigttextes. Der Auftrag, den Gott Jeremia erteilt, ist also nicht nur ZUmutung; er beinhaltet auch die ERmutigung; die Ermutigung wird sogar wesentlich drastischer formuliert als die Zumutung.

Und dennoch bleibt bei mir ein merkwürdiges Gefühl bei diesem Text zurück, und das liegt am zweiten Vers des Textes: *»Ich kannte dich, ehe ich dich im Mutterleibe bereitete, und sonderte dich aus, ehe du von der Mutter geboren wurdest, und bestellte dich zum Propheten für die Völker«*. Schön, wenn sich Gott schon vor Jeremias Geburt vorgenommen hat, ihn zum Propheten zu bestellen. Aber wo bleibt da Jeremias Freiheit? Hat Gott uns – oder zumindest nicht jeden – nicht als freie Menschen geschaffen? Ich habe viel über diesen Vers nachgedacht – und inzwischen konnte ich ihn lieb gewinnen. Denn mehr und mehr bin ich der Überzeugung, dass Jeremia sehr wohl eine Wahl hatte: Er hätte sich gegenüber Gottes Ruf taub stellen können. Er muss Gottes Ruf nicht folgen. Gott ist allerdings ein recht hartnäckiger Rufer: Das zeigt ja auch die Geschichte von Jona, der sogar von einem Fisch verschluckt wird, der in dort an Land wirft, wo er nach Gottes Wille hingehen soll. Bei allen diesen Geschichten wird für mich deutlich: Gottes Hartnäckigkeit ist eine Hartnäckigkeit aus Liebe. Gott insistiert nicht, weil er Jeremia ein gutes Leben missgönnt. Er ist hartnäckig, weil er sich für Jeremia ein gelingendes Leben wünscht – und ich bin überzeugt, dass es das ist, was Gott sich auch für jeden von uns wünscht und bereithält. Aber was ist das – ein gelingendes Leben? Das Leben ist bei jedem Menschen dem Tode geweiht. Selbst Jesus musste den Tod erleiden, um dann auferstanden als Christus erhöht zu werden. Wie ein alter Witz sagt: Das Schlechte an der Schule des Lebens ist, dass die Abschlussfeier auf dem Friedhof stattfindet. Ja – so hart und brutal das klingt: Sie und ich, jede und jeder von uns wird sterben. Das ist so sicher wie das Amen in der Kirche! Aber der Tod – das sagt uns Jesu Auferstehung – ist bei Gott nicht das letzte

Wort. Der Tod ist NOTwendig. Er wendet die Not der Unendlichkeit von uns ab. Ein unendliches Leben wäre nicht toll, es wäre eine Qual, eine ewige Ödnis des Immer Gleichen. Nur Gott ist stark genug um die Last der Ewigkeit zu tragen. Wir aber dürfen sterben! Die Voraussetzung unserer Freiheit ist der Tod. Nur unter der Bedingung der Endlichkeit können wir frei sein. Und so wäre auch Jeremia frei gewesen, nein zu sagen. Selbst Jona hätte – dem Fisch entronnen – nicht nach Ninive gehen müssen. Aber Jeremia und Jona und mit ihnen viele andere haben irgendwann erkannt, dass Gott für sie ein gelingendes Leben will. Was genau das für jede/n Einzelne/n bedeutet, ist höchst individuell. Gott ruft jede und jeden von uns bei seinem Namen; d.h. er hat für jede und jeden einen Plan, der schon feststeht, bevor wir geboren werden. Und wir können hinhören und diesen Plan akzeptieren und so ein erfülltes Leben führen – oder wir können weghören und unser Leben verpassen.

Jeremia lässt irgendwann seine Ausreden sein. Er lässt sich auf Gottes Plan für sein Leben ein. Und dieses Leben ist weiß Gott kein Ponyhof! Er wurde mit seiner Berufung nicht glücklich. Historisch betrachtet hat er wenig erreicht: Seine Warnungen wurden nicht erhört, er konnte die Zerstörung des Tempels nicht verhindern. Und auch persönlich ging es ihm in seinem Leben nicht gut. Die Bibel überliefert einige seiner verzweifelten Klagen, worin er sich wünscht, nicht mehr zu leben. Man nahm ihn gefangen, warf ihn in einen Brunnen, wo er fast ertrank. Sogar aus seiner Familie gab es einen Mordanschlag auf ihn. Schließlich floh Jeremia vor den babylonischen Truppen nach Ägypten, wo er im Alter von ca. 70 Jahren starb. Er hat persönliches Glück, Privatleben, Familie hintangestellt und hat das getan, was er als Gottes Willen erkannt hat. Er sagte, was gesagt werden musste. Und so gibt uns die Bibel im Beispiel Jeremias aber noch viel mehr im Leben Jesu die Antwort auf die eingangs gestellte Frage nach dem Sinn des Lebens – und ich bin mir immer noch sicher, dass die Antwort nicht jedem gefallen wird. Die biblische Antwort lautet, DER SINN DES LEBENS IST DAS, WOFÜR DU BEREIT BIST, ES ZU VERLIEREN. Jeremia war bereit, sein Leben aufs Spiel zu setzen, um Gottes Warnung zu verkündigen. Abraham war bereit, seinen Sohn zu opfern, weil Gott es von ihm verlangte (1. Mose 22). Mose riskierte sein Leben, als er den Pharao darum bat, sein Volk ziehen zu lassen (2. Mose 7). Und Jesus verlor sein Leben, weil die Treue zu Gott dem Vater ihm wichtiger war als alle weltlichen und geistlichen Gebote. Wofür würde ich mein Leben geben? Manche wären bereit zu sterben, wüssten Sie, dass ihre Erben dafür eine Million Euro bekommen. Ihr Sinn des Lebens ist Geld. Vielen wurde eingeredet – und manche haben es vielleicht sogar geglaubt – dass es richtig sei, sein Leben für das Vaterland – welches auch immer! – zu opfern. Dann ist Patriotismus der Sinn des Lebens. Und viele haben ihr Leben hergegeben, um das ihrer Angehörigen zu schützen. Für sie war die Familie der Sinn des Lebens. Ich kenne auch Menschen, die um der Lust willen auf den Schutz vor Ansteckung mit HIV verzichten. Für sie ist Sex der Sinn des Lebens. Und viele, viele werden zurückfragen: bist du verrückt, dass ich für irgendetwas oder irgendjemanden mein Leben zu verlieren bereit sein sollte? Wer so fragt, für den hat das Leben keinen Sinn. Der muss dann mit der Antwort „42“ zufrieden sein. Wie immer das auch gehen mag. Liebe Gemeinde, ich hoffe für jede und jeden von Ihnen, dass sie die Antwort finden mögen, wofür sie ihr Leben hingeben würden – und ich hoffe und bete, dass sie es nie zu tun brauchen! Aber *»alt und lebenssatt« (Hiob 42, $_{17}$)* zu sterben – das geht nicht, wenn man bereit ist, „42“ als die absolut sicher korrekte Antwort auf die Frage „nach dem Leben, dem Universum und dem ganzen Rest“ anzunehmen. Gottes Plan ist komplexer aber er gibt unserem Leben Sinn.

Jer. 29, 1, 4-7 + 10 – 14

Nach der Flucht, beim Neuanfang in der Fremde, sind die Verbindungen in die alte Heimat oft noch sehr eng. Integration oder Segregation; Annahme der neuen Kultur oder Verteidigung der eigenen Identität – das sind Fragen, die innerhalb von Einwanderergruppen oft strittig diskutiert werden. Würden Sie sich auf eine fremde Kultur einlassen oder versuchen so lange als möglich, ihre kulturelle Identität zu verteidigen?

Liebe Gemeinde,

der Predigttext für den heutigen 21. Sonntag nach Trinitatis steht im Buch Jeremia am Anfang des 29. Kapitels. Das Volk Israel lag am Boden; die Politik der israelischen Könige war völlig gescheitert. Das Bündnis mit Ägypten hatte sie nicht davor bewahrt, von der neuen Großmacht Babylon verheerend geschlagen zu werden. Der Tempel in Jerusalem war zerstört, wer nicht rechtzeitig hatte fliehen können, war in das Babylonische Exil verschleppt worden. Wie sollte das Volk Israel hier in der Fremde überleben? Sollte es sich assimilieren, sich den fremden Gepflogenheiten anpassen? Oder sollte es an der eigenen Identität festhalten, weiter seine ethnische und kultische Einheit zu wahren suchen – getragen in der Hoffnung, eines Tages nach Israel zurückkehren zu können? Jeremia, der der Verbannung selbst entkommen war und weiter in Jerusalem lebte, fordert die Israeliten brieflich auf, sich der letztgenannten Option zuzuwenden. Hören Sie die Worte der heiligen Schrift:

1 *Dies sind die Worte des Briefes, den der Prophet Jeremia von Jerusalem sandte an den Rest der Ältesten, die weggeführt waren, an die Priester und Propheten und an das ganze Volk, das Nebukadnezar von Jerusalem nach Babel weggeführt hatte*

4 *So spricht der Herr Zebaoth, der Gott Israels, zu den Weggeführten, die ich von Jerusalem nach Babel habe wegführen lassen:*

5 *Baut Häuser und wohnt darin; pflanzt Gärten und esst ihre Früchte;*

6 *nehmt euch Frauen und zeugt Söhne und Töchter, nehmt für eure Söhne Frauen und gebt eure Töchter Männern, dass sie Söhne und Töchter gebären; mehrt euch dort, dass ihr nicht weniger werdet.*

7 *Suchet der Stadt Bestes, dahin ich euch habe wegführen lassen, und betet für sie zum Herrn; denn wenn's ihr wohl geht, so geht's auch euch wohl.*
10 *Denn so spricht der Herr: Wenn für Babel siebzig Jahre voll sind, so will ich euch heimsuchen und will mein gnädiges Wort an euch erfüllen, dass ich euch wieder an diesen Ort bringe.*
11 *Denn ich weiß wohl, was ich für Gedanken über euch habe, spricht der Herr: Gedanken des Friedens und nicht des Leides, dass ich euch gebe das Ende, des ihr wartet.*
12 *Und ihr werdet mich anrufen und hingehen und mich bitten und ich will euch erhören.*
13 *Ihr werdet mich suchen und finden; denn wenn ihr mich von ganzem Herzen suchen werdet,*
14 *so will ich mich von euch finden lassen, spricht der Herr, und will eure Gefangenschaft wenden und euch sammeln aus allen Völkern und von allen Orten, wohin ich euch verstoßen habe, spricht der Herr, und will euch wieder an diesen Ort bringen, von wo ich euch habe wegführen lassen.*

Die Erfahrung des Lebens im Exil haben auch hier viele Menschen gemacht. Viele wurden nach dem 2. Weltkrieg aus angestammten Siedlungsgebieten in der heutigen Tschechischen Republik, der Slowakei, Ungarn, Serbien, Polen, den Baltischen Staaten, Russland und Rumänien zwangsweise ausgewiesen und mussten sich hier eine neue Existenz aufbauen. Andere kamen später: Exilanten aus allen Teilen der Welt suchen heute bei uns Zuflucht. Und bei diesem Gedanken begann ich den Text nochmals neu zu lesen. Wie liest sich dieser Text, wenn man ihn nicht aus der Perspektive eines exilierten Juden sondern aus der Perspektive eines Babyloniers liest? Sind wir heute nicht viel eher in der Situation der exilgewährenden als der exilierten Gemeinde?

Sie meinen, das sei nicht vergleichbar? Schließlich haben die Babylonier die Juden ja nach Babylon verschleppt, wir haben niemanden gezwungen, hierher zu uns zu kommen. Aber ist es wirklich so ganz anders? Ich stelle mir vor, der durchschnittliche Babylonier hat vor dem Feldzug Nebukadnezars in den Nachrichten davon gehört, dass sich irgendwo „da unten“ ein Problem abzeichnet. Ein wild gewordener Provinzfürst hat sich mit Al Qaida – äh, ich meine mit dem Pharao, verbündet und bedroht unsere Sicherheit. Plötzlich muss die Freiheit Babylons am Hindukusch – oh, Entschuldigung, ich meine am Jordan – verteidigt werden. Sie sind nicht selbst in der Armee, auch ihre Kinder und nahen Angehörigen haben einen anderen Beruf als den des Soldaten gewählt. Es geht sie erst einmal nichts an, was die große Politik da so beschließt. Sie kennen keine Soldaten, nur der Schwager einer Cousine zweiten Grades ist in der Armee. Seit seiner Rückkehr von dem Feldzug soll der ziemlich schwierig geworden sein. Sie haben gehört, er würde nachts nun oft von Alpträumen geplagt und lässt niemanden mehr richtig an sich ran. Ja, hätte er etwas Anständiges gelernt, wäre ihm das erspart geblieben, denken Sie achselzuckend.

Aber nun lassen sich auf einmal in der Nachbarschaft diese fremden Gestalten nieder. Sie reden in einer unverständlichen Sprache, sie tragen fremdartige Kleidung und beten zu einem anderen Gott. Würden Sie diese Menschen mögen? Einige von denen machen sogar Karriere. „Wir müssen den Menschen mit Migrationshintergrund Chancen zur Integration bieten, dann wird die gesamte Gesellschaft davon wirtschaftlich profitieren“ – so reden die Politiker in den Nachrichten. Sie merken nur, dass die Gerüche aus den Küchen dieser Menschen fremd sind. Und nun wollen die sogar noch ein Gotteshaus bauen – und das ganz in Ihrer Nähe. Wer wird denn da predigen? Wird der Prediger zum Hass gegen Sie und Ihre Nachbarn aufrufen? Wollen die sie gar zu ihrer merkwürdigen Religion bekehren?

Ist Ihnen die Situation der Babylonier noch immer fremd? Ich hoffe, Sie fühlen sich ihnen nun etwas näher, können sie verstehen und mit ihnen fühlen.

Dann hören Sie nochmals auf den Beginn des Predigttextes aus dieser ganz anderen Perspektive:

1 *Dies sind die Worte des Briefes, den der Prophet Jeremia von Jerusalem sandte an den Rest der Ältesten, die weggeführt waren, an die*

Priester und Propheten und an das ganze Volk, das Nebukadnezar von Jerusalem nach Babel weggeführt hatte
4 *So spricht der Herr Zebaoth, der Gott Israels, zu den Weggeführten, die ich von Jerusalem nach Babel habe wegführen lassen:*
5 *Baut Häuser und wohnt darin; pflanzt Gärten und esst ihre Früchte;*
6 *nehmt euch Frauen und zeugt Söhne und Töchter, nehmt für eure Söhne Frauen und gebt eure Töchter Männern, dass sie Söhne und Töchter gebären; mehrt euch dort, dass ihr nicht weniger werdet.*
7 *Suchet der Stadt Bestes, dahin ich euch habe wegführen lassen, und betet für sie zum Herrn; denn wenn's ihr wohl geht, so geht's auch euch wohl.*

Der Text würde mich ärgern. Was schreibt denn da einer aus Kabul – äh, ich meine aus Jerusalem – an die hier lebenden Afghanen, ich meine natürlich, an die Juden? Der hat doch keine Ahnung von der Lebenswirklichkeit hier! Der schiebt die Schuld Nebukadnezar in die Schuhe – dabei hat er doch nur die berechtigten geo-strategischen Interessen Babylons verteidigt! Und was ist das denn für ein Gott Zebaoth, der Herr der Heerscharen, der sein Volk wegführen lässt? Warum ist er ihnen nicht im Kampf beigestanden, wenn er so mächtig sein soll?

Aber dann wird es spannend: Jetzt fordert der Schreiberling die Menschen auf, sich hier niederzulassen, zu bauen, zu heiraten und Kinder zu bekommen – ja sie sollen sogar viele Kinder bekommen! Lauter kleine Schläfenlockenträger, denen man dann in der Schule erst mühsam babylonisch wird beibringen müssen! Es soll ja schon Schulen geben, wo über die Hälfte der Jugendlichen zuhause dieses komische Hebräisch sprechen und wir müssen mit unseren Steuern für die Sprachförderung aufkommen!

Aber dann schreibt er plötzlich: Suchet der Stadt Bestes! Der ruft nicht zum Heiligen Krieg auf! Er fordert die Menschen auf, am wirtschaftlichen Leben teilzuhaben, ja, danach zu trachten, dass es uns hier gut geht – damit es auch ihnen gut geht. Vielleicht sind die ja gar nicht so schlimm. Vielleicht sollte ich ihnen zutrauen, dass sie das Beste für unsere Stadt, für unser Land wollen. Vielleicht sind die ja ganz froh, hier zu sein, die Chance zu erhalten, sich eine neue Existenz in einer ihnen fremden Umgebung aufzubauen? Sollte ich ihnen vertrauen? Sollte ich auf ihre vielen Kinder sehen und denken: Wie schön, die werden später meine Rente finanzieren? Sollte ich mich an der Architektur ihrer Gotteshäuser freuen, die unserem Stadtbild neue Impulse geben? Sollte ich die fremden Gerüche aus ihren Küchen als Einladung verstehen, meinen kulinarischen Horizont zu erweitern? Sollte ich die sprachlichen Defizite als Aufforderung verstehen, mehr mit diesen Menschen zu kommunizieren, damit sie unsere Sprache besser verstehen und sprechen lernen?

Liebe Gemeinde, in drei Tagen feiern wir den Reformationstag. Unsere Vorväter und –mütter haben für den evangelischen Glauben gekämpft und gelitten, viele sind um ihres Glaubens willen verfolgt worden, Tausende mussten sterben. Auch durch die Hand von Protestanten sind viele Andersgläubige gemartert und getötet worden! Am ersten Advent, der ja auch schon in wenigen Wochen ist, beginnt dann ein neues Kirchenjahr. Die Evangelische Kirche in Deutschland hat dieses Jahr im Rahmen der Lutherdekade unter die Überschrift „Reformation und Toleranz“ gestellt. Ich möchte für mich diese Einladung annehmen. Ich möchte darüber nachdenken, welche Toleranz ich aushalte – und wo ich sagen muss: Über diese Werte lass ich nicht mit mir diskutieren! Ich möchte, dass wir denen, die hier im Exil leben sagen, was wir von ihnen erwarten. Und das kann nicht darin bestehen, dass sich alle zum Christentum bekehren, plötzlich hellhäutig, blond und blauäugig werden und deutschklingende Namen annehmen! Unerfüllbares zu fordern, ist intolerant! Aber ich kann erwarten, dass sie sich bemühen, die deutsche Sprache zu lernen. Ich kann erwarten, dass sie akzeptieren, dass bei uns das weltliche Gesetz über dem religiösen Gesetz steht. Aber solche Erwartungen sind nur dann glaubwürdig, wenn von unserer Seite dahinter ein Angebot steht: Das Angebot, die Menschen, die diese Anforderungen erfüllen, als Teil des „wir“ zu empfinden, sie als zugehörig und beheimatet zu erleben. Dann frage ich nicht mehr „woher kommst du EIGENTLICH?“ Dann verkneife ich mir die Frage nach der Muttersprache. Dann sehe ich in ihnen nicht den Extremisten sondern denjenigen, der vor Extremisten geflohen ist. Dann akzeptiere ich, dass sie anders zu Gott beten als ich – und lasse mich neugierig machen, wie ihre Spiritualität meinen eigenen Glauben bereichern kann. Ich fliege in vier Tagen nach Südbrasilien und werde dort unter anderem das evangelische Seminar in São Leopoldo besuchen. Deutsche Auswanderer dort haben ihren evangelischen Glauben inmitten eines katholischen Landes bewahrt. Viele sprechen neben portugiesisch auch noch deutsch, sie haben weiter deutsch klingende Namen und sehen anders aus als die Mehrheit um sie herum. Und doch bin ich sicher, dass die große Mehrheit der Deutschstämmigen sich als Brasilianer fühlen – und von ihren Nachbarn als Brasilianer akzeptiert werden. Bis vor 200 Jahren war Deutschland ein Auswanderungsland, seit gut 50 Jahren sind wir zu einem Einwanderungsland geworden. Ich finde, das ist kein Grund zur Klage sondern ein Grund zu tiefer Dankbarkeit.

Jeremia spricht dem Volk Israel Mut zu, dass es nach 70 Jahren wird heimkehren dürfen. 70 Jahre – das sind fast zwei Generationen. Diejenigen, die ins Exil geführt wurden, kamen selbst nicht zurück – vielleicht ihre Kinder oder Enkel. Wir wissen aus anderen biblischen Büchern zweierlei. Erstens: Es kehrten längst nicht alle zurück, viele blieben in Babylon. Zweitens: Diejenigen, die zurückkehrten, kamen nicht in die Heimat sondern in ein fremdes Land, wo so nicht willkommen waren. Die Rückkehr war für viele wie ein zweites Exil, das Buch Esra berichtet darüber ausführlich. Frankfurt wurde nach dem Krieg vielen Vertriebenen zur neuen Heimat, sie konnten Frankfurter werden. Dazu gehörte aber nicht nur die Bereitschaft, Wurzeln zu schlagen sondern auch der Boden, der bereit war, ihnen Kraft und Nahrung zu geben, so dass sie Frucht bringen konnten.

Ich wünsche den hier lebenden Exilanten einen Propheten wie Jeremia, der sie aufruft, der Stadt Bestes zu suchen. Und ich wünsche uns, dass wir auf den Propheten Jeremia neu hören lernen, damit wir unseren Nächsten lieben wie uns selbst, auch dann wenn er aus einem anderen Volk stammt, andere Bräuche pflegt und auf andere Weise Gott verehrt. Und so schließe ich mit Worten, die wir in der Lesung gehört haben: *»Liebt eure Feinde und bittet für die, die euch verfolgen, damit ihr Kinder seid eures Vaters im Himmel. Denn er lässt seine Sonne aufgehen über*

Böse und Gute und lässt regnen über Gerechte und Ungerechte. Denn wenn ihr liebt, die euch lieben, was werdet ihr für Lohn haben? Tun nicht dasselbe auch die Zöllner? Und wenn ihr nur zu euren Brüdern freundlich seid, was tut ihr Besonderes? Tun nicht dasselbe auch die Heiden? Darum sollt ihr vollkommen sein, wie euer Vater im Himmel vollkommen ist«. (Mt. 5, $_{44-48}$)

Der manchmal gar nicht so liebe Gott

„Lieber Gott", so beginnen viele Gebete. Aber ist Gott denn immer lieb? Ist er nicht auch der strenge Richter? An welchen Gott glauben wir – den barmherzigen und gnädigen Gott oder den richtenden und strafenden Gott? So oder so – das Bild, das wir uns von Gott machen, hat Folgen für unseren Glauben und unser Leben. Ist das der Grund, warum es in den 10 Geboten heißt „Du sollst dir kein Bildnis machen"? (2. Mose 20, $_{4a}$)

Mt. 25, $_{14-30}$

Was fangen Sie mit dem an, was Ihnen auf Ihren Lebensweg mitgegeben ist? Hüten Sie Ihre Schätze sorgsam, passen Sie gut darauf auf, dass ja nichts wegkommt? Oder versuchen Sie, Ihr Vermögen gewinnbringend einzusetzen? Was ist Ihr Vermögen? Ihr materieller Besitz oder Ihre Fähigkeit, Entwicklungen in Gang zu setzen, am Laufen zu halten und zu einem Ende zu führen?

Liebe Gemeinde,

der Predigttext für den heutigen Sonntag steht im 25. Kapitel des Evangeliums nach Matthäus:

14 *Denn es ist wie mit einem Menschen, der außer Landes ging: Er rief seine Knechte und vertraute ihnen sein Vermögen an;*

15 *dem einen gab er fünf Zentner Silber, dem andern zwei, dem dritten einen, jedem nach seiner Tüchtigkeit, und zog fort.*

16 *Sogleich ging der hin, der fünf Zentner empfangen hatte, und handelte mit ihnen und gewann weitere fünf dazu.*

17 *Ebenso gewann der, der zwei Zentner empfangen hatte, zwei weitere dazu.*

18 *Der aber einen empfangen hatte, ging hin, grub ein Loch in die Erde und verbarg das Geld seines Herrn.*

19 *Nach langer Zeit kam der Herr dieser Knechte und forderte Rechenschaft von ihnen.*

20 *Da trat herzu, der fünf Zentner empfangen hatte, und legte weitere fünf Zentner dazu und sprach: Herr, du hast mir fünf Zentner anvertraut; siehe da, ich habe damit weitere fünf Zentner gewonnen.*

21 *Da sprach sein Herr zu ihm: Recht so, du tüchtiger und treuer Knecht, du bist über wenigem treu gewesen, ich will dich über viel setzen; geh hinein zu deines Herrn Freude!*

22 *Da trat auch herzu, der zwei Zentner empfangen hatte, und sprach: Herr, du hast mir zwei Zentner anvertraut; siehe da, ich habe damit zwei weitere gewonnen.*

23 *Sein Herr sprach zu ihm: Recht so, du tüchtiger und treuer Knecht, du bist über wenigem treu gewesen, ich will dich über viel setzen; geh hinein zu deines Herrn Freude!*

24 *Da trat auch herzu, der einen Zentner empfangen hatte, und sprach: Herr, ich wusste, dass du ein harter Mann bist: Du erntest, wo du nicht gesät hast, und sammelst ein, wo du nicht ausgestreut hast;*

25 *und ich fürchtete mich, ging hin und verbarg deinen Zentner in der Erde. Siehe, da hast du das Deine.*

26 *Sein Herr aber antwortete und sprach zu ihm: Du böser und fauler Knecht! Wusstest du, dass ich ernte, wo ich nicht gesät habe, und einsammle, wo ich nicht ausgestreut habe?*

27 *Dann hättest du mein Geld zu den Wechslern bringen sollen, und wenn ich gekommen wäre, hätte ich das Meine wiederbekommen mit Zinsen.*

28 *Darum nehmt ihm den Zentner ab und gebt ihn dem, der zehn Zentner hat.*

29 *Denn wer da hat, dem wird gegeben werden, und er wird die Fülle haben; wer aber nicht hat, dem wird auch, was er hat, genommen werden.*

30 *Und den unnützen Knecht werft in die Finsternis hinaus; da wird sein Heulen und Zähneklappern.*

Der heutige Predigttext gehört zu den irritierenden Texten im neuen Testament. »*Wer hat, dem wird gegeben, wer aber nicht hat, dem wird auch noch weggenommen, was er hat*«. Das kennen wir aus der Welt – meine Großmutter brachte diese Erkenntnis auf die prägnante Formel: „Der Teufel scheißt auf den größten Haufen“. Aber da wird doch deutlich: Dieses Verhalten schreiben wir dem Teufel zu, also gerade nicht Gott. Und Gott soll sich genauso verhalten? Das darf doch nicht wahr sein. Und das ist es auch nicht. In der Vorbereitung auf diese Predigt habe ich im Internet viele Predigten über diesen Text gelesen. In den Auslegungen herrschte große Einigkeit, dass die wesentliche Botschaft dieses Textes darin läge, uns aufzufordern, mit den uns anvertrauten Talenten sorgsam umzugehen, sie also nicht zu verstecken, sondern sie einzusetzen und Frucht tragen zu lassen. Das ist auch bestimmt alles richtig. Aber je länger ich mich mit diesem Text beschäftigt habe, desto mehr wurde ich mir sicher, dass die Lesung (Phil. 3, $_{7-11}$) uns erst den richtigen Zugang zu dieser Stelle weißt: Es geht hier überhaupt nicht um irgendwelche weltlichen Güter! Wie immer, wenn Jesus über Gott spricht, geht es um den GLAUBEN! Das Hauptwort fehlt ja im letzten Satz: *»Wer hat, dem wird gegeben«*. Was hat der- bzw. diejenige denn? Wenn ich mit Paulus hier das Wort Glaube einsetze, erhält der Satz einen völlig neuen Sinn: Denn wer GLAUBE hat, dem wird GLAUBE gegeben, wer aber keinen GLAUBEN hat, dem wird auch noch weggenommen, was er an GLAUBE hat. Und plötzlich deckt sich dieser Satz mit meiner Erfahrung mit Gott: Wenn ich glaube, stärkt Gottes Geist meinen Glauben und mir wird unendlich viel dazugegeben. Wenn ich aber an Gott zweifle, dann wird mein Glaube anfechtbar, und der Rest, der mir geblieben ist, wird immer brüchiger und mir schließlich ganz weggenommen. Und ohne meinen Glauben fühle ich mich in die äußerste Finsternis geworfen – das ist zum Heulen und Zähne knirschen. Es gibt gleich mehrere Befunde, die mich in dieser Sicht des Bibeltextes bestärken: Zum einen der Kontext im Matthäus-Evangelium. Vor unserem Predigttext steht das Gleichnis von den klugen und den törichten Jungfrauen, in dem die Wiederkehr Jesu das Thema ist. Danach folgt eine Passage über das Weltgericht, wo es um die Taten geht, die im Glauben und aus dem Glauben heraus geschehen. Daher bin ich überzeugt, dass das gesamte 25.te Kapitel des Matthäus-Evangeliums vom Glauben und seinen Folgen handelt und so gelesen werden sollte. Aber auch im Text selbst gibt es starke Hinweise, dass es nicht um weltliche Güter geht, sondern um das Verhältnis von Gott und Mensch. Das Versäumnis des dritten Dieners wird nicht nur berichtet, sondern auch begründet: *»Herr, ich wusste, dass du ein strenger Mann bist; du erntest, wo du nicht gesät hast, und sammelst, wo du nicht aus-*

gestreut hast; weil ich Angst hatte, habe ich dein Geld in der Erde versteckt.« Ist das ein richtiges Reden über Gott? Dieser dritte Diener glaubt nicht, er weiß. Und was er zu wissen meint, ist so absurd, dass der Herr, der ihm die Talente anvertraut hat, darin ironisch bestärkt: *»Du bist ein schlechter und fauler Diener! Du hast doch gewusst, dass ich ernte, wo ich nicht gesät habe, und sammle, wo ich nicht ausgestreut habe«*. Das ist doch purer Sarkasmus! Gott, der Schöpfer soll ernten, wo er nicht gesät hat? Er soll sammeln, wo er nicht ausgestreut hat? Die Angst, die zum Versagen des dritten Dieners führt, resultiert aus einem falschen Gottesbild, dem Bild eines strafenden, drohenden Gottes der eifersüchtig über die Wahrung jedes Buchstaben seines Gesetzes wacht. Die ersten beiden Diener haben Vertrauen zu Gott. Sie gehen ein Risiko ein. Als Volkswirt habe ich im Studium gelernt, dass Rendite eine Prämie für Risiko ist. Indem die ersten beiden Diener das Risiko eingehen, auf die Gnade und Barmherzigkeit Gottes zu vertrauen, auch wenn sie ihn nicht sehen und nicht wissen, wann er wieder kommt, können sie die Prämie auf ihr eingesetztes Glaubenskapital einfahren. Etliche Predigten, die ich zu dieser Bibelstelle gelesen habe, stellen die Frage, ob denn auch ein Diener willkommen geheißen worden wäre, der das anvertraute Kapital zwar eingesetzt, durch unglückliche Umstände jedoch verloren hat. Wenn meine Lesart der Bibelstelle stimmt, wird klar, warum von einem solchen Fall hier nicht berichtet wird: Wer auf Gott vertraut, wird nicht enttäuscht. Wie wir im Eingangspsalm gebetet haben: *»Denn ich bin arm und elend; der Herr aber sorgt für mich«* (Ps. 40, $_{17}$). Das Glaubenskapital, mit dem Gott mich ausstattet, mag geringer sein als das meines Nachbarn – aber egal, wie groß es ist, wenn ich es in Vertrauen auf Gott einsetze, wird es sich vermehren und Frucht bringen – nicht aus meiner eigenen Kraft, sondern um der Herrlichkeit Gottes willen. Oder wie Paulus es in der Lesung ausdrückt: *»Damit ich nicht habe meine eigene Gerechtigkeit, die aus dem Gesetz kommt, sondern die durch den Glauben an Christus, nämlich die Gerechtigkeit, die aus Gott kommt, auf Grund des Glaubens«* (Phil. 3, $_{9}$). Der dritte Diener achtete das Gesetz – er wollte keinesfalls etwas falsch machen im Angesicht seines gestrengen Herrn und sich so seine eigene Gerechtigkeit sichern aus dem Gesetz. *»Hier hast du es wieder«* sagt dieser Diener, als er das ihm anvertraute Talent unbeschadet und vollständig zurückgibt. Er hat das Gesetz gehalten und sich so seine eigene Gerechtigkeit geschaffen im Angesicht eines falsch verstandenen Gottes. Ein weitere Aspekt ist mir an dieser Geschichte wichtig geworden: Gott ist abwesend. Der Herr, von dem Jesus erzählt, stattet seine Diener zwar mit ausreichenden Mitteln für die Zeit seiner Abwesenheit aus – denn auch das eine Talent, das er dem dritten Diener anvertraut, stellt noch ein großes Vermögen dar. Aber er fährt weg und lässt seine Diener im Unklaren über den Zeitpunkt seiner Wiederkehr. Wird er überhaupt wieder kommen? Ihm könnte auf seine Reise ja etwas zugestoßen sein. Aber keiner der drei Diener macht den Fehler, auf das Wegbleiben des Herrn zu hoffen. Sie wahren ihre Rolle als Treuhänder des anvertrauten Vermögens und spielen sich nicht selbst als Herren auf. Den ersten beiden Dienern wird das nicht schwer gefallen sein: Sie wirtschafteten mit dem Vermögen und auch, wenn sie treu Zinsen für den Herrn zurücklegten – sie werden zwischenzeitlich genug erwirtschaftet haben, um auch ihren Lebensunterhalt daraus bestreiten zu können. Wie schlimm mag aber die Zeit der Abwesenheit für unseren dritten Diener gewesen sein: Ständig musste er fürchten, dass sein Versteck vielleicht doch nicht so gut war, es jemand finden und ihn berauben könnte. Und er konnte ja nicht den ganzen Tag das Versteck bewachen; schließlich musste er ja auch arbeiten, um sich und seine Familie zu ernähren. Für die ersten beiden Diener wurde die Abwesenheit ihres Herren zur Voraussetzung für ihre Freiheit: Erst durch dessen Reise konnten sie zeigen, was in ihnen steckt. In der Gewissheit seiner Rückkehr und im Vertrauen auf seine Güte und Barmherzigkeit wirtschafteten sie sorgfältig mit den ihnen anvertrauten Vermögen; der sichere Glaube, irgendwann einmal Rechenschaft ablegen zu müssen, schützte sie davor, mit spekulativen Wertpapieren zu zocken. Damit wird unsere Geschichte zu einem Gleichnis über die menschliche Freiheit: Im Glauben an Gottes Wiederkehr und der Sicherheit, dann Rechenschaft ablegen zu dürfen, können wir selbst die Erfahrung der Abwesenheit Gottes positiv als Freiheit erleben und zur Entfaltung nutzen. Ich wünsche uns allen den Glauben der ersten beiden Diener.

Mt. 22, 1 – 14

„Heulen und Zähneklappern" – diese Formulierung findet sich nicht nur im eben vorgestellten Gleichnis vom untreuen Knecht, einige Kapitel früher benutzt Matthäus diese Formulierung schon einmal im Gleichnis von der königlichen Hochzeit. Wie steht es mit Ihnen? Nehmen Sie sich die Zeit, ein Festgewand anzulegen?

Liebe Gemeinde,

Feste sind etwas sehr Schönes. Wiederkehrende Feste wie Ostern und Weihnachten, Geburtstage und Jahrestage strukturieren unsere Zeit. Einmalige Feste wie Hochzeiten und Taufen bilden Höhepunkte in unsrem Leben, an die wir uns oft jahrelang gerne zurückerinnern. In jedem Fall ist ein Fest ein Anlass, um zusammen zu kommen, als Einladender Gemeinschaft zu stiften, als Eingeladener Gemeinschaft zu erleben. Aber Feste können auch ganz gehörig in die Hose gehen. Vielleicht haben sie das schon mal erlebt, dass zwei zerstrittene Familienmitglieder selbst bei einem Fest nicht in der Lage sind, ihren Streit ruhen zu lassen und so die ganze Atmosphäre vergiften. Oder dass Familienzweige so zerstritten sind, dass alle absagen, jeder aus Angst, der andere würde die Einladung annehmen und man müsse ihm dann begegnen. Der heutige Predigttext im 22. Kapitel des Evangeliums des Matthäus erzählt von einem Fest, das völlig misslingt. Ich lese die Verse 1 bis 14:

1 *Und Jesus fing an und redete abermals in Gleichnissen zu ihnen und sprach:*

2 *Das Himmelreich gleicht einem König, der seinem Sohn die Hochzeit ausrichtete.*

3 *Und er sandte seine Knechte aus, die Gäste zur Hochzeit zu laden; doch sie wollten nicht kommen.*

4 *Abermals sandte er andere Knechte aus und sprach: Sagt den Gästen: Siehe, meine Mahlzeit habe ich bereitet, meine Ochsen und mein Mastvieh ist geschlachtet und alles ist bereit; kommt zur Hochzeit!*

5 *Aber sie verachteten das und gingen weg, einer auf seinen Acker, der andere an sein Geschäft.*

6 *Einige aber ergriffen seine Knechte, verhöhnten und töteten sie.*

7 *Da wurde der König zornig und schickte seine Heere aus und brachte diese Mörder um und zündete ihre Stadt an.*
8 *Dann sprach er zu seinen Knechten: Die Hochzeit ist zwar bereit, aber die Gäste waren's nicht wert.*
9 *Darum geht hinaus auf die Straßen und ladet zur Hochzeit ein, wen ihr findet.*
10 *Und die Knechte gingen auf die Straßen hinaus und brachten zusammen, wen sie fanden, Böse und Gute; und die Tische wurden alle voll.*
11 *Da ging der König hinein, sich die Gäste anzusehen, und sah da einen Menschen, der hatte kein hochzeitliches Gewand an,*
12 *und sprach zu ihm: Freund, wie bist du hier hereingekommen und hast doch kein hochzeitliches Gewand an? Er aber verstummte.*
13 *Da sprach der König zu seinen Dienern: Bindet ihm die Hände und Füße und werft ihn in die Finsternis hinaus! Da wird Heulen und Zähneklappern sein.*
14 *Denn viele sind berufen, aber wenige sind auserwählt.*

Das ist ja dieselbe Geschichte wie in der Lesung (Lk. 14, $_{16-24}$), werden sich jetzt sicher viele von Ihnen sagen. Ja, es ist dasselbe Gleichnis – und doch erzählen es Lukas und Matthäus sehr unterschiedlich. Bei Matthäus wird das Bild von der königlichen Hochzeit gleich aufgelöst: Es steht für das Himmelreich. Gott selbst lädt ein. Lukas lässt den Anlass des Abendmahles ungenannt.

Beiden Texten gemeinsam ist, dass das Fest durch Boten angekündigt wird: Die Menschwerdung Gottes in seinem eingeborenen Sohn ist durch die Propheten von Jesaja bis zu Johannes dem Täufer lange angekündigt. Und beide Evangelisten berichten, dass diese Einladung zunächst auf taube Ohren stößt. Die Reaktion reicht von faulen Ausreden bis hin zu offener Ablehnung. Vielleicht hat jemand von Ihnen an der diesjährigen Fastenaktion „Ich war's: Sieben Wochen ohne Ausreden" teilgenommen. Aber auch wenn Sie dieses Angebot, über die Ausreden in unserem Leben nachzudenken, nicht für sich wahrgenommen haben: Die Erfahrung, wie verletzend Ausreden sein können aber auch welcher Anstrengung es bedarf, eine Ausrede aufrecht zu halten, diese Erfahrungen haben wir sicher schon alle einmal gemacht.

Lukas bleibt bei dieser alltäglichen Erfahrung. Bei Matthäus schlägt die Reaktion jetzt aber um: Einige ergreifen die Knechte des Königs, verhöhnen und töten sie. Und die Gegenreaktion bleibt nicht aus: Der König schickt seine Heere aus, bringt die Mörder um und zündet ihre Stadt an.

In beiden Evangelien folgt nun eine Einladung an neue Gäste. Diese wird bei Lukas nun deutlicher: Bei ihm ist von den Armen, Verkrüppelten, Blinden und Lahmen die Rede, die anstatt der ursprünglich vorgesehenen Gäste zu Tisch gebeten werden. Die soziale Dimension des Christentums wird so bei Lukas deutlicher als bei Matthäus, der erzählt, dass die Knechte alle zusammenbrachten, die sie fanden, Böse wie Gute. Letztlich wird bei beiden das Haus voll.

Bei Lukas endet nun das Gleichnis. Matthäus führt die Geschichte jedoch weiter: Der König geht hinein zu der Festgesellschaft und betrachtet seine Gäste. Einer hat kein hochzeitliches Gewand an. Zu Jesu Zeiten war es üblich, dass bei einer Hochzeit der Gastgeber für jeden Gast ein Festgewand bereit legte. Dies war schon aufgrund der oft langwierigen, staubigen und schweißtreibenden Anreise der Gäste sinnvoll, ja erforderlich. Der Gast kann sich also nicht damit herausreden, keine Zeit mehr gehabt zu haben, um sich zuhause umzukleiden. Die Möglichkeit, ein Festkleid zu tragen, war da, er hat es aus Gründen, die er nicht erläutern kann oder will, nicht angelegt. So verstummt der Gast.

Stellen Sie sich vor, Sie haben Menschen eingeladen. Alle haben ihre Mäntel ausgezogen, sich den Staub aus den Kleidern geklopft und sich frisch gemacht, bevor sie sich zu Tisch setzen. Nur Einer, der sitzt verschwitzt in seinem Mantel da, Gesicht und Hände offensichtlich ungewaschen. Sie wären nicht erfreut. Wahrscheinlich würden sie diesen Gast in einem unbeobachteten Moment auf seinen Fauxpas ansprechen und ihn bitten, sich entsprechend der Gepflogenheiten zu verhalten oder zu gehen. Der König in unserem Gleichnis reagiert jedoch nicht diskret sondern mit eisiger Härte: Er lässt dem ungebührlich gekleideten Gast an Händen und Füssen fesseln und in die Nacht hinauswerfen. Eine maßlose Reaktion! Da ist nichts zu spüren vom „lieben Gott". Gott tritt hier als der strenge Richter auf. Auch Lukas endet mit einer Warnung an die etablierten Eliten: *«Denn ich sage euch, dass keiner der Männer, die eingeladen waren, mein Abendmahl schmecken wird«* (Lk. 14, $_{24}$). Doch während der Schlusssatz bei Lukas eher traurig, ja fast melancholisch klingt, endet die Geschichte bei Matthäus ungleich schärfer. *«Denn viele sind berufen, aber wenige sind auserwählt«*: Da höre ich mehr Drohbotschaft als Frohbotschaft heraus. Da spricht nicht der sanfte Jesus der Bergpredigt, da spricht der zornige, aufbrausende Jesus, der die Händler aus dem Tempel warf.

Vielleicht müssen wir noch einmal ganz zum Anfang der Geschichte zurückkehren, um dieses schroffe Ende verstehen zu können: *»Und Jesus fing an und redete abermals in Gleichnissen zu ihnen«* heißt es in den ersten Zeilen. Zu wem spricht Jesus hier? Wenn man im Matthäus-Evangelium die Zeilen vor dem heutigen Predigttext liest, wird das deutlich: Angesprochen wird eine große Gruppe von Pharisäern und Schriftgelehrten, also diejenigen, die Verantwortung in der Gesellschaft und der Gemeinde tragen; Menschen, von denen man annehmen könnte, dass sie aufgeschlossen auf Gottes Wort hören. Doch während seiner gesamten Wirkenszeit macht Jesus immer wieder eine Erfahrung: Das einfache Volk, die Ungebildeten, die sozial Ausgrenzten sind es, die bereit sind, an ihn zu glauben und ihm zuzuhören. Dagegen sehen die Etablierten, die Thora-Kundigen, die soziale Elite durch Jesus die bestehende Ordnung bedroht, sie lehnen ihn ab; ja lassen ihn durch die römische Ordnungsmacht töten.

Der Autor des Matthäus-Evangeliums stammte wahrscheinlich aus einer Familie von Schriftgelehrten. Er war Jude aus gutem Hause, vielleicht sogar Kind eines Priesters. Er hat die Zerstörung des Tempels durch die Römer im Jahr 70 erlebt, war vielleicht sogar Augenzeuge. Heulen und Zähneklappern: Das erlebt der Autor in seiner Umgebung als Reaktion auf diese kulturelle Katastrophe des Judentums. In der Zurückweisung des Glaubens an Jesus Christus als Sohn Gottes und Erlöser der Welt durch die jüdische Elite sieht er den Grund für Gottes Zorn, den er als tiefere Ursache der Tempelzerstörung begreift.

Der Autor des Lukas-Evangeliums war wahrscheinlich griechischer Herkunft, also ein sogenannter „Heidenchrist“. Obwohl auch im Lukas-Evangelium sich Jesus mit diesem Gleichnis an Pharisäer und Schriftgelehrte wendet, bezieht der Lukas-Evangelist diese Erzählung nicht auf die Zerstörung des Tempels. Wo wir bei Matthäus mit dem zornigen Richterspruch Gottes konfrontiert werden, hören wir bei Lukas eher einen traurig-melancholischen Gastgeber, der bedauert, dass die ursprünglich vorgesehenen Gäste sein Abendmahl nicht schmecken werden.

Lässt Lukas also etwas weg? Oder fügt Matthäus der Geschichte etwas hinzu? Das können wir nicht wissen. Was wir jedoch erkennen können, ist, dass beide Evangelisten die Überlieferungen von Jesu Leben und Wirken vor den Geschehnissen ihrer Zeit theologisch interpretieren und einordnen. Es kann also nicht darum gehen, aus dem wörtlichen Bibeltext die historischen Ereignisse möglichst exakt nachzuzeichnen. Damit werden wir den Evangelien so wenig gerecht wie allen anderen Bibeltexten. Es geht darum zu erkennen, welche Aussagen über die Beziehung zwischen Gott und Menschen in dem Text enthalten sind.

Und an dieser Stelle sind sich beide Evangelisten einig: Gott lädt ein zu seinem Fest. Die Einladung ergeht zunächst an diejenigen, die dem Einladenden eigentlich am Nächsten stehen müssten: Die Arrivierten, die Kerngemeinde, die haupt-, neben- und ehrenamtlichen Mitarbeiter der Kirche. In dem Gleichnis das uns die Evangelisten überliefern, schlägt diese Gruppe die Einladung aus. Zu beschäftigt sind sie mit sich selbst, mit dem Erhalt der Strukturen, dem Sichern des institutionellen Rahmens als dass sie noch die Zeit hätten, auf Gott zu hören und ihn zu feiern.

Und da beginnt die Anfrage an uns: Wie verhalten wir uns zu der Einladung, die Gott an uns ausspricht? Finden wir faule Ausreden? Bleiben wir bei unseren täglichen Verrichtungen und drücken uns so vor der Einladung? Oder greifen wir die Boten, die uns die Einladung überbringen gar tätlich an? Was wäre denn, wenn heute ein Prophet auftreten würde? Ich bin sicher, er oder sie landete innerhalb kürzester Zeit in der Psychiatrie; wird weggesperrt und mit Medikamenten ruhig gestellt. Oder waren wir gar nicht unter den zuerst Geladenen? Gehören wir zu den Bösen und Guten, die von den Boten zusammen gesammelt werden? Sind wir bereit, Gott die Ehre zu erweisen, das bereitgelegte Festgewand anzulegen? Tragen wir zu einem gelingenden Fest bei, in dem wir uns unserem Tischnachbarn öffnen und so ein Gespräch möglich machen oder stieren wir stumm auf unseren Teller und warten, was uns serviert wird?

Das Gelingen eines Festes hängt nicht nur vom Gastgeber ab. Auch als Gäste tragen wir dazu bei, ob ein Fest zu einem unvergesslichen Ereignis oder zu einem Alptraum wird. Die Einladung haben wir erhalten: Jetzt liegt es an uns, wie wir uns dazu verhalten. Dazu wünsche ich uns, den Mut, aus Gewohnheiten auszubrechen, die Weisheit, einer neuen Situation angemessen zu begegnen und ein frohes Herz.

Jak. 2, 1 – 13

Die Konfis machen mal wieder Unfug während des Gottesdienstes. Ein dementes Gemeindeglied läuft durch den Kirchenraum und brabbelt vor sich hin. Ein Kleinkind fängt an zu weinen und es gelingt den Eltern nicht, es gleich zu beruhigen. Und eine Person mit Trisomie 21 findet das Treiben toll und klatscht laut Beifall zu dem Spektakel. Wie gehen wir mit solchen Störungen um? Wieviel abweichendes Verhalten können wir ertragen? Begegnen wir jeder und jedem mit gleichem Respekt?

Liebe Gemeinde,

vor gut zwei Jahren stand ich das erste Mal hier auf der Kanzel, um mit Ihnen Gottesdienst zu feiern. Wie heute auch trug ich Anzug und Krawatte und achtete extra darauf, dass meine Schuhe gut geputzt waren. Würden Sie jemanden ernst nehmen, der hier mit einem zerschlissenen Hemd, alten, zerbeulten Hosen und ausgelatschten Schuhen stünde? Würden Sie so jemanden auch nur als Sitznachbarn akzeptieren – oder würden Sie einer solchen Person sagen: „Setzen Sie sich doch bitte nach hinten“?

Der Autor des Jakobusbriefes, aus dem der heutige Predigttext stammt, hat wohl eine wohlsituierte Gemeinde vor Augen als der den Predigttext für den heutigen Sonntag aufschrieb. Ich lese die Verse 1 bis 13 aus dem 2. Kapitel des Jakobusbriefes:

1 *Liebe Brüder, haltet den Glauben an Jesus Christus, unseren Herrn der Herrlichkeit, frei von aller Ansehung der Person.*

2 *Denn so in eure Versammlung käme ein Mann mit einem goldenen Ringe und mit einem herrlichen Kleide, es käme aber auch ein Armer in einem unsauberen Kleide,*

3 *und ihr sähet auf den, der das herrliche Kleid trägt, und sprächet zu ihm: Setze du dich her aufs Beste! Und sprächet zu dem Armen: Stehe du dort! oder: Setze dich unten zu meinen Füssen!*

4 *ist's recht, dass ihr solchen Unterschied macht und richtet nach argen Gedanken?*

5 *Höret zu, meine lieben Brüder! Hat nicht Gott erwählt die Armen auf dieser Welt, dass sie am Glauben reich seien und Erben des Reichs, welches er verheißen hat denen, die ihn liebhaben?*

6 *Ihr aber habt dem Armen Unehre getan. Sind es nicht die Reichen, die Gewalt an euch üben und ziehen euch vor Gericht?*

7 *Verlästern sie nicht den guten Namen, der über euch genannt ist?*

8 *Wenn ihr das königliche Gesetz erfüllt nach der Schrift (3. Mose 19, 18): „Liebe deinen Nächsten wie dich selbst", so tut ihr wohl;*

9 *wenn ihr aber die Person ansehet, tut ihr Sünde und werdet überführt vom Gesetz als Übertreter.*

10 *Denn so jemand das ganze Gesetz hält und sündiget an einem, der ist's ganz schuldig.*

11 *Denn der da gesagt hat (2. Mose 20, 13. 14) „Du sollst nicht ehebrechen", der hat auch gesagt „Du sollst nicht töten". Wenn du nun nicht die Ehe brichst, tötest aber, bist du ein Übertreter des Gesetzes.*

12 *Redet so und handelt so wie Leute, die dereinst durchs Gesetz der Freiheit gerichtet werden.*

13 *Denn es wird ein unbarmherziges Gericht über den ergehen, der nicht Barmherzigkeit getan hat; Barmherzigkeit aber rühmt sich wider das Gericht.*

Wie geht es Ihnen mit diesem Text? Lief Ihnen ein wohliger Schauer über den Rücken – „da schau her, so schlimme Leute gibt's; gut, dass ich nicht einer von denen bin"? Dann sind Sie schon in die Falle getappt. Sie haben überheblich reagiert – und das ist genau die Sünde, die in dem Text angeprangert wird. Es geht um das ganz alltägliche Fahrradfahrer-Syndrom: Nach oben buckeln, nach unten treten. Und dabei halten wir uns natürlich selbst das Urteil vor, wer oder was oben und unten ist. Gott verabscheut solches Tun, sagt uns der Autor des Jakobusbriefes. Das gilt selbst dann – ja ich würde sagen, dann besonders, wenn Gott oben und die Mitmenschen unten verortet werden. Wer sich durch Werke selbst gerecht machen will, wer dem Nächsten nicht deshalb hilft, weil ihm dieser Mensch am Herzen liegt sondern nur um sich bei Gott einzuschleimen – der wird im Gericht nicht bestehen können. Wenn du mich liebst – dann zeig das an meinem Geschöpf, das dir gegenübersteht – so lautet Gottes Aufforderung im biblischen Zeugnis. Am Nächsten – ob er arm oder reich, Jude oder Grieche, Frau oder Mann ist – zeigen wir uns als Christinnen und Christen. Das heißt auch, den Reichen nicht um seines Reichtums willen verdammen. Aber wir dürfen schon an die besondere Verantwortung erinnern, die ein solcher Reichtum in sich trägt. Und ja – wir dürfen auch den Armen an die Erfordernisse der Höflichkeit und Rücksichtnahme erinnern. Im einen wie im anderen Fall wird aber kein erhobener Zeigefinger, kein vorwurfsvoller Ton, zum Ziel führen. Ermutigung und Ertüchtigung, die Bereitstellung von Möglichkeiten – das kann eine Verhaltensänderung bewirken. Die deutsche Sprache führt uns das deutlich vor Augen: Kritik – die können wir im Deutschen immer nur ÜBEN. Der Predigttext zielt aber noch auf etwas anderes ab: Der Autor des Jakobusbriefes erinnert uns daran, dass wir jedem Menschen, jedem Einzelnen, mit dem gleichen Respekt entgegentreten sollen. Jede und jeder, ob arm oder reich, ob gesellschaftlich oben oder unten ist Gottes geliebtes Geschöpf. Jede Kritik darf daher immer nur Kritik am Verhalten sein, nie Kritik an der Person. Der Predigttext wirft der Gemeinde vor, mit ihrem Verhalten dem Armen Unehre angetan zu haben. In heutiger Sprache würde man eher formulieren: Ihr habt seine Würde verletzt. Ich komme häufig am Gerichtsgebäude in der Konrad-Adenauer-Straße vorbei. Dort steht in großen Lettern der Beginn des ersten Artikels des Grundgesetzes: „Die Würde des Menschen ist unantastbar". Im Glaubensbekenntnis haben wir die Worte gesprochen: „Von dort wird er kommen zu richten die Lebenden und die Toten". Das richten über die Person behält sich Gott allein vor. Wir können nur über Verhalten urteilen – sowohl im privaten Umgang als auch im weltlichen Gericht. Wenn wir gegen diesen Grundsatz verstoßen, brechen wir das Gesetz als Ganzes – und in unserem Land nicht nur Gottes Gesetz, wie uns der Predigttext vor Augen führt sondern auch das weltliche Gesetz, unser Grundgesetz.

Nun kennen wir in unseren Gesetzen sehr wohl Abstufungen bezüglich der Schwere eines Verstoßes. Wer ein Fahrrad gestohlen hat wird nicht so schwer bestraft wie der, der eine Bank überfällt. Der Predigttext wirft eine solche Differenzierung scheinbar über den Haufen. Ob Ehebruch oder Mord – ein Verstoß gegen eines der 10 Gebote ist für den Autor so schlimm wie der Verstoß gegen das andere, liest man auf den ersten

Blick. Ich bin der Überzeugung, dass man den Text falsch versteht, wenn man ihn so liest. Der Autor hat in diesem Moment nicht den Ehebrecher oder den Totschläger vor Augen sondern denjenigen, der richtet. Wenn der Richter – oder besser derjenige, der sich zum Richter aufschwingt – die Person des Täters abzuurteilen versucht – dann bricht der Richter das Gesetz Gottes. Die Worte des Jakobusbriefes sind Worte gegen die Selbstgerechtigkeit derjenigen, die behaupten, selbst nie gegen das Gesetz verstoßen zu haben. Es sind Worte gegen den Hochmut derjenigen, die die Unschuld gepachtet haben wollen. Aber Unschuld ist ein Verschleißteil; es ist im Bauplan des Menschen nicht vorgesehen, unschuldig durchs Leben zu kommen. Verschleißteile können erneuert werden; unsere Unschuld können wir durch Buße und Umkehr wiedergewinnen. Wir werden es nicht schaffen, niemals jemanden nach dem Ansehen der Person zu be- bzw. zu verurteilen. Selbst Jesus ist das einmal passiert. Ich will Ihnen kurz eine Geschichte aus dem Matthäus-Evangelium (Mt. 15, $_{22-28}$) vorlesen:

22 *Und siehe, eine kanaanäische Frau kam aus diesem Gebiet und schrie: Ach Herr, du Sohn Davids, erbarme dich meiner! Meine Tochter wird von einem bösen Geist übel geplagt.*

23 *Und er antwortete ihr kein Wort. Da traten seine Jünger zu ihm, baten ihn und sprachen: Lass sie doch gehen1, denn sie schreit uns nach.*

24 *Er antwortete aber und sprach: Ich bin nur gesandt zu den verlorenen Schafen des Hauses Israel.*

25 *Sie aber kam und fiel vor ihm nieder und sprach: Herr, hilf mir!*

26 *Aber er antwortete und sprach: Es ist nicht recht, dass man den Kindern ihr Brot nehme und werfe es vor die Hunde.*

27 *Sie sprach: Ja, Herr; aber doch fressen die Hunde von den Brosamen, die vom Tisch ihrer Herren fallen.*

28 *Da antwortete Jesus und sprach zu ihr: Frau, dein Glaube ist groß. Dir geschehe, wie du willst! Und ihre Tochter wurde gesund zu derselben Stunde.*

Selbst Jesus beurteilt in dieser Geschichte die kanaanäische Frau – heute würden wir sagen, die Palästinenserin – nach ihrer Herkunft und Abstammung. Selbst Jesus muss hier eines besseren belehrt werden. Aber er zeigt uns auch – wir können unser Verhalten korrigieren, wir können – wenn wir uns die Mühe geben, den Menschen WIRKLICH zu sehen – unsere Vorurteile überwinden und uns korrigieren. Wir können zur Barmherzigkeit finden.

Der Predigttext fordert uns dazu nachdrücklich auf: *»Redet so und handelt so wie Leute, die dereinst durchs Gesetz der Freiheit gerichtet werden«*. Das Gesetz der Freiheit: das ist das Gesetz, das wir in der Lesung gehört haben:

»Höre, Israel, der Herr, unser Gott, ist allein der Herr, und du sollst Gott, deinen Herrn, lieben von ganzem Herzen, von ganzer Seele, von ganzem Gemüte und von allen deinen Kräften". Das andere ist dies: „Du sollst deinen Nächsten lieben wie dich selbst« (Mk. 12, $_{29b-31}$).

Dieses Gesetz schenkt uns Freiheit. Wer Gott ganz vertraut, muss sich nicht um das Morgen sorgen sondern kann ganz im hier uns jetzt leben. Wer Gott von ganzem Gemüte liebt, der muss andere Menschen nicht beurteilen, der kann das ganz getrost Gott überlassen – und wird so frei, seinen Mitmenschen zu lieben wie sich selbst. Die Freiheit von der der Predigttext spricht ist nicht die Freiheit der Ellenbogen, nicht die Freiheit des Stärkeren. Es ist die Freiheit der Barmherzigkeit, der Zuwendung, der Gnade. Diese Freiheit wünsche ich uns allen.

Joh. 15, 1-8

Welcher Konfession gehören Sie an? Und warum? Aus bewusster Entscheidung und fester Überzeugung oder weil Ihre Eltern dieser Glaubensgemeinschaft auch schon angehörten? Ein Witz erzählt die Geschichte eines Juden, der als Schiffbrüchiger auf einer einsamen Insel strandete. Es gab dort genug zu essen und zu trinken und auch Bäume wuchsen dort, so dass er sich ein Obdach schaffen konnte. So baute er sich mit der Zeit zwei Synagogen. Als er Jahre später entdeckt wurde, wunderten sich seine Retter, warum er zwei Synagogen gebaut habe. Er antwortete: In die eine gehe ich, um zu beten. Und in die andere, in die gehe ich garantiert NICHT! *Welche Glaubensrichtung, der Sie nicht angehören, würden Sie auf einer einsamen Insel vermissen?*

Liebe Gemeinde,

Der Predigttext für den heutigen Sonntag steht im 15. Kapitel des Evangeliums nach Johannes:

1 *Ich bin der wahre Weinstock und mein Vater der Weingärtner.*

2 *Eine jede Rebe an mir, die keine Frucht bringt, wird er wegnehmen; und eine jede, die Frucht bringt, wird er reinigen, dass sie mehr Frucht bringe.*

3 *Ihr seid schon rein um des Wortes willen, das ich zu euch geredet habe.*

4 *Bleibt in mir und ich in euch. Wie die Rebe keine Frucht bringen kann aus sich selbst, wenn sie nicht am Weinstock bleibt, so auch ihr nicht, wenn ihr nicht in mir bleibt.*

5 *Ich bin der Weinstock, ihr seid die Reben. Wer in mir bleibt und ich in ihm, der bringt viel Frucht; denn ohne mich könnt ihr nichts tun.*

6 *Wer nicht in mir bleibt, der wird weggeworfen wie eine Rebe und verdorrt, und man sammelt sie und wirft sie ins Feuer und sie müssen brennen.*

7 *Wenn ihr in mir bleibt und meine Worte in euch bleiben, werdet ihr bitten, was ihr wollt, und es wird euch widerfahren.*

8 *Darin wird mein Vater verherrlicht, dass ihr viel Frucht bringt und werdet meine Jünger.*

Haben sie schon mal von den Katharern gehört? Diese, auch Albigenser genannte Glaubensrichtung hatte vor etwa 900 Jahren eine große Blüte.

Sie nannten sich „wahre Christen“ und verachteten die bestehenden Kirche ob ihrer Laschheit gegenüber den Geboten. Bei den Katharern herrschte Zucht und Ordnung: Ein streng dualistisches Weltbild unterschied zwischen dem bösen Diesseits und der guten jenseitigen Welt. Unser Körper – vor allem die Sexualität – waren Werkzeuge des Bösen; nur unsere Seele könne rein sein, argumentierten sie. Strengste lebenslange Askese – oder wenn man erst spät bekehrt worden war, das freiwillige Erleiden des Hungertodes, waren nach ihrer Lehre erforderlich, um in das Reich Gottes eintreten zu können. Was diese Menschen um ihres Glaubens willen alles auf sich genommen haben: Die muss man doch für ihrer starken Glauben bewundern. Und doch: Ihr Glaube hat ihre Gemeinschaft nicht vor dem Untergang bewahrt.

Unser Predigttext sagt uns, was da schief gelaufen ist. Bei aller Frömmigkeit, trotz allen Fastens, ungeachtet aller guten Taten ging die Gemeinschaft der Albigenser unter, da sie sich in ihrer Lehre vom Wort unseres Herren Jesus Christus getrennt hatte. Ihr Glaube konnte keine Frucht bringen, da er sich vom Wort Gottes wie eine Rebe vom Weinstock gelöst hatte. *»Wer nicht in mir bleibt, der wird weggeworfen wie eine Rebe und verdorrt, man sammelt sie ein und wirft sie ins Feuer, und müssen brennen«*. Die römische Kirche hat diese Worte im 13. Jahrhundert blutig wörtlich genommen: Als ihre letzte Festung Montségur am 12. März 1244 von den Truppen des französischen Königs eingenommen werden konnte, wurden über 200 Katharer in den Palisaden der Burg bei lebendigem Leibe verbrannt. Und wir müssen ja nur 65 Jahre in der Geschichte zurückgehen, um die wörtliche Bedeutung dieses Bibelwortes zu belegen: Das deutsche Volk hatte sich von Gott abgewandt und der nationalsozialistischen Irrlehre angeschlossen, Krieg über die Nachbarn gebracht anstatt Frieden mit ihnen zu halten. Menschen, die aufgrund ihres Glaubens, ihrer Herkunft, ihrer Behinderung, ihrer sexuellen Identität oder ihrer Überzeugungen wegen für Fremdlinge gehalten wurden, wurden systematisch ermordet, anstatt sie in Ehren aufzunehmen und sie festlich zu bewirten, wie zu tun, uns in der Bibel immer wieder aufgetragen wird. Einige von Ihnen werden sich noch an die Bombennächte erinnern, als Feuer und Schwefel vom Himmel regneten und Gottes Zorn unsere Städte ausradierte wie einst Sodom und Gomorra.

Wer sich so radikal von Gott trennt, der muss brennen. Und was anderes geschah den Investmentbankern, die sich ganz dem Gotte Mammon verschrieben haben: Sie brannten vor Gier, brannten aus, verbrannten zuletzt das Geld, mit dem sie bis dahin in immer wahnsinnigeren Konstruktionen spekuliert und ihren Kunden „Wertschöpfung“ vorgegaukelt haben. Werte, die halten, die finden wir nur bei Gott. *»Wer da glaubt, dass Jesus sei der Christus, der ist von Gott geboren; und wer da liebt den, der ihn geboren hat, der liebt auch den, der von ihm geboren ist. Daran erkennen wir, dass wir Gottes Kinder lieben, wenn wir Gott lieben und seine Gebote halten. Denn das ist die Liebe zu Gott, dass wir seine Gebote halten; und seine Gebote sind nicht schwer, denn alles was von Gott geboren ist, überwindet die Welt; und unser Glaube ist der Sieg, der die Welt überwunden hat«.* (1. Joh. 5, 1ff) Dieser Text, den wir schon in der Lesung gehört haben, bringt es auf den Punkt: Wir erhalten unseren Wert von Gott, an ihn zu glauben ist nach Martin Luther das eine fundamental gute Werk, ohne das alle anderen Werke selbstbezogen, das heißt im Wortsinne „eitel“ und damit vergeblich sind. Andererseits gebiert der Glaube aus sich heraus weitere gute Werke – das Halten der Gebote. Und Gottes Gebote halten ist nicht schwer, wenn wir uns auf Gottes Liebe einlassen.

Was heißt aber Glaube? Umgangssprachlich benutzen wir „glauben“ als Synonym für „vermuten“. Und viele Spötter verachten uns Christen, weil ihr Verstand so klein ist, dass sie meinen, unser Glaube an den dreieinigen Gott bestünde in der Vermutung, dass es ihn gäbe. Nein, es ist keine Vermutung. Es ist das unabänderliche Für-Wahr-Halten Gottes als dem Schöpfer von Himmel und Erde. Es ist das Spüren seiner Kraft in jeder der Aber-Milliarden von Zellen, aus denen unser Körper besteht, ja, das Spüren der ganzen Kraft Gottes, in jedem der Aber-Milliarden Atome aus denen wiederum jede unserer Körperzellen besteht. Gott ist in uns und wir sind ganz in ihm. Wenn wir uns Gott klein genug vorstellen, dass seine ganze Kraft und Herrlichkeit in jedes Atom passt und es genau diese Kraft und Herrlichkeit ist, die jedes einzelne Atom im Innersten zusammenhält, dann können wir seine unendliche Größe erahnen. Gott ist heilig. Er ist der wahre, alleinige und allgegenwärtige Herrscher der Welt. Er ist wahrhaftig Gott. (שְׁמַע יִשְׂרָאֵל יְהוָה אֱלֹהֵינוּ יְהוָה אֶחָד– Höre Israel, ich bin der Herr dein Gott, Gott allein) Amen.

So einfach ist das. Und doch so schwer, dass sich selbst Jesus gegenüber seinen Jüngern den Mund fusselig reden muss, um ihnen diese Botschaft näher zu bringen. *»Bleibt in mir und ich in euch«* - er bettelt sie fast schon an, den Glauben nicht zu verlieren. Und wie leicht könnten sie doch diesen Glauben verlieren. Die Rede vom Weinstock gehört im Johannes-Evangelium zu den Abschiedsreden Jesu, mit denen er seine Jünger auf das Ende seiner irdischen Existenz vorbereiten will. Er wird mit seinem Geist in den Jüngern bleiben, auch über seinen Tod, seine Auferstehung und Himmelfahrt hinaus. Jedes Jahr aufs Neue leitet der Weinstock den Reben die Wachstumskräfte zu. So wollen uns auch die Texte des Lesejahres durch das Kirchenjahr begleiten und uns immer wieder Quelle von Glaube, Hoffnung und Liebe sein, damit wir wachsen und viel Frucht bringen können.

Das Bild des Weinstocks sagt aber noch mehr aus: Aus einem Weinstock treiben viele Reben. Durch Ihre Verbindung zum Weinstock, aus dem sie ihre Nahrung beziehen, bleiben ihre Früchte doch eins, wie unterschiedlich die Reben auch treiben. So hat auch unser Glaube an den dreieinigen Gott viele Reben hervorgebracht: Eine römisch-katholische, die unterschiedlichen Orthodoxien und die ganze Bandbreite der lutherisch-reformierten Kirchen, dazu eine Vielzahl von Trieben, die wir als aufgepfropft, fremd empfinden wie die Zeugen Jehovas, die Mormonen und so weiter. Bringt jede dieser Reben reiche Frucht? Solange sie mit dem einen Rebstock – dem Wort unseres lebendigen Herrn verbunden sind, ist die Einheit der Frucht gewahrt. Eine einzelne Beere ist fast nichts – sie braucht die Traube, diese die Rebe, jene den Weinstock. So können auch wir nicht Glauben alleine leben. Wir brauchen die Gemeinschaft unserer Gemeinde und deren Verbundenheit zu Gott als Quelle des Lebens. Glaube braucht Gemeinschaft. Aber Gemeinschaften dürfen verschieden sein – keine Traube an einer Rebe gleicht der anderen, keine Rebe bringt dieselben Trauben hervor wie die nächste. Und nicht wir entscheiden darüber, welche Rebe abgeschnitten wird: Dies ist die alleinige Entscheidung des Weingärtners! Genauso wenig steht es uns zu, unserem Weingärtner vorzuwerfen, wenn er neben unserer Rebsorte „Christentum" noch weitere Rebsorten anpflanzt. Was weiß die Beere am Weinstock vom Wein? Nicht wir entscheiden, welche Rebsorten angebaut, welche Reben abgeschnitten und welche Beeren geerntet werden. Wir sind gewiss, dass sich Gott im Christentum offenbart, wir dürfen und sollen vom Geschenk unseres Glaubens erzählen, wir dürfen und sollen Gott loben für seine Gnade – aber kann es nicht auch sein, dass Gott in seiner Gnade sich in anderen Kulturen und Regionen anders offenbart als uns im Christentum? Liebe ist die Frucht des Glaubens, die uns eint. Jeder Religion, die das dreifache Liebesgebot verkündet, sollten wir mit Respekt und Achtung begegnen. Gott sah auf die Vielfalt seiner Schöpfung und sah, dass es gut war – dies sollten wir in Demut annehmen, im Bewusstsein, nur ein kleiner Teil eines von uns nicht vollständig erfassbaren Universums zu sein – und doch voller Dankbarkeit, Ehrgeiz und Stolz, ein schöner, wertvoller Teil dieses Universums sein zu können. Glaube ohne Liebe gebiert Fanatismus und Hass, die Liebe aber ist duldsam.

Aber anders als die Trauben an der Rebe, tragen wir Mitverantwortung für unseren Zweig des christlichen Glaubens. Gerade in der evangelischen Landeskirche mit ihren vielfältigen Möglichkeiten der Teilhabe und Einflussnahme können wir dazu beitragen, dass sich unsere Rebe nicht wieder vom Weinstock des Christentums entfernt. Und wir wissen, dass diese Gefahr real ist. Wie viele in der Kirche haben der Versuchung des unchristlichen Weltbildes des Nationalsozialismus widerstanden? Wenige, zu wenige. Nicht einmal die 10 Gerechten konnte Gott in jeder Stadt finden, um derentwillen er schon bereit war, Sodom und Gomorrha zu verschonen. Wie viele in unserer Kirche sind bereit, sich dem Imperialismus des Marktdenkens über immer weitere Lebensbereiche zu widersetzen? Wenige, zu wenige. Vertraut nicht ein großer Teil unserer Kirchenführer dem Rat von Unternehmensberatern wie McKinsey und Co.

mehr als Gottes froher Botschaft? Und bevor wir mit einem Finger auf die unsäglichen Vorgänge zeigen, die sich bei der römischen Kirche um die Wiederaufnahme der Piusbruderschaft offenbarten, sollten wir auf die drei Finger achten, die dabei auf uns selbst zeigen: Wo machen wir um der Einheit der Kirche willen faule Kompromisse mit dem, was wir für Gottes Wille und Gebot halten? Wo dulden wir menschenfeindliches Verhalten in unserer Kirche und Gesellschaft? Wo ist unser Glaube so schwach, dass wir uns auf scheinbar sichere, orthodoxe Positionen zurückziehen?

Wenn wir in Gott bleiben und Gott in uns, dann können wir bitten, was wir wollen und es wird uns widerfahren. Haben Sie das schon mal ausprobiert? Ich kann Ihnen aus meiner Erfahrung berichten, dass das stimmt. Immer wenn ich aufhörte, auf meine eigene Kraft zu vertrauen und wirklich mit Gottes Handeln rechnete, dann widerfuhr mir auch, worum ich gebeten hatte.

1321 wurde der letzte Katharer-Bischof gefangen genommen. Fast 180 Jahre lang hatte deren Botschaft in weiten Teilen Südwest-Europas viele Anhänger, die überzeugt waren, den wahren Weg zum Reich Gottes erkannt zu haben und zu gehen. Aber ihrer Botschaft fehlte die Liebe. Die Liebe zu Gott, dem sie nicht zutrauten, auch unseren Leib gut gemacht zu haben. Die Liebe zu ihren Nächsten, ja zum Allernächsten, da sie nicht sahen, dass sie im Liebesakt Gott im Antlitz des Nächsten erkennen können. Und auch die Liebe zu sich selbst, wenn sie das irdische Dasein nur als vorweggenommene Höllenqual akzeptieren konnten. Und bis heute können wir an derselben Frage erkennen, ob eine Glaubensgemeinschaft noch am Weinstock des Herrn hängt oder eine abgeschnittene, vertrocknende Rebe ist, die keine Frucht mehr bringt: Wer die Liebe leugnet, ist von Gott getrennt. Das biblische Wort für diesen Zustand ist „Sünde“. Amen.

Apg. 6, 1 – 7

Wann haben Sie sich zuletzt mit jemandem um Glaubensinhalte gestritten? Verhaltensratgeber mahnen, Gespräche über Religion zu vermeiden – halten Sie sich daran? Oder sind Sie der Überzeugung, dass Sie einen Menschen nur dann kennen, wenn Sie auch seine Überzeugungen und Werte kennen? Stellen wir noch die Gretchenfrage – „Heinrich, wie hältst du's mit der Religion"? In unserer Kirche streiten wir nach meiner Wahrnehmung vor allem ums Geld. Da frage ich mich dann schon, welchen Gott wir verehren – den Gott Israels oder den Gott Mammon. Aber auch zum Streit um Geld gilt es Stellung zu beziehen.

Liebe Gemeinde,

haben Sie in den letzten Wochen auch Post von Ihrer Bank erhalten? Durch die Einführung der Abgeltungssteuer auf Kapitalerträge müssen viele von uns nun ihre Zinseinkünfte nicht mehr bei der Steuer angeben – die Einkommenssteuer darauf wird ja von der Bank direkt an das Finanzamt abgeführt. Nun wird aber die Kirchensteuer als Aufschlag auf die Einkommenssteuer erhoben – bei uns in Hessen beträgt dieser Aufschlag wie in den meisten Bundesländern 9%. Damit auch die Kirchensteuer auf Kapitalerträge korrekt erhoben werden kann, muss Ihre Bank also nun wissen, ob Sie einer Religionsgemeinschaft angehören, die zum Kirchensteuereinzug berechtigt ist. Das haben die Banken bei ihren Kunden abgefragt. Im Ergebnis sind die Kirchenaustritte in die Höhe geschossen – denn viele wurden durch dieses Schreiben darauf aufmerksam gemacht, dass sie überhaupt kirchensteuerpflichtig sind. Ironie des Schicksals: Es sind hauptsächlich solche Menschen ausgetreten, bei denen der zu zahlende Kirchensteuerbetrag oft nur wenige Cent betrug. Finanziell hat dieser Aderlass den Kirchen kaum geschadet – aber die Diskussion um die Kirchensteuer ist wieder voll entbrannt.

Ich persönlich bin ein großer Anhänger der Kirchensteuer. Meiner Meinung hat diese Form der Finanzierung der Kirche große Vorteile:

- Da die Kirchensteuer durch das staatliche Finanzamt eingezogen wird, muss die Kirche ihre Mitglieder nicht selbst nach ihrem Einkommen fragen. Stellen Sie sich einmal vor, sie bekämen jedes

Jahr Post von der Kirchenverwaltung mit der Bitte, Ihre Einkünfte offenzulegen. Ich fände das sehr unangebracht.

- Nicht-Mitglieder subventionieren dieses Verfahren entgegen anderslautender Gerüchte nicht. 3% des Steueraufkommens bleiben beim Staat als Bezahlung für die Serviceleistung.
- Die Kirchen erhalten die Steuerzahlungen als Pauschalsumme. Auch durch die Weiterleitung der Kirchensteuer erfährt die Kirche also weder das Einkommen ihrer Mitglieder noch die individuelle Kirchensteuerlast.
- Niemand muss Kirchensteuer bezahlen – wenn ich das nicht möchte, kann ich mit einem relativ unaufwändigen Akt meinen Austritt erklären. Allerdings sind daran kirchenrechtliche Folgen geknüpft: Sie können dann nicht mehr Patin oder Pate werden. Bei unseren römisch-katholischen Glaubensbrüdern wird Ausgetretenen oftmals die kirchliche Beerdigung verweigert. Das ist bei uns in der evangelischen Kirche nicht üblich – denn wir sind überzeugt, dass die Beerdigung eine Zeremonie für die trauernden Hinterbliebenen ist und nicht ein Akt für die Toten. Daher: Wenn ein hinterbliebenes Kirchenmitglied den Pfarrer oder die Pfarrerin um eine kirchliche Bestattung bittet, wird er oder sie diese Bitte kaum ausschlagen.
- Die Kirchensteuer macht die Kirche unabhängig von einzelnen Großspendern. In der Badischen Landeskirche, in der ich aufgewachsen bin, gibt es noch eine Handvoll Patronatspfarrämter. Das bedeutet, das ortsansässige Adelsgeschlecht bezahlt die Pfarrerin bzw. den Pfarrer – und bestimmt dann auch, wer die Stelle erhält. Würden Sie das flächendeckend wollen? Ich nicht!
- Die Kirchensteuer befreit uns davon, ständig ums Geld kämpfen zu müssen. In den USA, wo die Kirchen traditionell über Spenden finanziert werden, absorbiert das Spendensammeln oftmals den größten Teil der Aktivitäten der Gemeinden. Das führt zwar zu einer starken Orientierung an den Mitgliederinteressen – aber fän-

den Sie es gut, wenn wir hier jede Woche Aktionen hätten, bei den klar ist, dass es in erster Linie ums Geld geht?

- Die Kirchsteuer ermöglicht uns, Spenden für andere zu sammeln. Nur weil mit der Kirchensteuer schon so viel abgedeckt ist, können wir es uns leisten, große Hilfswerke wie „Brot für die Welt" aus den gesammelten Spenden zu finanzieren. Auch heute werden wir Sie am Ausgang wieder um eine Spende für eine Organisation bitten, die organisatorisch nicht mit der Kirche verbunden ist. Dies könnten wir nicht, wenn die Kirche ausschließlich spendenfinanziert wäre.

Nun habe ich Ihnen Gründe genannt, warum ich es richtig finde, wie die Kirchensteuer erhoben wird. Wie sieht es aber nun mit der Verwendung aus? Immer wieder gibt es Kritik daran, dass die Kirche diese Mittel ja nur zu einem geringen Anteil in ihre diakonischen Aufgaben investiert. So werden die kirchlichen Kindertagesstätten genauso über allgemeine Steuermittel und Elternbeiträge finanziert wie entsprechende Einrichtungen der Stadt oder der AWO. Die kirchlichen Krankenhäuser finanzieren sich genauso über von der Krankenkasse bezahlte Fallpauschalen wie die städtischen Kliniken oder ein Krankenhaus in Trägerschaft des Roten Kreuzes. Kirchliche Seniorenheime unterliegen keinen anderen Finanzierungsregeln als solche von anderen gemeinnützigen Trägern. Aber obwohl diese kirchlichen Handlungsfelder überwiegend durch Drittmittel finanziert sind, bleibt doch ein nicht unerheblicher Eigenanteil, der durch Kirchensteuermittel aufgebracht wird. So wird z.B. jeder KiTa-Platz in kirchlicher Trägerschaft mit gut 1.000 Euro pro Jahr aus Kirchensteuermitteln gefördert.

Aus den Finanzberichten, die die EKHN regelmäßig im Internet veröffentlicht, wissen wir, wohin die Kirchensteuermittel fließen: Etwas über 10% werden für kirchliche Gebäude aufgewendet, etwa 75% sind Personalkosten. Dies entspricht etwa 13.500 Mitarbeiter/innen mit mindestens einer halben Stelle; davon sind etwas mehr als 1.500 Pfarrerinnen und Pfarrer. Und damit ich nicht in Verdacht gerate, alles gut zu finden: Dass auf zwei Pfarrerinnen und Pfarrer im Gemeindedienst eine bzw. einer kommt, die oder der im übergemeindlichen Dienst beschäftigt ist: Dieses Verhältnis finde ich nicht gut, schon gar nicht, wenn die Gemeinden einen deutlich höheren Beitrag zu Stellenkürzungen leisten müssen als die übergemeindlichen Dienste.

Weniger als 12% der kirchlichen Mitarbeiterinnen und Mitarbeiter sind also Pfarrerinnen und Pfarrer. Der größte Anteil der hauptberuflichen kirchlichen Mitarbeiter/innen hat andere Aufgabenschwerpunkte als die Verkündigung. Diese Entwicklung nahm schon in der Urgemeinde in Jerusalem ihren Anfang. Es zeigte sich schon damals: Die diakonischen Aufgaben der Gemeinde bedürfen der Spezialisierung – wenn jeder alles macht, droht die Gefahr, dass Menschen übersehen werden und am Ende auch die Verkündigung leidet.

Der Predigttext für den heutigen Sonntag erzählt von diesen Anfängen der Spezialisierung im kirchlichen Dienst. Er steht im sechsten Kapitel der Apostelgeschichte. Ich lese die Verse 1 bis 7:

1 *In diesen Tagen aber, als die Zahl der Jünger zunahm, erhob sich ein Murren unter den griechischen Juden in der Gemeinde gegen die hebräischen, weil ihre Witwen übersehen wurden bei der täglichen Versorgung.*

2 *Da riefen die Zwölf die Menge der Jünger zusammen und sprachen: Es ist nicht recht, dass wir für die Mahlzeiten sorgen und darüber das Wort Gottes vernachlässigen.*

3 *Darum, ihr lieben Brüder, seht euch um nach sieben Männern in eurer Mitte, die einen guten Ruf haben und voll Heiligen Geistes und Weisheit sind, die wir bestellen wollen zu diesem Dienst.*

4 *Wir aber wollen ganz beim Gebet und beim Dienst des Wortes bleiben.*

5 *Und die Rede gefiel der ganzen Menge gut; und sie wählten Stephanus, einen Mann voll Glaubens und Heiligen Geistes, und Philippus und Prochorus und Nikanor und Timon und Parmenas und Nikolaus, den Judengenossen aus Antiochia.*

6 *Diese Männer stellten sie vor die Apostel; die beteten und legten die Hände auf sie.*

7 *Und das Wort Gottes breitete sich aus und die Zahl der Jünger wurde sehr groß in Jerusalem. Es wurden auch viele Priester dem Glauben gehorsam.*

Was war geschehen: Die Apostel hatten in der Fülle ihrer Aufgaben Menschen übersehen, die zur Gemeinde gehörten und deren Hilfe benötigten. Heute haben wir KIRA – das kirchliche Meldewesen. Aber auch dieses EDV-Programm schützt uns nicht davor, die Not Einzelner zu übersehen. Die Hilfe für Bedürftige bedarf zweierlei: Der Wahrnehmung der Notlage und der helfenden Hände, die sie ganz praktisch behebt. Die Apostel waren überfordert – aber sie jammern nicht rum, sondern unterbreiten einen Lösungsvorschlag. Sie delegieren Aufgaben. Besonders wichtig finde ich dabei, was die Apostel als Begründung angeben: Wir aber wollen ganz beim Gebet und beim Dienst des Wortes bleiben. Sie sagen nicht: Wir MÜSSEN bei dem Auftrag bleiben, den wir von Jesus erhalten haben. Sie WOLLEN einen bestimmten Dienst wahrnehmen – und andere Aufgaben abgeben. Der Dienst in der Kirche – er sollte stets im Einklang von Neigungen, Stärken und Talenten stehen. Ich habe heute den Dienst übernommen, diesen Gottesdienst zu gestalten. Das steht im Einklang mit meiner Neigung – ob es auch im Einklang mit meinen Stärken und Talenten steht, mögen Sie beurteilen. Ich weiß nur, dass ich andere Dienste sehr viel schlechter erfüllen würde. So bin ich z.B. bekennender Bastel-Legastheniker. Schon als Kind zeichnete sich die von mir gebastelte Weihnachtsdekoration durch besondere Scheußlichkeit aus. Würden Sie mir also die Aufgabe übertragen, Dinge für den Adventsbasar zu gestalten – der Erlös ginge gegen Null. Die Apostel haben den Mut, dazu zu stehen, was sie wollen und was nicht. Wir sollten solche Entscheidungen respektieren und niemanden schief anschauen, weil er oder sie sich an einer Aufgabe nicht beteiligt. Vermutlich weiß der- bzw. diejenige, dass er oder sie diese Aufgabe nicht gut machen würde und lässt aus gutem Grund die Finger davon.

Ein zweiter Aspekt, den ich bei dieser Erzählung wichtig finde, ist, dass die Sieben, die mit der Organisation der täglichen Versorgung betraut werden, von der Gemeinde GEWÄHLT werden. Nicht die Apostel bestimmen, sie lassen die Gemeinde wählen. Uns nicht überliefert, warum sieben Personen bestimmt werden sollten, und warum nur Männer für dieses Amt in Frage kommen sollten. Auch ist und nicht überliefert, ob es weitere Kandidatinnen und Kandidaten gab. Dabei halte ich gerade das für einen ganz wertvollen Dienst in unserer Kirche, aber auch in der ganzen Gesellschaft: Den Dienst der unterlegenen Kandidatin, des unterlegenen Kandidaten. Nur wenn mehr Personen kandidieren als Positionen zu vergeben sind, haben wir eine echte Wahl. Da im nächsten Jahr in unsere Landeskirche wieder die Kirchenvorstände gewählt werden, möchte ich Ihnen allen an dieser Stelle Mut zur Kandidatur machen: Auch falls Sie nicht gewählt werden sollten, leisten Sie einen wertvollen Dienst.

In der Begrüßung habe ich Ihnen gesagt, dass die Texte des heutigen Sonntags sich mit der praktischen Nächstenliebe beschäftigen. Die Lesung – die Geschichte des barmherzigen Samariters (Lk. 10, 25 – 37) – machte dies augenfällig. Beim Predigttext springt dieser Bezug nicht so schnell ins Auge. Ausgangspunkt ist die Vernachlässigung Einzelner, also gerade die mangelnde praktische Nächstenliebe. Die Lösung ist nicht, dass sich die Apostel an den Herd stellen, um auch für die Verpflegung der Witwen der griechischen Gemeindeglieder zu sorgen; im Gegenteil, sie sagen, dass es nicht recht wäre, würden sie das tun. Sie verweigern also erst einmal die praktische Nächstenliebe.

Und doch bin ich der Überzeugung, dass die Erzählung aus der Apostelgeschichte sehr viel mit praktischer Nächstenliebe zu tun hat. Denn er sagt uns, dass es verschiedene Dienste in der Gemeinde gibt, von denen nicht der eine wertvoller ist als der andere. Der Samariter pflegt den von ihm Geretteten nicht gesund. Vermutlich entspricht die Krankenpflege nicht seinen Neigungen, Stärken und Talenten. Auch er delegiert an diese Aufgabe. Damit die gewählten Armenpfleger ihre Aufgabe bewältigen können, werden sie die Spenden der Gemeinde brauchen – entweder als Naturalien, als Arbeitszeit oder als Geld. Auch der Samariter gibt nicht nur Zuwendung. Er investiert auch Geld, denn er bezahlt den Gastwirt für die Pflege. Die Sieben, von denen im Predigttext erzählt wird, werden für die Erfüllung ihrer Aufgaben auch Räume benötigen.

Platz zum Lagern und zum Zubereiten der Speisen und auch Versammlungsräume. Der Samariter hätte auch nicht helfen können, hätte er den nicht den Platz in der Herberge gefunden.

Praktische Nächstenliebe geht nicht ohne die Tat, aber die beste Absicht zur Tat scheitert, wenn sie nicht die Infrastruktur findet, in der sie sich verwirklichen kann. Ohne Räume, ohne spezialisierte und damit bezahlte Mitarbeiterinnen und Mitarbeiter, ohne Sachmittel ist praktische Nächstenliebe oftmals nicht sinnvoll möglich. Daher leistet auch jede und jeder, der oder die als Kirchenmitglied nur in den Steuerlisten auftaucht, einen Beitrag zur Infrastruktur der Hilfe, die es erst möglich macht, dass wir als Gemeinde tätige Nächstenliebe praktizieren. Darum achte ich diejenigen nicht gering, die ihren Beitrag so leisten. Vielleicht haben sie ihre Neigungen, Stärken und Talente noch nicht entdeckt, die sie in den direkten Dienst am Nächsten stellen können – oder sie haben ihre Fähigkeiten auf anderem Gebiet und finden es ganz sinnvoll, Andere machen zu lassen und sich auf die Finanzierung zu beschränken. So oder so – auch die Zahlung von Kirchensteuer ist ein Akt der Nächstenliebe – und ich danke jeder und jedem von Ihnen, die sich mit Ihrem Beitrag daran beteiligt. Und wer keine Einkommenssteuer bezahlt und damit auch nicht zur Kirchensteuer herangezogen wird, dem oder der empfehle ich die Kollekte umso mehr als Möglichkeit, Infrastruktur der Hilfe zu finanzieren.

Lk. 14, 25 – 33

Es gibt Stellen in der Bibel, die jagen einem erst einmal einen Schrecken ein. Gerade im Alten Testament wird berichtet, wie das Volk Israel bei der Landnahme ein ums andere Mal Taten begeht, die aus heutiger Sicht schlimmste Kriegsverbrechen darstellen. Und das wird dann noch als göttlicher Auftrag dargestellt! Was würde Jesus dazu sagen, fragen wir uns manchmal, wenn wir diese Erzählungen lesen. Aber auch von Jesus selbst sind uns Erzählungen überliefert, in denen er so überaus schroff und abweisend reagiert, dass wir erschrecken. Aber manchmal kann ein Schrecken ja hilfreich sein.

Liebe Gemeinde,

haben Sie im Gesangbuch schon einmal weit nach hinten geblättert? Schlagen Sie doch mal Seite 954 auf. Oben sehen Sie die Überschrift „5. Sonntag nach Trinitatis“. Ja, Sie haben richtig bemerkt, das ist der heutige Sonntag. Rechts daneben steht in kursiver Schrift „grün“. Das ist die liturgische Farbe des heutigen Sonntags und der ganzen Trinitatiszeit. Deshalb sind die Paramente, das sind die Teppiche am Altar und am Lesepult in grün gehalten – und auch die Farbe meiner Krawatte ist mit Bedacht gewählt. Darunter steht der Wochenspruch, den Sie in der Begrüßung gehört haben. Der Eintrag zum heutigen Sonntag endet mit dem Psalm, den wir Eingangs gemeinsam gebetet haben; davor stehen zwei Lieder – das Zweite haben wir als Wochenlied vor der Predigt gesungen. Sie sehen, viele Elemente jeden Gottesdienstes im Kirchenjahr sind im Gesangbuch vorgegeben. Das gilt besonders auch für den Predigttext. Sie werden bemerkt haben, dass ich die zweimal drei Bibeltexte, die im Zentrum des Eintrages zum heutigen Sonntag stehen, noch nicht erwähnt hatte. Dies sind die Predigttexte zum heutigen Sonntag. In der evangelischen Kirche haben wir sechs Lesejahre; jedes wird mit einer römischen Ziffer bezeichnet. Mit der römischen Ziffer I wird das erste Lesejahr bezeichnet. Alle sechs Jahre wieder, wird über dieses Evangelium am jeweiligen Sonntag gepredigt; in den anderen Jahren ist dieser Text normalerweise die Lesung. Hinter dem Text, der mit Römisch II bezeichnet ist, sehen Sie die Abkürzung „(Ep.)“. Das steht für Epistel, also einen Text, der aus den neutestamentlichen Briefen oder der Apostelgeschichte stammt. Die Ziffern III bis VI geben die weiteren Predigttexte für diesen Sonntag wieder. Es soll Ihnen ja nicht langweilig werden, daher wiederholen sich die Texte nur jedes siebte Jahr. Aktuell sind wir im fünften Lesejahr, der Predigttext steht also im 14. Kapitel des Lukasevangeliums.

Warum ich Ihnen das alles erzähle? Nun – es ist ein wenig als Entschuldigung gedacht. Ich habe mir den heutigen Predigttext nicht selbst ausgesucht. Die Vorgaben im Gesangbuch sind keine strengen Vorschriften – das würde zu uns Protestanten ja nicht gut passen. Aber sie sind ernsthafte Vorschläge; das heißt, wenn man davon abweicht, sollte man sehr gute Gründe haben. Also, zum Beispiel, wenn eine der Abschiedsreden Jesu als Predigttext für den Konfirmationssonntag vorgesehen ist. Oder wenn ein Lobpreis Jesajas, so ein „Jauchzet dem Herren und freut euch an ihm, danket ihm und lobpreist seinen Namen“ als Predigttext an einem Sonntag dran wäre, an dem die Gemeinde den Opfern eines schlimmen Unfalls oder einer Naturkatastrophe gedenken muss. Wenn ein Predigttext so unpassend ist, dann soll man nicht nur, dann muss man von den Vorgaben abweichen. Aber wenn es keinen solchen starken Grund gibt, dann soll man sich auch den Zumutungen eines unbequemen Textes aussetzen.

Und so ein Text ist die Stelle im 14.ten Kapitel des Lukas-Evangeliums. Im Lukasevangelium? Da denkt man doch zuerst an die schöne Weihnachtsgeschichte. Fast genau zwischen zwei Weihnachtsfesten denken wir an die Lieder, die das „süße Jesulein“ besingen. Aber was Jesus im heutigen Predigttext sagt, das ist so weit weg von jeder Lieblichkeit, dass der Text wohl auch deshalb so weit weg wie möglich von Weihnachten als Predigttext drankommt. Aber nun hören Sie den Text in der Übersetzung von Martin Luther:

25 *Es ging aber eine große Menge mit ihm; und er wandte sich um und sprach zu ihnen:*

26 *Wenn jemand zu mir kommt und hasst nicht seinen Vater, Mutter, Frau, Kinder, Brüder, Schwestern und dazu sich selbst, der kann nicht mein Jünger sein.*

27 *Und wer nicht sein Kreuz trägt und mir nachfolgt, der kann nicht mein Jünger sein.*

28 *Denn wer ist unter euch, der einen Turm bauen will und setzt sich nicht zuvor hin und überschlägt die Kosten, ob er genug habe, um es auszuführen, -*
29 *damit nicht, wenn er den Grund gelegt hat und kann's nicht ausführen, alle, die es sehen, anfangen, über ihn zu spotten,*
30 *und sagen: Dieser Mensch hat angefangen zu bauen und kann's nicht ausführen?*
31 *Oder welcher König will sich auf einen Krieg einlassen gegen einen andern König und setzt sich nicht zuvor hin und hält Rat, ob er mit zehntausend dem begegnen kann, der über ihn kommt mit zwanzigtausend?*
32 *Wenn nicht, so schickt er eine Gesandtschaft, solange jener noch fern ist, und bittet um Frieden.*
33 *So auch jeder unter euch, der sich nicht lossagt von allem, was er hat, der kann nicht mein Jünger sein.*

Kann das denn wahr sein? Jesus hat doch gepredigt, dass die Liebe zu Gott, zu seinem Nächsten und sich selbst das höchste aller Gebote sei. Und dieser Jesus sagt hier: *»Wenn jemand zu mir kommt und hasst nicht seinen Vater, Mutter, Frau, Kinder, Brüder, Schwestern und dazu sich selbst, der kann nicht mein Jünger sein«*. Wie passt das denn zusammen?

Nach der ersten Verstörung habe ich erst einmal zur Stuttgarter Erklärungsbibel gegriffen. Dort stehen zu den einzelnen Texten kurze Erläuterungen führender Theologen. Zum heutigen Predigttext steht dort folgendes:

> „Jesus befindet sich wieder auf dem Weg nach Jerusalem, gefolgt von einer großen Menge Menschen. Durch ihr Weggeleit bekunden sie einen gewissen Nachfolgewillen, doch sie müssen wissen, worauf sie sich einlassen und was die Bedingungen wirklicher Nachfolge sind. „Zu Jesus kommen", „mit Jesus gehen" macht noch nicht den Jünger. (...) Die beiden Beispiele [vom Turmbau und dem König, der die Kriegsfähigkeit seiner Armee prüft,] begründen einerseits die Härte der Forderungen Jesu: Jesus muss wissen, wie er mit denen, die sich um ihn

sammeln, dran ist – ob er wirklich auf sie zählen kann. Andererseits sind sie ein Aufruf an alle Nachfolgewilligen, sich selbst zu prüfen. (...) [Es] wird noch eine weitere, letzte Bedingung der Nachfolge genannt, die Lukas besonders wichtig ist: Der radikale Verzicht auf persönlichen irdischen Besitz."

Sind Sie jetzt klüger? Also ich war es nicht, nachdem ich diese Erklärung gelesen hatte. Meine Frage, wie diese Aussagen Jesu mit dem Liebesgebot vereinbar sind, finde ich hier keine Antwort. Der Text liest sich doch wie ein Aufruf zum Fundamentalismus. Die Erklärung weist darauf hin, dass Jesus mit einer großen Menschenmenge unterwegs war. Unvermittelt kommen mir Bilder aus dem Film „Das Leben des Brian" in den Sinn. So eine Menschenmenge, die einem nachrennt, kann ganz schön lästig sein. War Jesus einfach genervt, wollte er die Gaffer loswerden, die ihm nicht aus Überzeugung sondern in der Erwartung spektakulärer Wunder nachfolgten, wollte er sie erschrecken, damit sie endlich abhauen?

Ein weiterer Hinweis kann der Hinweis auf die Theologie des Lukas sein. Die Evangelien wurde ja erst einige Zeit nach Jesus Tod und Auferstehung verfasst. Lukas war kein Augen- und Ohrenzeuge des Geschehens, er bezog sein Wissen aus mündlicher und schriftlicher Überlieferung. Wusste er schon von der Christenverfolgung und legt die zitierten Worte Jesus in den Mund, um der Frühgemeinde zu vermitteln, dass die erlittenen und bevorstehenden Qualen als Nachfolge des Martertods Jesu zu verstehen seien? Will er sich und andere damit stärken für diese Erfahrungen? Dann hätte uns diese Stelle heute hier nichts mehr zu sagen. Wir werden ja nicht verfolgt. Wie liest sich die Stelle aus Sicht eines Christen im Norden Nigerias, der bei jedem Kirchenbesuch fürchten muss, von Terroristen, die sich auf eine absurde Islam-Interpretation berufen, ermordet zu werden? Wie liest sie sich aus Sicht eines syrischen Christen, der im Bürgerkrieg hin- und hergerissen ist zwischen der Wut auf den Diktator Assad und der Furcht vor jeder Regierung, die nachfolgen könnte? Wie liest sie sich aus der Sicht eines Kopten in Ägypten, für den auf den arabischen Frühling ein tiefer Winter folgt? Müssen solche

Menschen diesen Text nicht als Aufforderung lesen, dem Christentum abzuschwören, um sich und die eigene Familie zu schützen? Denn wer wäre denn so stark, um des Glaubens willen, sich und seine Familie zu hassen? Ist es das denn wert? »*Kommt her zu mir, alle, die ihr mühselig und beladen seid; ich will euch erquicken. Nehmt auf euch mein Joch und lernt von mir; denn ich bin sanftmütig und von Herzen demütig; so werdet ihr Ruhe finden für eure Seelen. Denn mein Joch ist sanft, und meine Last ist leicht*« (Mt. 11, $_{28-30}$): Diese Zusage aus dem Matthäus-Evangelium klingt doch wie ein Witz, hört man auf unseren Predigttext, in dem Jesus härteste Forderungen an seine Jünger stellt.

Alles Nachdenken bringt mich nicht dazu, für diese Stelle eine Interpretation zu finden, die sie erträglich macht, sie im Zusammenhang mit dem Wirken und Lehren Jesu plausibel erscheinen lässt. Also habe ich einige Predigten zu der Stelle gelesen. Vielleicht haben ja andere Ideen, die mir einen Zugang eröffnen. Und dank des Internet sind ja viele Predigten zugänglich. Bei den meisten Predigten hatte ich nach dem Lesen das Gefühl, hier wird der Text kuschelweich und aprilfrisch gespült. Aber ist das ein richtiger Zugang? Reicht es, darauf hinzuweisen, dass mit „hassen" auch „gering schätzen" gemeint sein kann? Dass es also eher darum gehe, die Bindungen an Familie, Hab und Gut zurückzustellen, wenn es denn zum Konflikt kommt? Die Leseordnung, die uns diesen sperrigen Text aufgibt, wurde unter den noch frischen Eindrücken des zweiten Weltkrieges erarbeitet und dann 1958 EKD-weit eingeführt. Es mag ja sein, dass dieser Text deshalb als Predigttext ausgewählt wurde, um das Versagen des größten Teils der evangelischen Kirche vor der neu-heidnischen Herausforderung der Nazi-Ideologie zu thematisieren – aber das kann ja nicht der Grund sein, weshalb er in der Bibel steht!

Liebe Gemeinde, ich kann Ihnen heute keine Lösung für diesen Text anbieten. Am ehesten gibt mir noch der Wochenspruch einen Schlüssel für das Verständnis: »*Aus Gnade seid ihr selig geworden durch Glauben und das nicht aus euch: Gottes Gabe ist es*«. (Eph. 2, $_{8}$) An den Anforderungen an die Nachfolge, die im Predigttext formuliert werden, MÜSSEN wir scheitern. Ist es vielleicht das, was Jesus der Menge sagen will?

Dass niemand unter ihnen ist, der aus eigener Kraft, aus eigenem Bemühen den Anforderungen der Nachfolge gewachsen sein wird? Dass nur der Glaube an die Gnade Gottes uns zu Nachfolge berufen kann? Auf jeden Fall bleibt dieser Text eine der Stellen des neuen Testaments, die uns immer wieder klar machen, dass es ein Mysterium, ein Geheimnis des Glaubens gibt, das wir mit unserem Verstand nie vollständig erfassen werden können. Und so kann ich Sie nur einladen, sich diese Sperrigkeit zuzumuten, sich angreifen zu lassen von diesen Aussagen. Auch wenn der Text uns erst einmal fertig macht: Er ist ein Aufruf gegen die Idee, dass wir „fertige Christen" sein könnten. Wir bleiben Suchende.

Gebote und andere frohe Botschaften

Gesetz und Evangelium werden uns in der Kirche oft als entgegengesetzte Pole vorgestellt. Aber gibt es einen Widerspruch zwischen diesen Begriffen? Ergänzen sie sich nicht viel mehr? Ist es nicht auch eine frohe Botschaft, dass Gott uns Gebote an die Hand gibt als Richtschnur für unser Gewissen?

Joh. 11, $_{46-53}$

Ein Gesetz, das zum Evangelium wird, ist das Gebot „Du sollst nicht töten". Und doch wird auch dieses Gebot in der Bibel ständig gebrochen. Sind Sie sich sicher, dass Sie niemals einen anderen Menschen töten würden? Oder können Sie sich vorstellen, in eine Situation zu kommen, in der das nicht nur aus Versehen passieren könnte, sondern geradezu geboten scheint?

Liebe Gemeinde,

als ich den heutigen Predigttext las, fiel mir ein Ereignis ein, das sich vor etwa 70 Jahren in Ostpreußen zutrug. Die Ereignisse sind unvergleichbar und doch geschieht äußerlich gesehen Ähnliches. Dies hat mich zutiefst verstört. Lassen Sie mich Ihnen zunächst die Ereignisse aus dem letzten Jahrhundert kurz erzählen:

Es hatte Tote gegeben, viele Tote. Im Sommer 1939 hatte Hitler Polen überfallen und eilte, wollte man der Propaganda glauben, von Sieg zu Sieg. Viele weltkriegserfahrene Offiziere hatten den Kriegsplänen Hitlers von Anfang an skeptisch gegenüber gestanden – nicht aus pazifistischer Überzeugung; sie waren schließlich Militärs – sondern weil sie mangels ausreichender Rüstung die Siegchancen gering einschätzten. So kannte die Armeeführung den Preis der propagandistisch ausgeschlachteten Erfolge: Zigtausender Deutscher Soldaten waren bereits verwundet oder gefallen. Es fiel immer schwerer, Entsatz zu stellen. Und nun, im Sommer 1942 wurde eine neue Offensive im Osten geplant, mit dem Ziel, die Ölfelder am Kaspischen Meer unter deutsche Kontrolle zu bringen. Diese Offensive endete im Kessel von Stalingrad, wo die deutschen und die mit ihnen verbündeten Truppen am 3. Februar 1943 nach großen Verlusten kapitulieren mussten. Wenige Tage später kamen einige Offiziere des Generalstabs in Ostpreußen zusammen, die schon überlegt hatten, wie sie diesem Krieg, der nicht mehr zu gewinnen war, ein Ende bereiten können. Sie fassten einen folgenschweren Beschluss: Hitler muss sterben, damit viele andere überleben können. Sie würden versuchen, den sogenannten „Führer“ zu töten.

Hören Sie nun den Predigttext aus dem 11. Kapitel des Johannesevangeliums. Ich lese die Verse 46 – 53:

46 *Einige aber von ihnen gingen hin zu den Pharisäern und sagten ihnen, was Jesus getan hatte.*

47 *Da versammelten die Hohenpriester und die Pharisäer den Hohen Rat und sprachen: Was tun wir? Dieser Mensch tut viele Zeichen.*

48 *Lassen wir ihn so, dann werden sie alle an ihn glauben, und dann kommen die Römer und nehmen uns Land und Leute.*

49 *Einer aber von ihnen, Kaiphas, der in dem Jahr Hoherpriester war, sprach zu ihnen: Ihr wisst nichts;*

50 *ihr bedenkt auch nicht: Es ist besser für euch, ein Mensch sterbe für das Volk, als dass das ganze Volk verderbe.*

51 *Das sagte er aber nicht von sich aus, sondern weil er in dem Jahr Hoherpriester war, weissagte er. Denn Jesus sollte sterben für das Volk*

52 *und nicht für das Volk allein, sondern auch, um die verstreuten Kinder Gottes zusammenzubringen.*

53 *Von dem Tage an war es für sie beschlossen, dass sie ihn töteten.*

Auch im Predigttext wird von einer Gruppe Männer erzählt, die sich treffen, um über einen anderen ein Todesurteil zu fällen. Damit weißen beide Geschichten eine formale Ähnlichkeit auf, die mich zutiefst erschreckt hat. Beide Gruppen wissen, dass sie sich mit ihrem Beschluss über das Gebot »*Du sollst nicht töten*« (2. Mose 20, $_{13}$). hinwegsetzen, sehen sich aber in einem rechtfertigenden Notstand. Der Eine, den sie dem Tod überantworten wollen, droht ein ganzes Volk in den Abgrund zu stürzen. Aber während wir uns der Plan der Verschwörer des 20. Juli als begrüßenswerte Heldentat überliefert wird, stehen Kaiphas und der Hohen Rat vor den Augen der Geschichte als verabscheuungswürdige Verbrecher dar. Ein Sprichwort sagt: Wenn zwei das Gleiche tun, ist es noch lange nicht dasselbe. Es ist offensichtlich: Trotz aller formalen Übereinstimmung gibt es zwischen den beiden Geschichten Faktoren, die sie so unterschiedlich macht, dass sie sich nicht überschneiden, sich nicht einmal berühren. Wenn wir die Geschehnisse erzählt bekommen, werden sicher viele das eine Urteil nachvollziehbar und gut, das andere aber für abgrundtief böse halten.

Ich will hier gar nicht zuerst auf die Person des Verurteilten sehen; dies würde zu unangemessenen, missverständlichen, ja inakzeptablen Vergleichen führen. Ich will mich ganz auf die Urteilenden konzentrieren, darauf, was sie dazu führt, sich in einem rechtfertigenden Notstand zu sehen. Über den Hintergrund der Verschwörer des 20. Juli habe ich Ihnen bereits kurz berichtet und die Ereignisse sind zeitlich noch so nahe, dass einige von Ihnen Zeitzeugen waren. Hitler hatte Leid und Tod über die Völker Europas und der Welt gebracht und war in seinem Wahn bereit, das Leben vieler Millionen weiterer Menschen seinen irrsinnigen Ideen und seinem Machtstreben zu opfern.

Der Verurteilung Jesu durch den Hohen Rat geht auch ein Tod voraus. Sie erinnern sich an Maria und Marta, in deren Haus in Bethanien Jesus eingekehrt war und gelehrt hatte? Die beiden hatten einen Bruder, Lazarus. Als Jesus mit seinen Jüngern wieder nach Judäa kommt, sucht er erneut das Haus der beiden Schwestern auf und findet sie in tiefer Trauer um ihren vor vier Tagen gestorbenen Bruder. Vom Glauben der beiden angerührt, ruft Jesus Lazarus aus dem Grab, lässt ihn wieder ins Leben zurückkehren. Er zeigt seine Vollmacht über Leben und Tod. Aber die Macht über Leben und Tod zu entscheiden, die steht nach römischem Recht, dem Recht der Besatzer, allein dem Kaiser zu, auch wenn sie praktisch vom Statthalter des Kaisers in dessen Namen ausgeübt wird. Und nun kommt einer, der sich das Recht herausnimmt, aller Welt zu zeigen, dass der Kaiser nur Menschen vom Leben in den Tod befördern kann, er aber in der Lage ist, einen Menschen vom Tod ins Leben zurückzuholen. Mit solchem Tun ist die kaiserliche Macht zutiefst bedroht, das KANN der Kaiser nicht dulden! Er wird zurückschlagen und seine Rache wird fürchterlich sein. Kaiphas erkennt die ungeheuerliche Provokation, die in Jesu Handeln liegt und bringt den Hohen Rat dazu, die aus seiner Sicht einzig mögliche Entscheidung zu treffen: Dieser Mann, der die Macht über Leben und Tod für sich reklamiert, dieser Mann muss sterben.

Aber auch die Verschwörer des 20. Juli gegen Hitler sind keine ungebrochenen Helden, sie waren selbst in Kriegsverbrechen verstrickt, waren überwiegend gefühlskalt wenn nicht gar zustimmend eingestellt gegen die systematische Ermordung der Juden, Sinti und Roma, Zeugen Jehovas, Behinderter und Schwuler in Konzentrationslagern und Euthanasie-Programmen und geißelten nicht die Vernichtungspolitik gegen Kriegsgefangene und die Zivilbevölkerung in den besetzten Gebieten. Nicht diese Verbrechen gegen die Menschlichkeit trieben sie in den Widerstand, allein die Sorge um das eigene Volk, die eigenen Soldaten ließ es für sie gerechtfertigt erscheinen, gegen den auf den sogenannten „Führer" abgelegten Treueid zu verstoßen. Die Idee eines Führerstaats, die Diktatur, hießen sie überwiegend gut; wäre ihnen Erfolg beschieden gewesen, hätten sie ein erneut autoritäres Regime errichtet. Der Staat, den sie im Falle des Gelingens ihrer Pläne errichten wollten, wäre nicht der Staat, in dem ich leben wollte. Aber bei aller Kritik an den Motiven der Handelnden: Sie verfolgten kein eigennütziges Ziel, ihr Beschluss war nicht opportunistisch, sie folgten ihrem Gewissen. Bei aller Kritik: Ihr Aufstand war ein Akt des ANSTANDS.

Beide Gruppen handeln aus einem gefühlten Notstand heraus. Kaiphas und der Hohe Rat sehen sich in der Pflicht der Verantwortung, die ihnen aus ihren Ämtern zuwächst. Die Verschwörer des 20. Juli hingegen leiten ihren Notstand aus einer Gewissensnot ab. Aber dieser Unterschied in der Motivation erklärt für mich noch nicht den Unterschied unseres moralischen Urteils über die beiden so unterschiedlichen Gruppen.

Ein weiterer Faktor, der die Situation der Urteilenden unterscheidet, liegt in der möglichen Konsequenz ihres Handelns oder Unterlassens. Welches Risiko gehen Kaiphas und der Hohe Rat mit ihrem Urteil für sich selbst ein? Sie wissen, dass sie das von ihnen beschlossene Todesurteil nicht selbst vollstrecken werden müssen. Ein römisches, weltliches Gericht wird ihr Urteil bestätigen und die Hinrichtung durchführen lassen.

Sie machen sich die Finger nicht schmutzig. Ihr Handeln ist für sie selbst risikolos. Die Folgen eines Nicht-Handels wären für sie wesentlich riskanter: »*Dann kommen die Römer und nehmen uns Land und Leute*«, das ist es, was sie befürchten. Ihr Einfluss, ihre sozial hervorgehobene Stellung, ihre Privilegien und ihre Macht wären im Falle des Nicht-Handelns akut bedroht. „Wir sind das Volk“ – diesen Weckruf, mit dem die Bürger der DDR die Mauern um ihren Staat zum Einsturz brachten wie einst die Israeliten mit ihren Posaunen die Mauern von Jericho, diesen Ruf nehmen die Repräsentanten der feinen Gesellschaft nur zu gern für sich selbst in Anspruch. „L'État ce moi“ – der Staat bin ich, soll der absolutistisch regierende Ludwig XVI von Frankreich einst ausgerufen haben. Es ist diese Einstellung, die das Urteil des Hohen Rats prägt. Sie nehmen für sich in Anspruch, es besser zu wissen als das Volk, das Jesus glaubt. Ihre Sorge um das Volk entlarvt sich als Sorge um sich selbst und ihren Einfluss.

Die Risikoverteilung von Handeln und Unterlassen war bei den Verschwörern des 20. Juli ganz anders. Die meisten von ihnen waren im Generalstab, also weit weg von den kriegerischen Handlungen an der Front. Nichts zu tun, den Dingen ihren Lauf zu lassen, wäre für sie relativ risikolos gewesen. Nach der absehbaren militärischen Niederlage hätten sie sich wie die Mehrheit der Wehrmachtsoffiziere gegenüber den Siegern auf einen „Befehlsnotstand“ berufen können – und wären wohl glimpflich davon gekommen. Dagegen war ihr Tun extrem riskant. Sie wissen ja, welche Ergebnisse der Beschluss der Wehrmachtsoffiziere nach sich zog: Am 20. Juli 1944 kommt es auf der Wolfsschanze in Ostpreußen zu dem gescheiterten Attentat auf Hitler, bei dem 4 Menschen sterben, der Diktator selbst aber nur leicht verletzt wird. In der Folge werden über 200 Menschen hingerichtet oder in den Suizid getrieben. Die Verschwörer stellten die Sorge um das Volk über die Sorge um sich selbst. Andere für eigene Interessen zu opfern, empfinden wir als ungerecht, als falsch und verwerflich. Das eigene Interesse hintan zu stellen, die Bedürfnisse und Bedrängnisse anderer wichtiger zu nehmen als sich selbst, empfinden wir als edelmütig und vorbildhaft. Im Buch des Propheten Micha ist uns folgendes überliefert: »*Es ist dir gesagt, Mensch, was gut ist und was der Herr von dir fordert, nämlich Gottes Wort halten und Liebe üben und demütig sein vor deinem Gott«* (Micha 6, $_8$). Wenn ich das für mein Leben ernst nehmen will, muss ich mich fragen lassen, wie ICH denn geurteilt hätte; als Mitglied des Hohen Rats oder als Wehrmachtsoffizier. Wie hätte man in der jeweiligen Lage Gottes Wort „du sollst nicht töten" halten können? Was wäre eine Antwort der Liebe auf die existentielle Herausforderung gewesen, vor der sich die beiden Gruppen gestellt sahen? Welche Reaktion wäre demütig gewesen vor Gott?

Ich hoffe, ich hätte in der Situation der Wehrmachtsoffiziere den Mut zu der Handlungsalternative gefunden, die mir heute im Frieden, in Sicherheit einfällt: Wäre es für diese Offiziere nicht möglich gewesen, die Soldaten an der Front dazu aufzurufen, die Waffen niederzulegen, das Töten einzustellen? Schließlich saßen sie an den Schaltstellen der Kommunikation mit den Soldaten im Feld. Mehr als ihr Leben hätten sie auch nicht riskiert – und das haben sie auch mit den Anschlagsplänen aufs Spiel gesetzt. Wie wäre die Reaktion gewesen, hätten sie in einem Tagesbefehl die Bergpredigt zitiert: *»Liebe deine Feinde. Wenn dich einer auf eine Wange schlägt, dann halte ihm auch die andere hin«* (Mt. 5, $_{44a + 39}$)? Hätten sie so nicht mit einem Akt der Liebe den Krieg stoppen können? Sie hätten so ihr Leben in die Hand einfacher Soldaten gelegt, denn nur wenn diese einem solchen Aufruf gefolgt wären, hätten sie die sogenannte „Wehrkraftzersetzung" überlebt. Ein solcher Aufruf wäre demütig gewesen. Aber ihr Edelmut verführte sie zum Hochmut, sie verließen sich auf ihre eigene Kraft statt auf Gottes Wirken an den Menschen zu hoffen

Es fällt mir schwer, für Kaiphas und den Hohen Rat eine Lösung zu finden, die Gottes Wort hält, Liebe übt und demütig ist vor Gott. Der Mordbeschluss des Hohen Rats – so verwerflich er uns erscheint – war notwendig, um Gottes Heilsplan zu verwirklichen. So wie der Verrat des Jünger Judas, der Jesus den römischen Häschern ausliefert, zwar verwerflich, eigensüchtig und böse war, sich durch Gottes Eingreifen aber zum Heil auswirkte. Jesus verwehrte Judas im Wissen um dessen bevorstehenden Verrat nicht die Tischgemeinschaft beim Abendmahl. Vielleicht wird Gott im Jüngsten Gericht Kaiphas eher als tragische Figur sehen: Ein Mensch, der von der Sorge um Viele getrieben, ein falsches, weil unmenschliches Urteil fällt. Schon in der Passionsgeschichte haben Kaiphas und der Hohe Rat nicht die letzte Entscheidung über Jesu Schicksal. Mag sich Pontius Pilatus noch so sehr die Hände in Unschuld waschen, wir benennen ihn bis heute im Glaubensbekenntnis als den Schinder unseres Herren Jesus Christus. Und beide zusammen, die Verbindung geistlicher und weltlicher Macht, sind nicht in der Lage Gottes Heilsplan aufzuhalten, sie werden vielmehr zu Werkzeugen der Gnade Gottes, die in der Auferstehung Jesu am dritten Tage nach seiner Hinrichtung den Menschen offenbar wird. Jesus findet für sich eine Lösung, die der Aufforderung des Micha gerecht wird: Er beugt sich demütig dem Willen Gottes, er übt die Liebe auch gegen den, der ihn verrät und findet so eine Weg, Gottes Wort zu halten.

Was bedeutet dies aber für unser Leben? Wir werden hoffentlich nicht in eine so extreme Situation kommen, wo uns die Verantwortung aus einem Amt oder die Gewissensnot in eine Situation bringt, die die Tötung eines Menschen für gerechtfertigt erscheinen lässt. Aber auch wir kommen in Situationen, in denen wir über andere Menschen ein Urteil fällen. Denken wir dann daran, Gottes Wort zu halten, Liebe zu üben und demütig zu sein vor unserem Gott? Oder zählt für dann mehr, was die Leute sagen, lassen wir uns von Vorurteilen und unserem Stolz leiten? Wenn ich über mein Leben nachdenke, dann fallen mir schon Beispiele ein, in denen mein Urteil nicht davon geprägt war, was Gott uns gesagt hat, was gut sei. Daher will ich vorsichtig sein mit meinem Urteil über Pontius Pilatus, Kaiphas und Judas, aber auch über die Verschwörer des 20. Juli. Nicht mir steht das Urteil über sie zu, Gott allein ist der Richter. Ich glaube, ich folge der Aufforderung des Propheten am besten, wenn ich sie einschließe in die Bitte um Gottes Segen und ihnen und uns allen, einen gnädigen Gott wünsche.

Lk. 10, 38 – 42

Unser Hirn verbraucht ca. 30% der Energie des gesamten Körpers. Denken ist wahrlich ein Hochleistungssport. Eine Entscheidung setzt einen Denkprozess voraus. Würden wir jede Entscheidung bewusst treffen wollen – wir könnten die Energie, die unser Gehirn verschlänge, gar nicht aufnehmen! Daher hat uns die biologische und soziale Evolution mit einem Energiesparmodus ausgestattet: Regeln und Gesetze nehmen uns oft das Denken ab. „Ich atme jetzt ein und jetzt wieder aus" – das brauchen Sie nicht entscheiden, darüber denken Sie gar nicht erst nach. Aber auch im sozialen gibt es solche Automatismen, die uns das Leben in einer komplexen Gemeinschaft überhaupt erst ermöglichen. Die Frage ist nur, was machen wir mit der Energie, die durch solche Prozesse frei wird? Speichern wir sie in Form von Pölsterchen an unserm Bauch? Oder nutzen wir sie, um in geeigneten Momenten die Kraft für bewusste Entscheidungen zu haben – die dann auch den gewollten Regelbruch beinhalten können?

Liebe Gemeinde,

gut gemeint aber nicht gut gemacht – das kann uns passieren, wenn wir nach den gelernten Regeln und Normen gut und richtig handeln – und dabei übersehen, dass wir uns in einer Ausnahmesituation befinden. Im Fasching beziehen viele Witze ihren Humor aus einer solchen Situation, ein der Situation unangemessenes Verhalten kann leicht peinlich wirken und aus der Peinlichkeit ist Lachen der einzige Ausweg.

Aber auch im Alltag außerhalb der närrischen Jahreszeit lässt sich eine solche Situation leicht vorstellen. Wenn Sie einem Menschen begegnen, den Sie noch nicht kennen, dann verlangen die vernünftigen Regeln des Miteinanders, dass Sie sich erst einmal vorstellen, einige Worte wechseln. Keinesfalls würden Sie hingehen und einem wildfremden Menschen ihren Mund auf die Nase und ihre Hand fest gegen die Brust drücken! Aber wenn Sie diesem Menschen als ohnmächtigem Unfallopfer begegneten, dann kann genau dieses an sich unmögliche Verhalten richtig und angemessen sein – während eine förmliche Vorstellung unangemessen wäre und von Dritten zur Recht kritisiert würde.

Der heutige Predigttext handelt von zwei Frauen, die Jesus besucht – höchstwahrscheinlich mit einer größeren Gruppe von Jüngern, da er sich auf dem Weg nach Jerusalem befindet, von dem er weiß, dass es sein letzter Weg sein wird. Die eine – Marta – handelt nach den Maßstäben des normalen Lebens angemessen und vernünftig und bewirtet ihn mit allen Ehren. Die andere – ihre Schwester Maria – lässt jeden Anstand vermissen, ihr Benehmen ist nach den Maßstäben der gesellschaftlichen Gepflogenheiten unangemessen, ja skandalös. Sie setzt sich einfach Jesu zu Füßen und hört zu. Als gäbe es nicht genug zu tun, die ganze Gruppe zu beköstigen. Marta spricht Jesus auf den Regelbruch ihrer Schwester an, sie spricht aus, was SIE meint, das alle von ihrer Schwester denken müssen. So ein faules Stück, das sich keinen Deut um das Wohlergehen der Gäste schert und sich als Frau einfach zu den Männern setzt und zuhört. Wie, um sich selbst zu entschuldigen, spricht Marta Jesus auf die Respektlosigkeit ihrer Schwester an. Doch da ergreift Jesus Partei für Maria. Er deckt nicht nur die Unverfrorenheit von Maria, er erklärt sie sogar zum Vorbild. Hören Sie die Geschichte aus dem Lukas-Evangelium im 10.ten Kapitel:

38 *Als sie aber weiterzogen, kam er in ein Dorf. Da war eine Frau mit Namen Marta, die nahm ihn auf.*

39 *Und sie hatte eine Schwester, die hieß Maria; die setzte sich dem Herrn zu Füßen und hörte seiner Rede zu.*

40 *Marta aber machte sich viel zu schaffen, ihm zu dienen. Und sie trat hinzu und sprach: Herr, fragst du nicht danach, dass mich meine Schwester lässt allein dienen? Sage ihr doch, dass sie mir helfen soll!*

41 *Der Herr aber antwortete und sprach zu ihr: Marta, Marta, du hast viel Sorge und Mühe.*

42 *Eins aber ist Not. Maria hat das gute Teil erwählt; das soll nicht von ihr genommen werden.*

Es ist kein Lob der Faulheit, das Jesus hier anstimmt. Er erkennt das Handeln der Marta durchaus an, er spricht sie liebevoll an, er schätzt ihre Sorge und Mühe wert. Aber dann erklärt er, was wirklich Not tut. Er hat die Gelassenheit desjenigen, der weiß, dass man ihm nichts nehmen kann, weil er nichts hat. Er spricht mit der Unbefangenheit desjenigen, der sich auf seinem letzten Weg zum geliebten Vater weiß. Jesus hat in diesen Stunden die Ruhe weg. Maria hat das gute Teil erwählt und das soll nicht von ihr genommen werden.

Gelten jetzt keine Regeln mehr? Kann jetzt jeder Tun und Lassen, was er will? Soll jetzt jeder für sich sorgen, weil sich keiner mehr um den anderen sorgt? Sind die Traditionen jetzt nichts mehr wert, weil Jesus sie für unwichtig, für den schlechten Teil erklärt?

Ich glaube nicht, dass es das ist, was Jesus sagen will. Ich verstehe ihn vielmehr so, dass er seine Anwesenheit im Haus der Schwester und damit auch seine leibliche Präsenz in unserer Welt zum Ausnahmefall erklärt, in dem andere Regeln gelten. Im Matthäus-Evangelium erklärt Jesus die Ausnahme-Situation, die seine Anwesenheit auf Erden darstellt, den Jüngern des Johannes:

»*Eines Tages kamen die Jünger des Johannes zu Jesus und erkundigten sich: "Warum fasten deine Jünger eigentlich nicht wie wir und die Pharisäer?" "Sollen die Hochzeitsgäste denn traurig sein, solange der Bräutigam noch bei ihnen ist?" fragte Jesus. "Die Zeit kommt früh genug, dass ich nicht mehr bei meinen Jüngern bin. Dann werden sie fasten*«. (Mt. 9, $_{14f}$)

Die Hochzeit, die Feier, das Glück, die leibliche Präsenz Gottes in unserer Welt: das sind Ausnahmesituationen, die es auszukosten und zu genießen gilt. Der triste Alltag kommt früh genug. Dann ist es wieder Zeit, dass Fünfe krumm sind; dass Normalität, Ruhe und Ordnung in unser Leben einkehren. Ein Leben ohne Rausch mag fad sein – ein Leben NUR im Rausch ist nicht auszuhalten, bedeutet Sucht, Langeweile, Tod.

Vielleicht bleibt für die Hochzeitsgäste, von denen Jesus spricht, nur der Kater am nächsten Tag von der Feier. Doch für das Hochzeitspaar war es mehr als eine Party wie jede andere. Sie sind jetzt verheiratet; das hat Auswirkungen für das gesamte weitere Leben. In Jesus Christus hat Gott uns Menschen zu Partnern erhoben, die mit ihm gemeinsam das Wohl dieses Planeten schützen und bewahren sollen. Und diese Beziehung zwischen dem dreieinigen Gott und uns Menschen hält jetzt immerhin schon gut 2.000 Jahre – gar nicht schlecht, wenn man bedenkt, wie häufig menschliche Ehen schon nach kurzer Zeit wieder geschieden werden, wenn die Partner aus sozial ungleich gestellten Schichten kommen. Was sind wir Menschen mehr als durch Gottes Gnade für einige Zeit dem Staube entnommen, zu dem wir dereinst wieder werden? Und uns, die armseligsten seiner Geschöpfe, die nicht mal aus eigener Kraft dem Wetter trotzen können, sondern Kleidung und Häuser benötigen, wie sonst keines seiner Geschöpfe, uns unbehaarte Affen, die wir schwächer als Löwen und langsamer als Antilopen sind, die wir weder wie ein Adler sehen noch wie ein Mäuschen hören können, diese Spezies erhebt der Herr in seiner Güte und wird einer der ihren.

Das ist doch eine Wahnsinns-Story! So ist auch die Welt nach Jesus Leben, Wirken, Leiden, Sterben und seiner Auferstehung nicht einfach zur Tagesordnung zurückgekehrt. Es ist jetzt eine andere Menschheit. Es ist eine Menschheit, von ihrem Schöpfer geküsst. In Jesus Christus ist die Freiheit zu uns Menschen gekommen. Das ist das Evangelium: Der Mensch ist zur Freiheit berufen.

Diese Freiheit ist eine Freiheit im Gesetz, nicht eine Freiheit vom Gesetz. Jesus öffnet uns den Blick für Ausnahmen, damit das Gesetz für den Menschen da sein kann und nicht der Mensch für das Gesetz. Aber es bleibt gut und richtig, dass es Gesetze gibt, sie helfen uns bei der Lebensbewältigung, nehmen uns ab, in jeder Situation alle Folgen aller möglichen Handlungen bedenken und bewerten zu müssen. Das Gesetz entlastet uns. Bei Rot darf man nicht in über die Ampel fahren. Das ist ein gutes Gesetz. Einfach, klar, nachvollziehbar. So muss ich als Autofahrer nicht lange nachdenken, ob ich nun über die Kreuzung fahre oder nicht. Die Ampel zeigt rot. Ich habe anzuhalten. Schluss.

Doch selbst dieses Gesetz kennt eine Ausnahme: Wenn ein Einsatzfahrzeug mit Warnsignal von hinten kommt und ich keine andere Chance habe, ihm den Weg frei zu machen, darf, ja muss ich auch bei roter Ampel vorsichtig in die Kreuzung einfahren, um Platz zu schaffen. In der Ausnahmesituation ist ein anderes Verhalten angemessen als in der Regelsituation. Und wenn es um die körperliche Unversehrtheit eines anderen geht, darf, ja muss ich sogar sonst unumstößliche Regeln brechen. Deshalb heilt Jesus auch am Sabbat.

Jesus lebte in einer Zeit, als im Judentum das Gesetz eine starke Kraft entfaltete und die Gemeinde damit zu erstarren drohte. Das mosaische Gesetz wurde geoffenbart als das Volk Israel aus Ägypten ausgezogen war und in der Wüste seine kulturelle Identität wieder finden musste. Das ist eine Generationenaufgabe – daher dauerte die Wanderung durch die Wüste auch eine Generation – nach damaligen Vorstellungen also 40 Jahre. Das Gesetz wurde aufgeschrieben im babylonischen Exil, einer Zeit in der Fremde und Zerstreuung, in der das Volk Israel WIEDER in seiner physischen und kulturellen Existenz bedroht war. Das Gesetz gelang zu einer weiteren Blüte zu Jesu Zeiten, als die kulturelle Identität des Volkes Israel durch die römische Besatzungsmacht bedroht wurde. Das Gesetz wird also immer dann besonders wichtig, wenn durch Einflüsse von außen eine kulturelle Selbstvergewisserung erforderlich ist. Das können wir heute übrigens genauso im Islam beobachten: Die Scharia gewinnt gerade in solchen Gegenden eine besondere Anziehungskraft, in denen sich Moslems physisch und/oder kulturell existentiell bedroht fühlen.

Die Freiheit eines Christenmenschen können wir nur dann verantwortlich leben, wenn wir uns in unseren Werten sehr sicher fühlen. Wer das Skelett des Gesetzes als stabilen Halt in sich weiß, der kann die Muskeln des Evangeliums nutzen, um sich frei in der Welt zu bewegen. Denn das Evangelium gibt uns die Kraft zur Entscheidung. Es ist uns Richtschnur darin, was Gut und was nur gut gemeint ist. Aber die Freiheit der Entscheidung ist nur um DEN Preis zu haben, dass wir uns auch irren können. Und das ist für mich der Clou der Geschichte: Jesus Christus beruft uns nicht nur zur Freiheit. Er spricht uns auch zu, dass jeder Irrweg, auf den uns diese Freiheit führen mag, korrigierbar ist, dass wir umkehren können, wenn wir falsche Entscheidungen getroffen haben sollten, dass uns der Vater im Himmel solche Irrungen verzeiht. Gottes Gnade erweist sich im menschlichen Irrtum. Wer niemals irrt, benötigt keine Gnade. Welch armer Wicht!

Wie geht es Ihnen? Fühlen Sie die Anwesenheit Jesu in Ihrem Leben? Erleben Sie in Ihrem Alltag die Zusage, dass Jesus bei Ihnen ist alle Tage bis an das Ende der Welt? Dann feiern Sie, danken Sie dem Herrn für seine Gnade und seien Sie frei, dass zu tun, was Gott Ihnen sagt.

Wenn Sie aber schwankend sind, dann kann das Gesetz Ihnen neuen Halt geben. „Esto mihi“ heißt der heutige Sonntag – das sind lateinische Worte aus einem Psalter. Der Vers, der mit diesen Worten beginnt, lautet im Ganzen: *»Sei mir ein schützender Fels, eine feste Burg, die mich rettet«* (Ps. 31, $_3$). Ein solcher Fels kann das Gesetz sein. Wenn mir vor lauter Handlungsoptionen schwindlig wird, wenn ich nicht mehr weiß, was richtig und falsch ist, dann ist das Gesetz wie ein schützender Fels unter dessen Schutz ich mich retten kann. Die Fastenzeit, die am Mittwoch beginnt, kann eine solche Zeit sein, in der wir durch die Orientierung am Gesetz wieder Halt gewinnen, die Maßstäbe zurück erlangen können. Unsere evangelische Kirche begleitet uns mit einer Fastenaktion durch diese Wochen bis Ostern, die Anstöße gibt darüber nachzudenken, woran es uns in und durch den Überfluss, in dem wir leben, eigentlich mangelt. Dieses Jahr steht diese Aktion unter dem Motto „Ich war’s. 7 Wochen ohne Ausreden“. Ich finde dieses Motto ungeheuer spannend – denn auch das Gesetz kann zur Ausrede werden. So wie Marta in der Geschichte im Predigttext das Gesetz der Gastfreundschaft zur Ausrede nahm, um das wirklich Wichtige zu unterlassen, so nutzen wir auch oft die Gesetze – seien es niedergeschriebene staatliche Gesetze oder ungeschriebene Gesetze des gesellschaftlichen Umgangs – als Ausrede, wenn wir der Konvention Vorrang vor dem Guten geben. Die Fastenzeit selbst ist ein Beispiel dafür, dass wir auch das beste Gesetz nie absolut setzen dürfen, sondern ein Gesetz, das den Normalfall regelt, im Sonderfall außer Kraft gesetzt wird. Zählen Sie im Kalender mal nach – die 40tägige Fastenzeit von Aschermittwoch bis Ostersamstag dauert genau 46 Tage. Denn auch dieses Gesetz hat seine Ausnahme: Festtag bricht Fasttag – daher zählen die sechs Sonntage in der Fastenzeit nicht mit.

Um das Gesetz verantwortlich brechen zu können, muss ich es jedoch erst einmal kennen. Maria wusste sehr gut, dass ihr Benehmen mindestens unschicklich war. Und weil sie das wusste, aber die Ausnahme-Situation erkannte, konnte sie sich für das Gute entscheiden, dem Wort des Herrn zu lauschen und das leibliche Wohl der Gäste hinan zustellen. Gut gemacht, Maria. So, wie Sie, die Sie den Gottesdienst besuchen und das Mittagessen für ihre Familie warten lassen, eine gute Entscheidung getroffen haben. Gut gemacht.

Und so wünsche ich Ihnen nun fröhliche närrische Tage, in denen anscheinend Gesetze nicht mehr gelten, Tage, an denen wir über alle Obrigkeiten nach Herzenslust lästern und sie der Lächerlichkeit preis geben dürfen. Und danach wünsche ich uns allen die Kraft zu erkennen, was für uns jetzt richtig ist: Im Schutz des Gesetzes Stabilität und Halt zu finden oder die Freiheit des Evangeliums zu nutzen, um anderen zu helfen, wo das Gesetz sich GEGEN den Menschen zu wenden droht.

Mk. 2, 23 - 28

Gesetze definieren Regeln – und ohne solche Regeln kann menschliches Zusammenleben in größeren Gemeinschaften nicht funktionieren. Aber keine Regel kann alle Wechselfälle des Lebens vorhersehen. Dann kann sich auch die bestgemeinte Regel, die Menschen schützen soll, sich gegen das Gebot der Menschlichkeit verkehren. Wie reagieren wir in solchen Fällen? Halten wir an der Regel fest oder reklamieren wir die Ausnahme?

Liebe Gemeinde,

in der Lesung (Mt. 5, 27 – 32) haben wir gehört, dass Jesus das Gebot *»Du sollst nicht ehebrechen«* (2. Mose 20, 14) strenger auslegt als es im mosaischen Gesetz überliefert war. Nach der Tradition konnte – wie es heute noch in islamischen Gesellschaften üblich ist – ein Mann seiner Frau einen Scheidebrief ausstellen. Wenn beide danach neue Beziehungen eingingen, wurde das nicht als Verstoß gegen das sechste Gebot verstanden. Auch andere „Verschärfungen" sind uns überliefert. Wer seinen Bruder hasst, der mordet schon, sagt Jesus in der Bergpredigt. Jesus als frommem Juden war das Gesetz so wichtig und heilig wie dem Beter, der uns den Psalm hinterlassen hat, den wir zu Beginn des Gottesdienstes im Wechsel gesprochen haben (Ps. 119, EG 748).

Aber die Evangelien erzählen uns noch über einen anderen Umgang Jesu mit dem Gesetz. Gerade dem Evangelisten Markus war dieser andere Umgang so wichtig, dass er ihn gleich zu Beginn seines Evangeliums erzählt, am Ende des zweiten Kapitels. Ich lese die Verse 23 bis 28:

23 *Und es begab sich, dass er am Sabbat durch ein Kornfeld ging, und seine Jünger fingen an, während sie gingen, Ähren auszuraufen.*

24 *Und die Pharisäer sprachen zu ihm: Sieh doch! Warum tun deine Jünger am Sabbat, was nicht erlaubt ist?*

25 *Und er sprach zu ihnen: Habt ihr nie gelesen, was David tat, als er in Not war und ihn hungerte, ihn und die bei ihm waren:*

26 *wie er ging in das Haus Gottes zur Zeit Abjatars, des Hohenpriesters, und aß die Schaubrote, die niemand essen darf als die Priester, und gab sie auch denen, die bei ihm waren?*

27 *Und er sprach zu ihnen: Der Sabbat ist um des Menschen willen gemacht und nicht der Mensch um des Sabbats willen.*

28 *So ist der Menschensohn ein Herr auch über den Sabbat.*

Die Antwort Jesu auf den Vorwurf der Pharisäer überrascht erst einmal. Wenn wir die Geschichte heute lesen, scheint uns der Vorwurf klar, der an Jesus gerichtet wird: Warum lässt du zu, dass deine Jünger klauen? Aber auf diesen Vorwurf geht er gar nicht ein! Er spricht in seiner Antwort vom Sabbat. Nun – das ist relativ einfach zu erklären. Nach dem mosaischen Gesetz war ein gewisses Maß an Mundraub erlaubt. So durfte man Früchte vom Feld eines anderen mitnehmen, wenn man dazu keine Gefäße benutzte; das heißt nur so viel nahm, wie man mit den bloßen Händen tragen konnte. Diese Regelung war nicht nur eine sinnvolle Sozialgesetzgebung, sie war auch Ausdruck eines theologischen Verständnisses vom „Heiligen Land". Das Land war als Ganzes dem Volk Israel von Gott geschenkt worden und so hatte jeder Jude und jede Jüdin einen Anspruch darauf, von diesem Land genährt zu werden. Das Privateigentum war dadurch eingeschränkt; niemand konnte absolute Verfügungsgewalt über eine landwirtschaftlich genutzte Fläche für sich beanspruchen. Also, der Vorwurf an Jesus und seine Jünger bezieht sich nicht auf ein Eigentumsdelikt.

Wirklich nicht? Doch, es geht um ein Eigentumsdelikt; aber nicht am Eigentum des Bauern, der das Feld bestellt hat, von dem die Jünger Früchte mitgehen ließen. Es geht nach dem Verständnis der Menschen der damaligen Zeit um einen Verstoß gegen das Eigentum Gottes, der sich die Verfügungsgewalt über den Sabbat vorbehalten hatte. Der siebte Tag war Gottes Tag, sein Eigentum. Im Judentum gibt es bis heute eine schier endlose Zahl detailliertester Regelungen, was an einem Sabbat verboten ist. Und Ernten steht ganz weit oben auf der Liste der untersagten Tätigkeiten. Aber auch viele andere Alltagsverrichtungen sind am Sabbat tabu. So dürfen orthodoxe Juden bis heute an einem Sabbat kein Feuer machen und selbst die Anzahl der Schritte, die an diesem Tag erlaubt sind, ist genau vorgegeben. Um diese Regeln alle einhalten zu können ohne auf Komfort verzichten zu müssen, haben etliche Juden einen sogenannten „Schabbes-Goi" beschäftigt; also einen Nicht-Juden, der am Sabbat all die Aufgaben zu erledigen hatte, die einem Juden verboten waren. Wahrscheinlich gab es mindestens in der Elite des antiken Galiläas schon solche Diener – und die Pharisäer, die Jesus und seine Jünger kritisieren, hätten das als kluge Regelung gelobt oder waren selbst Arbeitgeber solcher Menschen. Und da sagt Jesus: Nein; ein solches Verhalten geht am Wesen der Gebote vorbei. Das Gebot Gottes verkommt zur bloßen Formel, zum weltlichen gesellschaftlichen Mainstream, wenn man es nur schematisch befolgt. Jesus lässt sich nicht dogmatisch vereinnahmen; das einzige Dogma, das er gelten lässt, ist die Liebe. Und daraus schließt er: Wer dem Hungrigen Nahrung verweigert, handelt lieblos und damit falsch. Was Jesus den Pharisäern und uns heute sagt, ist, dass es vor allem darauf ankommt, herauszufinden, was JETZT, in diesem Moment, gut und richtig im Angesicht des Liebesgebotes ist und dann auch danach zu handeln. Das hat nichts mit Beliebigkeit zu tun, das ist nicht bequem. Ganz im Gegenteil: Jesus mutet uns zu, den eigenen Kopf zu gebrauchen, vor allem aber auf das eigene Herz zu hören, was in der konkreten Situation die Antwort der Liebe auf die Herausforderungen des Alltags ist. Es geht Jesus in seiner Verkündigung nicht in erster Linie darum zu erklären, was EIGENTLICH gut und richtig ist. Wie seine Antworten ausfallen, wenn es UMS PRINZIP geht, das haben wir in der Lesung gehört. Der Predigttext zeigt uns aber, dass es für Jesus eben nur ganz selten ums Prinzip geht. Maßstab seiner Ethik ist immer der KONKRETE MOMENT, die aktuelle Begegnung mit dem Nächsten, in der sich jede moralische Richtschnur auf ihre Tauglichkeit hin überprüfen lassen muss. Es gibt im Alltag eben keine Regel, sondern unser Leben ist eine Aneinanderkettung von Ausnahmen.

Viele von Ihnen kennen sicher auch die zweite biblische Erzählung, in der Jesus gegen das Gebot der Sabbatheiligung verstößt. Er heilte am Sabbat einen Kranken, was letztlich den Anlass für den Prozess gegen ihn und seine Hinrichtung liefert. Wenn wir diese Erzählung hören, leuchtet uns die Ausnahmesituation schnell ein: Wenn es um Leben und Tod geht, hat das Sabbatgebot zurückzustehen. Deshalb akzeptieren auch die Kirchen selbstverständlich, wenn in Krankenhäusern auch Sonn- und Feiertags gearbeitet wird. Dieser Dienst am kranken Mitmenschen rechtfertigt auf jeden Fall die Gesetzesübertretung. Aber in der Erzählung des heutigen Predigttextes geht es nicht um Leben und Tod. Gut, Jesus und die Jünger sind hungrig. Aber nichts deutet darauf hin, dass sie kurz vor dem Verhungern gestanden hätten. Jesus hängt die Latte für eine Ausnahmesituation in dieser Geschichte ziemlich tief. Der letzte Satz des Predigttextes gibt uns eine weitere Frage auf. Jesus sagt: *»So ist der Menschensohn ein Herr auch über den Sabbat«*. Soll das heißen, dass nur Jesus selbst ermächtigt ist, das Sabbatgebot zu relativieren? Als er einmal gefragt wird, warum er uns seine Jünger nicht fasten, begründet er dies mit der Ausnahmesituation der Anwesenheit des Sohnes Gottes auf Erden (Lk. 5, 33f). Für die Zeit nach seinem irdischen Leben kündigt er an, dass die Jünger wieder fasten werden. Vor dem Hintergrund dieser Überlieferung können wir die im heutigen Predigttext erzählte Geschichte so lesen, dass Jesus das Recht, eine Situation zur Ausnahme zu erklären, allein sich aufgrund seiner besonderen Vollmacht vorbehält. Die Positionierung des Textes im Markus-Evangelium macht eine solche Interpretation plausibel. Denn wie alle Evangelisten will uns Markus ja nicht einen historischen Roman überliefern sondern theologisch das Leben und Wirken Jesu aus dem Wissen um Kreuzigung und Auferstehung erläutern. Erzählt ist das Evangelium vom Anfang her, es beginnt mit Jesu Geburt. Gedacht aber ist es vom Ende, vom Tod und der Auferstehung her. Will Markus mit der Anordnung dieses Textes gleich am Anfang seines Evangeliums uns also schon einmal auf den Prozess vorbereiten, der zur Passion Christi führt? Meine Überzeugung ist: Wenn wir den Text so lesen, ihn allein auf Jesus und seine Jünger beziehen, verschenken wir viele Aspekte, die für unser heutiges Leben große Bedeutung haben. Denn so unscheinbar diese Erzählung auch daher kommt, stellt sie doch die große Frage nach dem Gewissen. Denn die eingangs vorgestellte These, dass Jesus uns auffordert, eigene Moralurteile zu fällen und dann danach zu handeln, führt ohne die Kategorie des Gewissens in die Irre. Denn ohne Gewissen fielen unsere Entscheidung stets zugunsten des Spaßes aus, wir schlitterten in eine Gesellschaft egoistischer Hedonisten. Freiheit wäre dann die Macht des Stärkeren. Aber das meint die Bibel nicht mit Freiheit. Christliche Freiheit ist die Freiheit zur

Verantwortung. Und im Wort Verantwortung steckt der Begriff „Antwort". Eine Antwort macht aber nur Sinn auf eine Frage. Nach der christlichen Lehre werden uns die entscheidende Frage nach unserem irdischen Dasein von Gott selbst gestellt werden, im Gericht. Unser spezifisch protestantisches Verständnis ist, dass wir das Gericht nicht als Vorstufe einer Strafe sehen sondern als Voraussetzung der Erfahrung göttlicher Gnade. Meine Überzeugung ist, dass Gott uns nicht fragen wird: „Was hast du getan" oder „was hast du erreicht". Ich verstehe die biblische Botschaft so, dass die Frage lauten wird: „Was hast du GEWOLLT?" oder anders ausgedrückt: Was waren die Motive unseres Handelns und Unterlassens? Die Botschaft, dass in Christi Leiden und Sterben alle Schuld schon abgegolten ist, bezieht sich für mich zu allererst auf die Wirkungen unseres Tuns. Ob das, was wir in bester Absicht beginnen, zu einem guten Ende geführt werden kann: Von dieser Verantwortung spricht Christus uns frei, so wie er sich vorbehält, das, was wir in böser Absicht gegen unseren Nächsten tun, diesem zum Segen werden zu lassen.

Wahrscheinlich haben Sie auch schon gehört, dass in Arbeitszeugnissen die Formulierung „er oder sie hat sich bemüht" einer glatten sechs entspricht. Wem das in einem Arbeitszeugnis attestiert wird, der oder die war eine völlige Niete, zu nichts zu gebrauchen, völlig nutzlos. In den Augen der Welt ist so jemand eine Versagerin, ein Versager. Ganz anders bei Gott: Wenn sein Urteil über uns lautet: Er bzw. sie hat sich bemüht, dann reicht das völlig aus! Mehr brauchst gar nicht. Sein Joch ist sanft und seine Last ist leicht (Mt. 11, $_{30}$), denn es geht in unserem Leben für Gott nicht um Erfolge und Leistungen sondern um echtes Bemühen um unsren Mitmenschen. Und wenn wir dabei dann das eine oder andere weltliche oder geistliche Gebot übertreten, dürfen wir dennoch oder vielleicht sogar genau deshalb uns der Gnade unseres Herrn übereignen. Ich bin sicher: Wer so lebt, der oder die wird – um es mit einem Begriff auszudrücken, den wir aus den Psalmen kennen – nicht „zuschanden" werden.

Joh. 14, 15 – 19

„Jesus lebt" – als ich ein Teenager war, war das einer der „must have" Buttons auf der Jutetasche. Gerne wurde er zwischen dem Button mit der Friedenstaube und dem mit der Aufschrift „Stoppt Strauß" angebracht. Slogans müssen plakativ sein, damit sie auffallen. Aber was auf ein Transparent passt, ist eben oft durchsichtig. Wer immer wieder Sprüche klopft, verstrickt sich leicht in Widersprüche. Ein Schild, das man in die Höhe hält, kann schwerlich Tiefe entfalten. Und vielleicht sollten wir eine Erkenntnis aus der Erzählung über die Versuchung Jesu (vgl. Mt. 4, 5f) ernster nehmen: Satan ist bibelfest!

Liebe Gemeinde,

letzte Woche war ich auf dem 34. Deutschen Evangelischen Kirchentag in Hamburg. Am Abend der Begegnung bin ich durch die Stadt gelaufen, habe mir die Stände der vielen unterschiedlichen Gruppen und Gemeinden angesehen und es genossen, mal wieder in Hamburg zu sein. Am Jungfernstieg stand eine Gruppe, die Schilder hochhielt. Auf einem Schild stand der erste Vers unseres heutigen Predigttextes aus dem 14. Kapitel des Johannesevangeliums:

15 *Liebt ihr mich, so werdet ihr meine Gebote halten.*

16 *Und ich will den Vater bitten und er wird euch einen andern Tröster geben, dass er bei euch sei in Ewigkeit:*

17 *Den Geist der Wahrheit, den die Welt nicht empfangen kann, denn sie sieht ihn nicht und kennt ihn nicht. Ihr kennt ihn, denn er bleibt bei euch und wird in euch sein.*

18 *Ich will euch nicht als Waisen zurücklassen; ich komme zu euch.*

19 *Es ist noch eine kleine Zeit, dann wird mich die Welt nicht mehr sehen. Ihr aber sollt mich sehen, denn ich lebe und ihr sollt auch leben.*

Sie haben bestimmt auch schon in der Innenstadt Menschen gesehen, die Schilder mit Bibelsprüchen hochhalten. Ich weiß nicht, wie es Ihnen geht – aber mir sind diese Leute nicht sehr sympathisch. Ich gehe Ihnen lieber aus dem Weg. Aber in Hamburg sah ich, dass der junge Mann, mit dem Schild *»Liebt ihr mich, so werdet ihr meine Gebote halten«* im Gespräch mit einer Gruppe Jugendlicher war. Ich wurde neugierig – weniger auf den Schildträger als auf die jungen Diskutanten. So stellte ich mich dazu und lauschte der Diskussion.

Der junge Mann erzählte vom Leben in seiner Glaubensgemeinschaft. Davon, dass sich die Frauen die Haare bedecken und er auf einen Fernseher verzichte. Und für alles hatte er einen Bibelspruch parat. Ich konnte etwas von der Faszination des Fundamentalismus spüren: Es ging diesem jungen Mann offensichtlich nicht darum, EINFACHE Antworten zu finden. Nein, er machte sich das Leben viel SCHWERER als seine Zuhörer. Aber dieses Schwere war nicht von außen vorgegeben, sie war selbst gewählt. Er erzählte zwar von einer Atmosphäre, die ich als eng empfand – aber für ihn war es offensichtlich ein Leben in Freiheit, da er sich für diese Enge frei entschieden hatte. Das Gespräch mit ihm war möglich, weil er in seinen Äußerungen nicht fanatisch war. Er hat mich gelehrt, zwischen Fundamentalismus und Fanatismus zu unterscheiden: Als Fundamentalist legte er sich die Gebote, von denen er erzählte, zuvörderst selbst auf. Der Fanatiker will dagegen, dass sich ALLE an die von ihm für richtig erachteten Regeln halten, er will sie für allgemeinverbindlich erklären. Der junge Schildträger an der Alster warb für seinen Lebensstil, er war fest überzeugt, dass ein anderes Leben geradewegs in die Hölle führen wird – aber er schwang sich nicht selbst zum Richter auf. Immerhin, dachte ich, an dieser Stelle war sein Bibelstudium doch nicht ganz umsonst.

Die Zuhörer, die versuchten, mit ihm zu diskutieren, waren teils fasziniert, teils abgestoßen. Spannend wurde die Unterhaltung bei der Frage nach dem Fernsehkonsum. Denn ganz offensichtlich ist dieser in der Bibel nicht verboten – es gab ja schließlich zu dieser Zeit noch kein Fernsehen. Aber der Schildträger war dennoch überzeugt, dass diese Tätigkeit verwerflich sei. Dies sei für ihn aus der biblischen Überlieferung klar ableitbar. Da hatten ihn die Mitdiskutanten am Wickel – nahm er doch die Bibel nicht mehr wörtlich, wie er vorher vorgab, sondern begann zu interpretieren. Und selbst unter der Annahme, dass die Bibel wörtlich überlieferte unfehlbare Offenbarung Gottes sei – jede Interpretation ist menschengemacht und unterliegt damit der Möglichkeit des Irrtums;

selbst im Weltbild des Fundamentalisten. Während der junge Schildträger versuchte, sich aus seiner selbst gelegten argumentativen Falle zu befreien, hatte ich genug gehört und ging weiter. Aber der junge Mann ging mir nicht aus dem Kopf. Was fühlte sich für mich so falsch an bei seiner Argumentation? Was machte mich so sicher, dass er die Bibel, die er ganz offensichtlich viel besser kannte als ich, gründlich missverstanden hatte?

Mir kam ein Wort Luthers in den Sinn, dass er programmatisch über seine Bibelübersetzung stellt. „Was Christum treibet" – das solle die Frage sein, unter der die Heilige Schrift interpretiert werden müsse. Wenn Jesus in unserem Predigttext sagt: *»Liebt ihr mich, so werdet ihr meine Gebote halten «* – geht es ihm dann um Regeln der bürgerlichen Wohlanständigkeit in einem Verständnis des 19.ten Jahrhunderts? Jesus selbst beantwortet die Frage nach dem höchsten Gebot in der Überlieferung des Markus-Evangeliums folgendermaßen: *»Das höchste Gebot ist das: Höre, Israel, der EWIGE, unser Gott, ist Einer; du sollst den Herrn, deinen Gott, lieben von ganzem Herzen, von ganzer Seele, von allen Kräften und von ganzem Gemüt, und du sollst deinen Nächsten lieben wie dich selbst (5. Mose 6, $_{5}$; 3. Mose 19, $_{18}$). Größer als dieses ist kein anderes Gebot«.* (Mk., 12, $_{29-31}$) Ich glaube hier herauszuhören, was Christum treibet: Es ist die Liebe! Die Liebe zu Gott, die Liebe zu den Mitmenschen und ja – nicht zuletzt! – die Liebe zu sich selbst. Und dieses dreifache Liebesgebot ist doch nur ein einziges: Weil Gott mich liebt, kann ich mich selbst lieben, wenn ich mich selbst liebe, kann ich meinem Nächsten liebevoll begegnen und im Nächsten, der auch ein Geschöpf des liebenden Gottes ist, begegne ich wieder dem Einen, dem Ewigen. Alle Gebote münden doch in diesem einzigen Gebot der Liebe. Denn die Liebe ermöglicht gutes Leben. *»Ich lebe und ihr sollt auch leben«* – diese ganz und gar lebensbejahende, diesseitige Botschaft hinterlässt Jesus seinen Jüngern. Jesus selbst lebte gerne und sinnenfroh. So diffamierten ihn die Pharisäer in der Überlieferung des Matthäus-Evangeliums als *»Fresser und Weinsäufer, Geselle der Zöllner und Sünder«* (Mt. 11, $_{19}$). Und ganz aus der Luft gegriffen war dieser Vorwurf ja wohl nicht, antwortet Jesus auf die Frage, warum seine Jünger nicht fasten im Markus-

Evangelium doch mit dem Gleichnis vom Bräutigam (Mk. 2, 18 - 20). Und bei Hochzeiten wird bekanntlich gut und reichlich gegessen und getrunken. Ich bin der Überzeugung, dass es Jesus darum geht, dass die Menschen gut leben. Aber er macht uns auf einen folgenschweren Irrtum aufmerksam: Wer glaubt, dass er gut lebt, während sein Bruder darbt, der irrt! WIRKLICH gutes Leben kann es nur für alle geben, denn jede und jeder hat vor Gott dasselbe Recht. Für mich sind die 10 Gebote (2. Mose 20) Anfragen, ob ich denn gut lebe und auch meinen Mitmenschen ein gutes Leben ermögliche: Steht mein Leben in Beziehung zu Gott, so dass ich keine anderen Götter habe, mir kein falsches Bild von ihm mache und seinen Namen nicht missbrauche? Dann habe ich eine Kraftquelle, die mir durchs Leben hilft! Gönne ich mir und anderen auch mal Ruhe? Begegne ich Älteren mit Respekt und Fürsorge für ihre Gebrechen? Lasse ich andere leben und respektiere ich ihre intimste Beziehung? Nehme ich anderen nichts weg, was ihnen gehört und verleumde sie nicht? Neide ich anderen ihren Besitz? Egal welches der 10 Gebote ich mir anschaue: Stets finde ich den Hinweise, wie mein Leben gut werden kann ohne das anderer zu beschränken. Ich glaube, dass die Zusage Jesu an die Armen auch darauf zurückzuführen ist, dass ein materiell armes Leben das geringste Risiko aufweist, auf Kosten anderer zu leben. Denn das ist der Irrtum der Reichen, den Jesus immer wieder anprangert: Zu glauben, es gehe ihnen gut, solange es anderen schlecht geht.

Über diese Ansichten hätte ich mit dem Schilderhalter vielleicht noch Übereinstimmung erzielen können. Aber je länger ich über ihn nachgedacht habe, umso mehr kam mir ein weiteres Luther-Wort in den Sinn: „Wir sollen Menschen sein und nicht Gott". Zu unserem Menschsein gehören auch unsere Schwächen, unsere Unvollkommenheiten. Gott allein ist vollkommen. Wer selbst nach Vollkommenheit strebt, will sein wie Gott. Und ist es nicht dieses Streben nach Vollkommenheit, das Fundamentalisten antreibt? Sie wollen perfekt sein, alles richtig machen. Dieses Streben war aber der Grund für die Vertreibung aus dem Paradies. Darum müssen sich Fundamentalisten auch so vor der Hölle fürchten – machen sie sich doch das Leben auf Erden mit ihrem Perfektionismus selbst zur Hölle. Wie erlösend ist das doch Luthers Erkenntnis: Wir sind Sünder und Erlöste zugleich! Wir entkommen nicht der Sünde – müssen das aber auch nicht, denn Gott selbst hat im Sterben und der Auferstehung Jesu unsere Sünden hinweggenommen. Die große Pointe an Luthers Lebensfrage – „wie bekomme ich einen barmherzigen Gott?" – war die Erkenntnis, dass er ihn schon hat, wenn er an ihn glaubt. Allein aus Gnade spricht Gott uns gerecht, nicht durch unseren Verdienst, nicht durch die noch so hingebungsvolle Befolgung der ausgefeiltesten Verhaltensregeln können wir Rechtfertigung erlangen. So fromm der junge Mann mit seinem Schild auch war – am Ende war er für mich ein Ungläubiger. Denn hätte er an die Gnade unseres auferstanden Herrn geglaubt, er hätte sich nicht ganz so fest an sein Schild klammern müssen, auf dem er die Gebote hochhielt.

Die jungen Leute, die mit ihm diskutierten, haben vielleicht andere Erkenntnisse mitgenommen. Und ich bin überzeugt – auch in dem Schilderhalter wird das Gespräch weiter arbeiten. Und so hat sich für mich in dieser Begegnung die Verheißung des Evangelischen Kirchentags erfüllt: Ein Ort zu sein, an dem Menschen mit unterschiedlichster geographischer und geistlicher Herkunft sich über ihre Spiritualität austauschen können. Über Gott und die Welt reden – und das im wörtlichen Sinne – das macht für mich Kirchentag aus. Lassen Sie sich doch auch einmal darauf ein. Der nächste Kirchentag ist in zwei Jahren in Stuttgart. Haben Sie nicht Lust hinzufahren?

Mt. 25, 28 – 32

Oft wissen wir, was eigentlich zu tun wäre. „Da sollte man doch ...", denken wir – und kehren zurück zu unseren Alltagsgeschäften. Drücken wir uns vor den Aufgaben, von denen wir wissen, dass Gott sie uns aufträgt? Besinnen wir uns eines Besseren, wenn wir merken, dass wirklich wir es sind, die zum Handeln aufgerufen sind?

Liebe Gemeinde,

der Predigttext für den heutigen Sonntag steht im 21. Kapitel des Evangeliums des Matthäus. Ich lese zunächst die Verse 28 bis 31:

28 *Was meint ihr aber? Es hatte ein Mann zwei Söhne und ging zu dem ersten und sprach: Mein Sohn, geh hin und arbeite heute im Weinberg.*

29 *Er antwortete aber und sprach: Nein, ich will nicht. Danach reute es ihn und er ging hin.*

30 *Und der Vater ging zum zweiten Sohn und sagte dasselbe. Der aber antwortete und sprach: Ja, Herr!, und ging nicht hin.*

31 *Wer von den beiden hat des Vaters Willen getan? Sie antworteten: Der erste. Jesus sprach zu ihnen: Amen, so ist es.*

Nun, liebe Gemeinde, bis hierher ist der Predigttext ziemlich einfach. Was meinen Sie? Sicher stimmen Sie den angesprochenen Priestern und Schriftgelehrten zu: Der erste Sohn erfüllt letztlich den Willen des Vaters. Hauptsache, die Arbeit im Weinberg ist gemacht. Da können wir ihm leicht nachsehen, dass er zunächst unwillig war, dass er seine eigenen Prioritäten hatte, die er der Aufforderung des Vaters vorziehen wollte. Er besinnt sich eines Besseren und geht hin. Der zweite Sohn jedoch wägt den Vater in Sicherheit, die Arbeit sei getan. Tatsächlich macht er sie jedoch nicht, die Reben bleiben unbeschnitten, der Weinberg wird nicht gewässert, das Unkraut kann weiter sprießen. Und der Vater hat nicht mal die Chance einzugreifen, denn er vertraut seinem Sohn und hält die Arbeit für getan. So geht es nicht.

Aber unser Predigttext geht weiter. Jesus endet nicht damit, den Leuten Recht zu geben. Er führt aus:

31 *Ich sage euch: Die Zöllner und Huren kommen eher ins Reich Gottes als ihr.*

32 *Denn Johannes kam zu euch und lehrte euch den rechten Weg, und ihr glaubtet ihm nicht; aber die Zöllner und Huren glaubten ihm. Und obwohl ihr's saht, tatet ihr dennoch nicht Buße, sodass ihr ihm dann auch geglaubt hättet.*

Was soll das? Erst gibt er den Leuten Recht und dann liest er ihnen so die Leviten? Was haben die denn falsch gemacht?

Offensichtlich ist Jesus der Meinung, dass unter den Antwortenden die Ja-Sager aber Nicht-Tuer in der Mehrheit sind. Er spricht zu den etablierten Führungskräften, zu den gesellschaftlichen Vorbildern seiner Zeit. Und denen redet er so ins Gewissen. Er vergleicht sie mit den Menschen, die sozial am stärksten ausgegrenzt werden, mit Menschen, mit denen man nichts zu tun haben will, die man nicht zum Nachbarn haben möchte. Und die Honoratioren, die in der Öffentlichkeit die Gemeinde repräsentieren, die sollen mehr Probleme zu haben, ins Reich Gottes zu kommen als der Abschaum der Gesellschaft?

Um das zu verstehen, müssen wir uns anschauen, welche Arbeit es denn ist, zu der die beiden Söhne im Gleichnis von ihrem Vater aufgefordert werden. Jesus spricht von der Arbeit im Weinberg des Herrn. Im Matthäus-Evangelium führt er diese Arbeit näher aus:

»Ich bin hungrig gewesen, und ihr habt mich gespeist. Ich bin durstig gewesen, und ihr habt mich getränkt. Ich bin Gast gewesen, und ihr habt mich beherbergt. Ich bin nackt gewesen und ihr habt mich bekleidet. Ich bin krank gewesen, und ihr habt mich besucht. Ich bin gefangen gewesen, und ihr seid zu mir gekommen«. (Mt. 25, 35f)

Die Arbeit im Weinberg des Herrn ist die tätige Nächstenliebe. Da steht nicht: „Ich habe zu einer Sitzung eingeladen und ihr habt teilgenommen." Da steht auch nicht „Ich habe die Kehrwoche eingeführt und ihr habt sie eingehalten". Ja, da steht nicht einmal: „Ich habe zu Spenden aufgerufen und ihr habt Geld gegeben". Das alles sind die Taten von Ja-Sagern aber Nicht-Tuern, Verhaltensweisen, mit denen der zweite Sohn sich herauszureden versucht. . Die Ja-Sager und Nicht-Tuer gibt es heute leider viel zu oft. Vielleicht fühlt sich ja mancher hier ertappt, der einfach aus Bequemlichkeit „ja, ja“ sagt und denkt „lass mir doch in Ruhe“? Was Jesus von den Menschen mit Vorbildfunktion, aber auch von jedem von uns fordert, ist ganz konkretes Handeln an ganz konkreten Personen. Die Grundbedürfnisse des Lebens zu decken, wird hier als erste Pflicht aufgezeigt: Den Körper erhalten durch Speise, Trank und Kleidung, Kommunikation ermöglichen auch bei Krankheit oder in Gefangenschaft, Heimat bieten dem Gast. Tun wir das? Jeder für sich, wir als Gemeinde, die Kirche im Ganzen? Oder gilt auch für uns der Vorwurf Jesu, dass wir zwar zum Aufruf der Nächstenliebe „Ja“ sagen, aber kneifen, wenn es daran geht, sie konkret zu leben?

Damit eine jede und ein jeder dies für sich überprüfen kann, verweist Jesus auf Johannes den Täufer und seine Lehre. Zwei Aspekte sind es, die Johannes in den Mittelpunkt seines Lebens und seiner Lehre stellt: Zum einen ist da der Aspekt der Askese. Johannes ruft zum einfachen Leben auf, denn er erkennt, dass wer nach dem Reich Gottes strebt, sich nicht mit irdischem Reichtum aufhält. Wahrlich reich und reif für Gottes Reich ist nach Johannes nicht der, der viel hat, sondern der, der wenig braucht. Und diese Erkenntnis führt unmittelbar zum zweiten Aspekt der Lehre des Täufers: Dem Aufruf zu Buße und Umkehr. Diese Worte sind uns heute fremd geworden. „Wenn möglich, bitte wenden“ säuselt uns die Stimme aus dem Navigationsgerät manchmal zu, wenn wir uns verfahren haben. „Das wirst du mir büßen“ – eine Racheandrohung, ist im alltäglichen Sprachgebrauch vom Wort Buße übrig geblieben. Doch was Johannes mit Umkehr und Buße meint, hat weder etwas damit zu tun, dorthin zurück zu kehren, woher man gerade kommt noch damit, dass uns Rache angedroht wird.

Nach meiner Überzeugung geht es sowohl Johannes als auch Jesus, der ihn in Erinnerung ruft, vielmehr um die Liebe Gottes zu den Menschen. Umkehr und Buße – ich verstehe das als Aufforderung an MICH: Glaub nicht, du könntest dich aus eigener Kraft erhalten! Zum Leben, zum Überleben brauchst du die Gnade Gottes, auf die du dich aber auch verlassen darfst! Überfordere dich nicht ständig damit, durch die Anhäufung von Geld und Güter eine immer nur vermeintliche Sicherheit erlangen zu wollen. Begreife endlich: Gott ist ein gütiger Gott, der dich nicht geschaffen hat, damit zuschanden wirst, sondern der dich in seiner Liebe erhält.

So wie Gott die Lilien auf dem Felde und die Vögel unter dem Himmel erhält, so dürfen auch wir auf den Vater im Himmel vertrauen. Und weil Gott der liebende Vater ist, dürfen und sollen wir wie die Kinder auf ihn vertrauen. So wie die Kinder alles, was sie zum Leben brauchen, von ihren Eltern erwarten – so sollen wir alles, was wir zum Leben benötigen, dankbar als Geschenk Gottes annehmen. Wer so lebt, folgt dem Beispiel der armen Witwe, die mit dem letzten Scherflein, das sie in den Spendenkasten wirft, sich ganz Gottes Liebe übergibt und allein ihm vertraut, dass er sie erhält. Das ist wahre Freiheit – eine Freiheit, die nicht im Gegensatz zu Sicherheit steht, denn sie ist im sicheren Vertrauen auf Gottes Gnade gegründet.

Aber können wir das in unserem Leben umsetzen? Ich schaffe das nicht. Ein Dach über dem Kopf, etwas zu essen und anzuziehen ist schon das Mindeste, was ich brauche. Wir Menschen können nicht ohne Besitz auskommen, obwohl wir wissen, dass es der Besitz ist, der uns von Gott trennt, der uns daran hindert, das Leben in Fülle zu genießen, in dem nichts knapp ist, das aber auch von allem Überflüssigen befreit ist. Die Bibel nutzt für diese Einsicht den Begriff der Erbsünde. Sünde kommt von „Sund" – das ist ein Meeresarm, der zwei Landmassen trennt. So wie der Strelasund die Insel Rügen vom Festland trennt, trennt uns die Notwendigkeit des Besitzes von Gottes Reich. In seinem Tod am Kreuz und seiner Auferstehung überwindet Jesus Christus diese Trennung zwischen Gott und Mensch und schenkt uns so die Hoffnung auf eine endgültige Versöhnung.

Diese Hoffnung, dass Versöhnung möglich ist, trieb die Menschen zu Johannes und auch zu Jesus. Es waren die einfachen Leute, nicht die Hochgelehrten, die Johannes und Jesus zuhörten und auf ihr Wort vertrauten. Es kamen die, die aus der Gesellschaft ausgegrenzt wurden. Und wozu werden sie von Johannes aufgefordert? Zum einen zum Gebet an Gott, den Schöpfer des Himmels und der Erde. Dazu, offen zu sein, für sein Wort. Und zu praktischen Dingen im Leben: Die Menschen sollen das, was sie besitzen, mit anderen teilen, niemanden erpressen, sich mit den Dingen zu ihrem Unterhalt begnügen und niemanden drangsalieren. Ist das unmöglich? Ich halte diese Aufforderung nicht für zu viel verlangt. Wir müssen nur unsere Trägheit überwinden, wir müssen den Mut finden, uns der vermeintlichen Allmacht des Marktes entgegenzustellen, indem wir Menschen unsere Zuwendung schenken, ohne eine Gegenleistung zu erwarten. Wer so handelt, dem wird auch verzeihen, wenn er wie der erste Sohn anfänglich "Nein" sagte. Wer aber immer nur in Beziehungen investiert anstatt sich zu verschenken, wer beim Spenden die Steuerersparnis und den Imagegewinn im Sinn hat, wer nach dem Motto handelt „Brot für die Welt – aber die Wurst bleibt hier" – der ist wie der zweite Sohn, der nur vorgibt, die Arbeit im Weinberg tun zu wollen und sich tatsächlich aber drückt. Auch wenn der erste Sohn weniger Wohlstand erreichen wird, weil er seine Zeit der Menschlichkeit widmet anstatt dem Geldverdienen: Ich bin sicher, sein Leben wird reicher sein als das seines Bruders. Ich wünsche uns allen die Kraft, diesen wahren Reichtum in unserem Leben entdecken zu können.

Lk. 11, 14 – 21

Die Heilungen, die Jesu Wirken zugeschrieben werden, versetzten seine Umwelt in Staunen. Welche Kraft wirkt hier? Ist das Gott oder der Teufel? Und wem trauen wir etwas zu? Uns selbst? Dem lieben Gott? Dem Schicksal, den Sternen oder Geistern? Oder dem Geld?

Liebe Gemeinde,

am Montag der letzten Woche konnten wir den 494ten Jahrestag des Anschlags der 95 Thesen Martin Luthers feiern. Er wandte sich darin gegen den Ablasshandel – ein Geschäft, das darauf beruhte, den Menschen Angst zu machen und sie so zur Finanzierung kirchlicher Pfründe heranzuziehen, die zuvor vom Papst gegen Höchstgebot verpachtet worden waren. Mit den Erlösen aus diesen Geschäften wurde vor allem der Bau des Petersdoms in Rom finanziert. Der 31. Oktober wird als Gründungsdatum des Protestantismus betrachtet. Aber nicht dieses Ereignis macht heute für viele gerade junge Menschen diesen Tag zu einem besonderen Tag, sondern der alte irische Brauch, dass am Vorabend des Allerheiligentags, also am „All Hellows Eve" die Kinder verkleidet durch die Ortschaften zeihen, um unter Androhung böser Streiche Süßigkeiten zu ergattern, hat sich unter dem Namen Halloween auch bei uns eingebürgert. Oft gehen die Kinder dabei als Hexen, Zauberer oder Dämonen verkleidet auf die Straße. Und um einen Dämon geht es in unserem heutigen Predigttext aus dem 11. Kapitel des Lukasevangeliums. Ich lese die Verse 14 bis 23:

14 *Und er trieb einen bösen Geist aus, der war stumm. Und es geschah, als der Geist ausfuhr, da redete der Stumme. Und die Menge verwunderte sich.*

15 *Einige aber unter ihnen sprachen: Er treibt die bösen Geister aus durch Beelzebul, ihren Obersten.*

16 *Andere aber versuchten ihn und forderten von ihm ein Zeichen vom Himmel.*

17 *Er aber erkannte ihre Gedanken und sprach zu ihnen: Jedes Reich, das mit sich selbst uneins ist, wird verwüstet und ein Haus fällt über das andre.*

18 *Ist aber der Satan auch mit sich selbst uneins, wie kann sein Reich bestehen? Denn ihr sagt, ich treibe die bösen Geister aus durch Beelzebul.*

19 *Wenn aber ich die bösen Geister durch Beelzebul austreibe, durch wen treiben eure Söhne sie aus? Darum werden sie eure Richter sein.*

20 *Wenn ich aber durch Gottes Finger die bösen Geister austreibe, so ist ja das Reich Gottes zu euch gekommen.*

21 *Wenn ein Starker gewappnet seinen Palast bewacht, so bleibt, was er hat, in Frieden.*

22 *Wenn aber ein Stärkerer über ihn kommt und überwindet ihn, so nimmt er ihm seine Rüstung, auf die er sich verließ, und verteilt die Beute.*

23 *Wer nicht mit mir ist, der ist gegen mich; und wer nicht mit mir sammelt, der zerstreut.*

Jesus heilt einen Stummen, er gibt ihm seine Sprache wieder. Und die Menschen um ihn herum fragen sich, ob das alles mit rechten Dingen zugeht. Die einen vermuten, dass er mit dem Bösen im Bunde sei, dass er den bösen Geist durch Beelzebul austreibe. Dieses Wort stammt von dem Begriff „Baal Zebul" – Herr der Erhabenheit, eine Figur, die von den Philistern angebetet wurde. Andere haben von dem Wunder, das sie erlebten, nicht genug und fordern von Jesus ein Zeichen vom Himmel. Die einen sind zynisch; sie sehen in allem Guten nur das Böse am Werk. Diesen Zynismus können wir auch heute oft erleben. Hilfsbereitschaft wird als „Gutmenschentum" diffamiert. Oder Helfenden werden ausschließlich eigennützige Ziele unterstellt. „Der will sich nur in den Vordergrund spielen" ist so ein Vorwurf. Wohin solcher Zynismus führt, wurde der Welt vor einiger Zeit in China vor Augen geführt: Ein zweijähriges Mädchen wurde von einem Auto überfahren und dann von einem weiteren Fahrzeug überrollt. 18 Passanten ließen das Kind hilflos auf der Straße liegen, bis sich endlich eine Müllsammlerin erbarmte, das Kind barg und Hilfe holte. Der urmenschliche Instinkt, einem Kind zu helfen, war durch den täglichen Zynismus außer Kraft gesetzt – wohl auch deshalb, weil vorher Gerichte Helfer zu Tätern gestempelt hatten – zynisch in ihrem Urteil, dass ja wohl nur der Täter Hilfe leisten würde, um seine Tat zu verdecken. Jesus widerspricht einem solchen Zynismus. Für ihn zählt nicht das, was sich auszahlt. Für Jesus zählt die Liebe. Daher wendet er sich dem Menschen zu, der verstummt ist – vielleicht vor dem Zynismus seiner Mitmenschen. Und gehören wir nicht oft auch zu dieser Fraktion der Zynischen? Sind wir bereit einzugreifen, wenn jemand unserer Hilfe bedarf? Hören wir nicht geflissentlich weg, wenn aus der Nachbarswohnung Schreie einer misshandelten Frau oder eines gequälten Kindes zu hören sind? Greifen wir ein, wenn in der U-Bahn jemand belästigt wird? Oft genug entschuldigen wir unser Verhalten damit, dass wir ja nicht allen helfen können. Zu Jesu Zeiten gab es bestimmt mehr Stumme, Taube, Aussätzige, blutflüssige Frauen und andere schwer Kranke als uns von Heilungen berichtet wird. Selbst Jesus konnte nicht jedem helfen, der der Hilfe bedurfte. Aber das war für ihn kein Grund, das zu unterlassen, was er Einzelnen an Hilfe angedeihen lassen konnte. Dieses Verhalten ist das Gegenteil des Zynismus. Und weil dieses Hinwendung zum Nächsten, die Empathie, mit der Jesus dem Stummen begegnet, die Umstehenden an ihr eigenes moralisches Versagen erinnert – deshalb versuchen sie Jesu heilendes Handels zu verleugnen. Aber die andere Partei ist kaum besser. Sie erleben eine Heilung, ein Wunder. Aber sie haben nicht genug: Sie fordern ein Zeichen vom Himmel. Ja, was denn noch? – möchte man ihnen zurufen. Soll Jesus sich ans Kreuz nageln lassen, sterben und wieder auferstehen? Soll er dafür sorgen, dass der Vorhang im Tempel zerreißt? Soll er zum Himmel auffahren? Die Bibelkundigen unter Ihnen werden schon gemerkt haben, dass ich hier das aufzähle, was uns die Bibel aus der Passion überliefert hat. Die Menschen, die ein Zeichen vom Himmel einfordern, konnten das alles noch nicht wissen. Aber die Zyniker und die Nimmersatten, den kein Wunder groß genug ist – das waren diejenigen, die die Freigabe Barnabas forderten und damit Jesu Hinrichtung legitimierten. Ich vermute, dass Jesus sich in dieser Situation richtig aufregt und sich in Rage redet. *»Wer nicht mit mir ist, der ist gegen mich; und wer nicht mit mir sammelt, der zerstreut«*. – so endet der Text. Da spricht der Jesus, der die Händler aus dem Tempel jagt. Er polarisiert. Er fordert ein Bekenntnis. Und bis heute fordert er unser Bekenntnis. Er ruft uns dazu auf, sein Zeuge zu sein. Protestantisch – in diesem Wort stecken die lateinischen Begriff „pro“ – als „für“ und „testare“ – „bezeugen, beurkunden“. Protestantisch ist also jemand wie Martin Luther, der für das Wort Gottes, das uns in der Bibel überliefert ist, unter Lebensgefahr vor dem Reichstag in Worms als Zeuge einstand. „Hier stehe ich, ich kann nicht anders. Gott schütze mich. Amen.“ So dramatisch wird es in unserem Leben meistens nicht. Aber auch wir sind gefordert, immer wieder als Zeugen Jesu einzutreten. Ein Zeuge ist der Wahrheit verpflichtet. Aber jeder gute Jurist wird Ihnen bestätigen, dass nur derjenige ein guter Zeuge ist, der sich der Grenzen seiner Wahrnehmung und Urteilsfähigkeit bewusst ist. Als Zeuge sage ich nach bestem Wissen und Gewissen aus, was mir von einer Tat in Erinnerung geblieben ist. Und damit habe ich gleich schon mehrere Fallstricke angesprochen: Mein Sinneseindruck kann falsch gewesen sein. Meine Erinnerung kann mir Streiche spielen. Ich kann unbewusst einen Hergang aufgrund meiner Vorurteile bewertet haben und so meine Objektivität verloren haben. Zeuge sein: Das heißt auch, sich einzugestehen, dem Irrtum unterliegen zu können. Wer ein guter Zeuge unseres Glaubens sein will, der sage fest, was er oder sie als wahr erkannt hat. Aber er respektiere auch, dass dieselbe Wahrheit aus einem anderen Blickwinkel sich anders darstellen kann. Jeder Richter freut sich, wenn er mehrere Zeugen hören kann, die aus unterschiedlichen Perspektiven ein Geschehen mitbekommen haben. Gerade durch die unterschiedlichen Sichtweisen und Blickwinkel kann er sich ein umfassendes Bild machen und so möglichst objektiv den Hergang beurteilen. Zeuge sein, heißt also auch tolerant zu sein gegenüber anderen Sichtweisen, anderen Perspektiven. Für mich war am Montag Reformationstag. Luther hatte den Mut, Korruption und Erpressung beim Namen zu nennen, auch wenn sie im Namen der Kirche daher kam. Er stritt für die Liebe, auch für die Liebe im Pfarrhaus und gegen die Angst. Er predigte die Liebe Gottes zu den Menschen und gab ihnen Hoffnung. Er stritt mutig gegen die Erpressung durch die Ablassprediger. Die Erinnerung an diesen Mann macht für mich den 31. Oktober zu einem besonderen Tag.

Joh. 6, 30 – 35

Welche Bestätigung braucht unser Glaube? Reicht uns das Wort der Bibel oder hätten wir nicht gerne etwas Handfesteres? Eine Gebetserhörung hier, ein kleines Wunder da – das würde es doch viel leichter machen zu glauben. Vielleicht würde es aber auch reichen, dem Wort Gottes besser zuzuhören.

Liebe Gemeinde,

im von Römern besetzten Jerusalem zu Zeiten des Herrschers Pontius Pilatus gab es viele Prediger, die Gottes Wort zu verkünden meinten. Bis auf einen kennen wir diese Menschen heute nicht mehr. Aber den Einen, den haben wir im Glaubensbekenntnis gerade als Gottes eingeborenen Sohn, unsern Herrn, bekannt. Warum glaubten ihm damals viele Juden – andere aber nicht? Die Zeitgenossen Jesu konnten ja noch nicht wissen, dass die Auferstehung geschehen würde. Und uns heute kommt dieses Geschehen immer noch so wunderbar vor, dass viele es nicht glauben können.

In unserem heutigen Predigttext kommen die Skeptiker zu Wort:

Ich lese die Verse 30 bis 35 aus dem 6. Kapitel des Evangeliums des Johannes:

30 *Da sprachen sie zu ihm: Was tust du für ein Zeichen, damit wir sehen und dir glauben? Was für ein Werk tust du?*

31 *Unsre Väter haben in der Wüste das Manna gegessen, wie geschrieben steht (Psalm 78, 24): »Er gab ihnen Brot vom Himmel zu essen. «*

32 *Da sprach Jesus zu ihnen: Wahrlich, wahrlich, ich sage euch: Nicht Mose hat euch das Brot vom Himmel gegeben, sondern mein Vater gibt euch das wahre Brot vom Himmel.*

33 *Denn Gottes Brot ist das, das vom Himmel kommt und gibt der Welt das Leben.*

34 *Da sprachen sie zu ihm: Herr, gib uns allezeit solches Brot.*

35 *Jesus aber sprach zu ihnen: Ich bin das Brot des Lebens. Wer zu mir kommt, den wird nicht hungern; und wer an mich glaubt, den wird nimmermehr dürsten.*

Welches Zeichen gibst du uns – das ist die Frage der Juden an Jesus. Woher sollen wir wissen, dass du wirklich von Gott gesandt bist, wie sollen wir dir glauben, dass du eine so besondere Beziehung zum Schöpfer allen Seins hast, dass du ihn Abba, Vater, nennen darfst?

Jesus verweigert dieses Zeichen. Solchermaßen in Versuchung geführt, konzentriert er sich auf das Wort, nicht die Tat. In diesem Moment verwandelt er nicht Wasser zu Wein, er heilt keinen Kranken, er treibt keinen Dämonen aus. All das tat Jesus – aber nie, wenn er dazu gedrängt wurde, um seine Gottessohnschaft zu beweisen, sondern immer nur dann, wenn Menschen zu ihm kamen, die dies bereits glaubten. *»Dein Glaube hat dir geholfen«* (z.B. Lk. 17, $_{19}$) – so sagt Jesus mehrfach zu Geheilten bzw. zu denjenigen, die ihn um Heilung eines nahen Angehörigen gebeten hatten. Jesus verweigert das Zeichen, damit wir an ihm glauben können – aber wenn wir an ihn glauben, schenkt er uns viele Zeichen der göttlichen Liebe.

Ein solches Zeichen der göttlichen Liebe dürfen wir auch im heutigen Gottesdienst miteinander feiern: Das Heilige Abendmahl. Im Abendmahl wird uns Jesus selbst zum Brot des Lebens, der Saft der Trauben soll unseren Durst nach der Gnade Gottes dauerhaft stillen. So gesättigt dürfen wir uns auf den Weg in die neue Woche machen. Jesus wird uns zum Brot des Lebens. Aber wie wir nachher im "Vater unser" beten werden: *»Unser täglich Brot gib uns heute « (Mt. 6, $_{11}$).* Wenn wir denn glauben, dass der Friede Gottes höher ist als alle unsere Vernunft – dann muss doch unser Glaube, unser Zeugnis von Gott unvollständig bleiben, dann sind wir nicht vor Irrtum geschützt, denn wir haben die Freiheit, Gottes Wort zu folgen oder auch nicht. Das heißt es doch, „protestantisch" zu sein. „Pro" und „testare" sind zwei lateinische Worte. Das erste bedeutet „für, dafür", das zweite heißt „bezeugen". Ein PROtestant ist also jemand, der für etwas als Zeuge einsteht. Mit voller Überzeugung – aber hoffentlich auch im Bewusstsein der Grenzen seiner Wahrnehmung und Urteilskraft. Wer solche Grenzen nicht mehr anerkennt, wer meint die eine Antwort endgültig und unzweifelhaft gefunden zu haben, dessen Glaube wird unduldsam und intolerant. Wenn wir aber unsere

Zweifel als geliebte kleine Brüder unseres Glaubens zu schätzen lernen, dann können wir in christlicher Verantwortung und Freiheit, die Entscheidungen treffen, die uns unser tägliches Leben abverlangt.

Was verstehen wir heute landläufig unter Freiheit und ist das dasselbe, was die Bibel unter diesem Begriff versteht? Wenn unsere Wirtschaftsführer/innen und Politiker/innen, wenn die Medien und – oft genug – auch unsere Kirchenleitungen von Freiheit sprechen, meinen sie eine Freiheit, die sich auf Besitz gründet. Wer genug Geld auf der hohen Kante hat, ist frei zu tun, was er will. Frei sein bedeutet in diesem Sinne, sich ein Verhalten leisten zu können, das keine Rücksicht auf die Umwelt nimmt – und das meine ich sowohl ökologisch als auch sozial. Als ich noch studierte, verteilte eine stalinistische Gruppe auf dem Campus eine Zeitung mit dem Titel „Der Preis der Freiheit". Ja, diese Freiheit, die Pseudo-Freiheit des Habens, die hat einen Preis. Denn das Maß dieser Freiheit ist Besitz und damit in Geld ausdrückbar. Und Geld hat nur dann einen Wert, wenn es knapp ist.

Die Freiheit, die Gott uns verheißt und von der Jesus predigt, ist eine ganz andere Freiheit. Es ist die Freiheit der Fülle, die entsteht, wenn wir teilen. Es ist die Freiheit, die wir erleben, wenn wir uns von den Zwängen des Alltags lösen und uns zum Beispiel Zeit für ein Schwätzchen am Gartenzaun nehmen. Es ist die Freiheit, wenn wir uns von Marktzwängen lösen, wenn wir nicht zweckrational handeln, sondern Gottes Gebot erfüllen, Hungrigen zu Essen geben, Durstige mit Getränken versorgen, Nackte kleiden, Fremden eine neue Heimat bieten, Kranken besuchen und uns um Gefangene kümmern (vgl. Mt. 25, $_{35f}$). Wir werden zu glaubwürdigen Zeugen Jesu, wenn wir unserem Nächsten so Brot des Lebens spenden.

Luther sagt über die Freiheit des Christenmenschen zwei nur scheinbar unversöhnbare Sätze:

> „Ein Christenmensch ist ein freier Herr über alle Dinge und niemandem untertan. Ein Christenmensch ist ein dienstbarer Knecht aller Dinge und jedermann untertan."

Die erste Aussage Luthers bezieht sich auf den geistlichen Menschen. Zu dieser Freiheit gehört der Mut zur eigenen Meinung, der Mut, gegen den Strom zu schwimmen, Minderheit zu sein. Wer im Sinne Luthers geistlich frei ist, der kann sein Herz nicht an irdische Dinge gehängt haben. Es ist die Freiheit eines Abrahams, der mit Gott um die Zahl der Gerechten feilscht, die Sodom retten können (1. Mose 18, $_{23-32}$). Es ist die Freiheit Hiobs, der an seinem Glauben an Gott trotz aller Versuchungen und Schicksalsschläge festhält. Es ist die Freiheit Jeus, der am Kreuz klagt: *»Mein Gott, mein Gott, warum hast du mich verlassen «* (Mt. 27, $_{46}$) und doch den Weg ans Kreuz gegangen ist. Es ist die Freiheit, den Mut zu haben, daran zu glauben, dass Gott in meinem ganz persönlichen Leben eine wichtige Rolle zu spielen bereit ist.

Daher der zweite Satz, den Luther über den leiblichen Menschen sagt. Wer auf die vermeintliche Freiheit pfeift, die aus dem Besitz kommen soll und die wir dann eifersüchtig gegen andere verteidigen müssen, wer auf solche falsche Freiheit verzichtet und darauf vertraut, dass Gott der Vater ihn erhält, der macht sich abhängig von seinem Nächsten. Diese Freiheit braucht die Demut bitten zu können, die Demut, Nächstenliebe nicht nur zu spenden sondern auch empfangen zu können. Und das tut unserem Stolz oft sehr weh! Ein Hund ist demütig gegenüber seinem Herren und mutig gegen die Nachbarskatze. Der Mensch aber soll mutig seinem Gott entgegentreten und demütig seinem Nächsten begegnen, der genauso geliebtes Geschöpf Gottes ist wie er selbst.

Diese Freiheit bedeutet eine permanente Überforderung. Gott ganz vertrauen, sich ihm und seiner Liebe ganz ausliefern – wer schafft das schon?

In einem Kirchenlied aus der Reformationszeit beschreibt der Dichter diese Frage mit folgendem Vers:

„O Heiliger Geist, o heiliger Gott /
mehr' unsern Glauben immerfort /
an Christus niemand glauben kann, /
es sei denn durch deine Hilf getan. /
O Heiliger Geist, o heiliger Gott!"

Ich lerne aus diesem Vers, dass Gott uns mit unserer Freiheit nicht allein lässt. Sein Heiliger Geist schenkt uns aus Barmherzigkeit nicht nur den Glauben sondern auch die Gebote, die uns lehren, mit unserer Freiheit verantwortlich umzugehen. *»Du sollst Gott den Herren lieben mit ganzem Herzen, mit ganzem Gemüte und mit allem was du hast«* – das ist nach Jesus eigenen Worten das höchste Gebot. Und ein weiteres Gebot ist diesem gleich: *»Du sollst deinen Nächsten lieben wie dich selbst«* (Mt. 22, $_{37\,ff}$). Freiheit ist also nicht ziellos, sie ist auf die Liebe gerichtet.

Unser Reden und Handeln als Christen muss daher von der Liebe zu Gott, der Liebe zum Nächsten und auch von der Liebe zu sich selbst durchdrungen sein. Worte und Taten des Hasses, die sich auf Gott berufen, sind falsche Prophetie. Selbst wo die Propheten im Alten Testament dem Volk Israel Gottes Zorn und Strafe ankündigen müssen, wird dies mit Gottes Liebe zu seinem Volk begründet. Eine Liebe, die eben auch Eifersucht kennt. Eine Liebe, die, wenn sie nicht erwidert wird, auch enttäuscht reagieren kann. Eine Liebe, wie die der Eltern zu ihrem Kind, das der Strafe bedarf, wenn es wichtige Regeln verletzt und Grenzen untolerierbar überschritten hat. Auch in unserer Predigt über Gott den Richter, den wir auch im Glaubensbekenntnis bezeugen, muss Gottes Liebe spürbar bleiben – durch den Aufruf zur Umkehr, den Glauben an deren Möglichkeit, die Ankündigung, dass das Leben auch nach einer solchen Strafe weitergeht. Gott ist so sehr Liebe, dass er Mensch geworden in seinem Sohn Jesus Christus selbst den Martertod am Kreuz auf sich nimmt, um uns Menschen aus der Sünde zu retten.

Von Jesus wird berichtet, dass er immer wieder die Gemeinschaft gerade mit denjenigen sucht, denen die Gesellschaft der damaligen Zeit am wenigsten zutraut, Gottes Kinder zu sein. Er isst mit dem Zöllner (Lk. 19, $_{1\,-\,10}$), er heilt den Knecht des römischen Hauptmanns

(Mt. 8, $_{5-13}$), er spricht mit der Samariterin von gleich zu gleich (Joh. 4, $_{7-42}$), er vergibt der Ehebrecherin (Joh. 8, $_{1-11}$) und hat ehemalige Prostituierte als Jüngerinnen (Lk. 7, $_{36-50}$). In der Gemeinde sind diese Menschen nicht gut angesehen, sie werden als ausgegrenzt oder sogar verfolgt. Aber Jesus erinnert wieder und wieder an die Liebe Gottes, und spricht sie gerade denjenigen zu, die Hilfe benötigen, um aus den Verstrickungen heraus zu kommen, die das Leben für uns Menschen bereithält.

Wir brauchen die Kraft des Heiligen Geistes, damit wir die unendliche Gnade der Menschwerdung Gottes in Jesus Christus glauben können. Aber wir vertrauen zu Recht auf diese Hilfe, denn Jesus selbst hat uns zugesagt: *»Wo zwei oder drei in meinem Namen versammelt sind, da bin ich mitten unter ihnen«* (Mt. 18, $_{20}$). Deshalb kommen wir sonntags zusammen, um Gottesdienst zu feiern. Damit wir gemeinsam die Kraft des Heiligen Geistes spüren dürfen, der uns im Glauben an Jesus erhalten will. Und so hoffen wir, dass das Brot, das wir gleich beim Abendmahl verzehren werden, uns zum Brot des Lebens wird.

Jes. 49, 13 – 16

Eine frohe Botschaft ist die Geburt eines Kindes. »Siehe, ich verkündige euch große Freude« (Lk. 2, 10b) *– so spricht der Engel des Herrn zu den Hirten auf dem Felde. Dieser Botschaft ging eine Gebot voraus: »Es begab sich aber zu der Zeit, dass ein Gebot von dem Kaiser Augustus ausging, dass alle Welt geschätzt würde«.* (Lk. 2, 1) *Aber war es auch für Maria eine frohe Botschaft? Sie war ungeplant, ja ungewollt schwanger; ihre Schwangerschaft konnte sogar zur Gefahr für ihr eigenes Leben werden? Ein Kind wird geboren – kann das nicht auch eine ganz schlechte Nachricht sein?*

Liebe Gemeinde,

Die Weihnachtstage liegen gerade hinter uns. Ich hoffe, auch bei Ihnen hat die Erinnerung an die Geburt Christi zu einem freudvollen Fest geführt. Dieser Freude geben wir mit den Geschenken Ausdruck, die wir zum Fest machen. Und die Freude an Gottes wirken in der Welt bringt auch der Prophet Jesaja zum Ausdruck. Der Predigttext des heutigen ersten Sonntag nach Weihnachten steht im 49. Kapitel dieses Buches in den Versen 13 bis 16. Er beginnt mit einem Ausruf größter Freude:

13a *Jauchzet, ihr Himmel; freue dich, Erde! Lobet, ihr Berge, mit Jauchzen!*

Welch ein Jubel! Nicht nur Himmel und Erde sollen sich freuen, sogar die Berge sollen mit Jauchzen loben! Ich versuche, mir das vorzustellen: Wie lobt ein Berg mit Jauchzen? Was wäre das für ein Getöse! Die Bilder, die mir dazu in den Sinn kommen, sind eher bedrohlich: Ich muss an den Lärm von Lawinen oder Muren-Abgängen denken. Vielleicht hatte auch der Prophet ein solches Bild vor Augen. Wenn die Berge mit Jauchzen loben, dann gestaltet das die Welt um, da bleibt kein Stein auf dem anderen. Und dieser umwälzende Jubel hat einen Grund, den Jesaja gleich darauf nennt. Der Predigttext geht mit den Worten weiter:

13b *Denn der Herr hat sein Volk getröstet und erbarmt sich seiner Elenden.*

Der Herr hat sein Volk getröstet. Jesaja schreibt diese Textpassage an das Volk Israel im Exil. Der Verlust der Eigenstaatlichkeit Israels, die Zerstörung des Tempels in Jerusalem durch die Truppen Nebukadnezars und die Wegführung großer Teile der Bevölkerung in die Sklaverei – wir können uns vorstellen, wie verzweifelt traurig das Volk Israel war. Aber bei dieser Trauer bleibt es nicht: Der Herr hat sein Volk getröstet. Die Perser hatten Babylon besiegt und die neuen Machthaber erlaubten dem Volk Israel die Rückkehr nach Judäa und den Wiederaufbau des Tempels in Jerusalem. Der Herr hat sich seiner Elenden erbarmt! Das Volk Israel durfte diese beglückende Erfahrung machen. Aber viele werden auch daran denken, dass das Schicksal nicht immer eine solch freudige Wendung nimmt. Ich denke an die Juden, die von den Nazis in Konzentrationslager verschleppt wurden und von denen nur die wenigsten überlebten und in ihre Heimat zurückkehrten. Ich denke auch an die Deutschen, die nach dem zweiten Weltkrieg vertrieben wurden und deren Hoffnung auf Rückkehr nicht erfüllte. Und nicht zuletzt denke ich an unsere Wintergäste, die hier eine Zeit des Exils erleben und nicht wissen, wie ihr Leben weitergeht. Wer eine solche Erfahrung gemacht hat, der traut auch einer guten Nachricht nicht mehr so leicht. Der wird sich der Klage Israels anschließen, von der der Prophet im nächsten Vers berichtet:

14 *Zion aber sprach: Der Herr hat mich verlassen, der Herr hat meiner vergessen.*

Kennen Sie dieses Gefühl der Gottverlassenheit? Wie soll es in einem solchen Moment weitergehen? Alle scheinen sich gegen einen verschworen zu haben, nichts, was man in Angriff nimmt, klappt. Verzweiflung macht sich breit, Niedergeschlagenheit und Hoffnungslosigkeit dominieren die Gefühlslage. *»Mein Gott, mein Gott, warum hast du nicht verlassen«* (Mk. 15, $_{34}$) – diese Klage Christi am Kreuz können viele von uns nachvollziehen. Wir neigen heute dazu, eine solche Gefühlslage als pathologisch zu bezeichnen, also sie zu einer Krankheit zu erklären. Die Verschreibung stimmungsaufhellender Mittel hat in der Bundesrepublik in den letzten 10 Jahren um fantastische 4.500% zugenommen! Heil erwarten wir in unserer Gesellschaft nicht mehr von Gott sondern von den Halbgöttern in Weiß. Die Weltgesundheitsorganisation WHO definiert Gesundheit als einen Zustand des völligen körperlichen, geistigen und sozialen Wohlbefindens. Wer kann eine solchen Zustand für sich behaupten und das nicht nur in wenigen glücklichen Momenten sondern dauerhaft? Und wer könnte das Aushalten, wenn Glück nicht die Ausnahme sondern die permanente Gefühlslage wäre? Wir können doch Glück nur in Abgrenzung zum „Normalen“ erleben. Ich hoffe, Sie haben während der Festtage glückliche Momente erlebt. Aber stellen Sie sich einmal vor, es wäre jede Woche Weihnachten, dann wäre es nichts Besonderes mehr, wir würden uns nicht mehr darauf freuen können. Aber so wie wir herausragende Erlebnisse und Momente brauchen, so brauchen wir auch ein Gefühl der dauerhaften Geborgenheit. Der Prophet beschreibt dieses Bedürfnis im nächsten Vers des Predigttextes, in dem er auf die Liebe einer Mutter zu ihrem Kind eingeht:

15a *Kann auch eine Frau ihr Kindlein vergessen, dass sie sich nicht erbarme über den Sohn ihres Leibes?*

Dass eine Mutter sich nicht ihres eigenen Kindes annimmt, wird hier als absolute, kaum vorstellbare Ausnahmesituation dargestellt. Aus meiner beruflichen Praxis, in der ich viel mit Jugendämtern zu tun habe, weiß ich leider, dass diese Situation heute so selten nicht ist. Auf 100 Lebendgeburten kommen in Deutschland ca. 16 Schwangerschaftsabbrüche. Jährlich werden ca. 200 Kinder von einem Elternteil getötet, über 4.000 Fälle von Kindesmisshandlung werden jährlich in der Kriminalstatistik erfasst. Ja, es ist leider so, dass es Eltern gibt, die sich ihrer Kinder nicht erbarmen. Und wie viele unter Lieblosigkeit und Vernachlässigung leiden, entzieht sich jeder statistischen Erfassbarkeit. Und gegen fehlende Mutterliebe gibt es keine Medikamente. Das Heilsversprechen der Medizin bleibt bei dieser Mangelerkrankung unerfüllt. Der Prophet hat doch auch hier einen Trost bereit:

15b *Und ob sie seiner vergäße, so will ich doch deiner nicht vergessen.*

Gott selbst sagt den Menschen zu, dass er sie nicht vergisst, selbst wenn die eigenen Eltern unbarmherzig sein sollten. Gott kennt jede und jeden von uns, er hat jede und jeden einzelnen bei ihrem oder seinem Namen gerufen. Diese Zusage Gottes können wir uns nicht verdienen. Sie ist keine Wiedergutmachung für erlittenes Leid, so dass nur diejenigen diese Zusage erhielten, die zuvor Schlimmes durchgemacht haben. Allein aus Gnade sagt uns Gott zu, dass er uns nicht vergisst – und allein aus Gnade schenkt er uns den Glauben und das Vertrauen in diese Zusage. Gott sendet uns Zeichen, dass wir seiner Zusage trauen dürfen: er selbst kommt als kleines Kind in diese Welt. Und zwar unter der größten Bedrohung! Maria wird unverheiratet schwanger. Im jüdischen Gesetz wird für eine unverheiratete Frau, bei der die *»Zeichen der Jungfrauschaft nicht gefunden«* (5. Mose 20, 21) werden, die Todesstrafe durch Steinigung gefordert. Und wie kann fehlenden Jungfräulichkeit eindeutiger bewiesen werden als durch Schwangerschaft? In dieser verzweifelten Lage haut Maria von zuhause ab, sie wendet sich an ihre Cousine Elisabeth, die ebenfalls schwanger ist. Will sie vielleicht fragen, ob Elisabeth eine Engelmacherin kennt? Noch bis 1974 konnte in Deutschland eine Frau, die ungewollt schwanger geworden war, vor Ort keinen Arzt finden, der einen Schwangerschaftsabbruch vorgenommen hätte. Es gab einen umfangreichen „Abbruchtourismus" nach Holland. Doch Elisabeth übernimmt die Rolle einer guten Schwangerschaftskonfliktberatung: *»Gesegnet ist die Frucht deines Leibes«* (Lk. 1, 42b), begrüßt sie die Cousine. Sie ermöglicht Maria, allen Gefahren für ihr eigenes Leben und das ihres Kindes zu trotzen, sich für das Kind zu entscheiden. Ja, ich bin der Überzeugung, dass Maria mit dieser Entscheidung für das Kind ihre Unschuld bewahrt hat. Mit Gottes Hilfe findet sie einen Mann, der sie und das Kind aufnimmt, die Vormundschaft übernimmt, obwohl er weiß, dass er nicht der leibliche Vater ist. Aber das konnte sie nicht wissen, als sie bei Elisabeth zu Besuch war. Sie musste sich auf ihren Glauben verlassen, sie hatte nichts in der Hand. Doch an dieser Stelle wiederspricht der Prophet, wenn er uns im nächsten Vers zusagt:

16 *Siehe, in die Hände habe ich dich gezeichnet; deine Mauern sind immerdar vor mir.*

Schauen Sie mal auf die Innenseite Ihrer Hände. Sie sehen dort eine Vielzahl von Linien, ja auf jedem Finger haben sie Linien, die ganz individuell sind. Der Abdruck einer Hand oder eines Fingers wird sogar vor

Gericht als Beweis anerkannt, so individuell ist er. Gott sagt uns hier durch den Propheten Jesaja zu, dass er jede und jeden von uns in seiner Eigenheit liebt, seine Individualität bejaht. Der Hinweis auf die Mauern scheint hier erst einmal merkwürdig, doch wir dürfen nicht vergessen, dass hier „Zion“, also Jerusalem als Sinnbild für das jüdische Volk angesprochen wird. Und was ist eine Stadtmauer anderes als Ausweis der Individualität einer Stadt? Einmal ist jede Stadtmauer den individuellen topographischen Verhältnissen angepasst, keine Stadtmauer ist wie die andere. Und zum anderen dient die Stadtmauer der Abgrenzung zwischen „drinnen“ und „draußen“. So wie unser Körper unser Sein begrenzt, wurde die Existenz einer antiken Stadt durch ihre Mauern gleichzeitig gesichert und begrenzt. Dieser Schlusssatz des heutigen Predigttextes macht mich gewiss: Die Zusage Gottes gilt nicht nur einem Volk als unbestimmter Masse. Dann würde es ja reichen, dass einige wenige nach einer Katastrophe wie dem Exil übrigbleiben, die dann durch ihre Nachkommenschaft dafür sorgen könnten, dass das Volk als politische und/oder kultische Größe erhalten bleibt. Nein, dieser Schlusssatz macht für mich deutlich: Die Zusage, die der Prophet Jesaja formuliert, gilt jeder und jedem individuell. Und daher will ich Ihnen zu Schluss den Predigttext noch einmal im Zusammenhang vorlesen:

13 *Jauchzet, ihr Himmel; freue dich, Erde! Lobet, ihr Berge, mit Jauchzen! Denn der Herr hat sein Volk getröstet und erbarmt sich seiner Elenden.*

14 *Zion aber sprach: Der Herr hat mich verlassen, der Herr hat meiner vergessen.*

15 *Kann auch eine Frau ihr Kindlein vergessen, dass sie sich nicht erbarme über den Sohn ihres Leibes? Und ob sie seiner vergäße, so will ich doch deiner nicht vergessen.*

16 *Siehe, in die Hände habe ich dich gezeichnet; deine Mauern sind immerdar vor mir.*

Epilog

„Objektiv ungeordnet“ – dieser Begriff, den die Glaubenskongregation geprägt hat, ließ dem Autor keine Ruhe. Durch die Wahl eines neuen Bischofs von Rom scheinen Entwicklungen in der römischen Kirche denkbar, die noch vor kurzem unvorstellbar erschienen. Das Dokument „Evangelii Gaudium“ ist als Schreiben an die Christen deklariert. Der Autor wollte nicht unhöflich sein, und hat dem Absender geantwortet. Auf eine Reaktion wartet er bisher vergeblich.

Sehr geehrter Herr Bischof,

„Daher müssen wir uns alle gefallen lassen, dass die anderen uns ständig evangelisieren.“ (121) Diese Aussage aus Ihrem Apostolischen Schreiben mit dem Titel „Evangelii gaudium“ hat mich neugierig gemacht. Können Sie als Bischof von Rom mir etwas sagen, was mich evangelisiert?

Ökumene

Als Sie Ihr Schreiben verfassten, hatten Sie wahrscheinlich alle möglichen Menschen im Blick – mit einer hohen Wahrscheinlichkeit aber nicht mich; einen schwulen deutschen Protestanten. Wenn ich Ihnen dennoch antworte, dann deshalb, weil mich Ihr Schreiben bewegt und Sie sich ausdrücklich am Anfang Ihres Schreibens an die „Christgläubigen“ (1) wenden – nicht nur die Ihrer eigenen Denomination. Allerdings nehmen Sie diese Aussage später zurück: „Da dieses Schreiben an die Mitglieder der katholischen Kirche gerichtet ist (…)“ (200) Oder vermuten Sie Christgläubige nur in der römisch-katholischen Konfession? Dann wären Ihre Aussagen zur Ökumene ziemlich wertlos. Sie benennen orthodoxe und anglikanische Würdenträger als Partner des ökumenischen Dialogs; die evangelische Kirche, der ich angehöre, kommt in ihrem Schreiben leider überhaupt nicht in den Blick. Ich sehe Ihnen das nach, da ich in Ihrer südamerikanischen Heimat die sich protestantisch nennenden Pfingstkirchen erlebt habe, über die wirklich kein weiteres Wort verloren zu werden braucht. Bei diesen Gemeinschaften, die den Glauben als Geschäftsmodell sehen, fällt mir der Satan ein, der sich ausgesprochen bibelfest zeigt, als er Jesus in Versuchung führen will. Trotzdem: So kurz vor dem 500jährigen Reformationsjubiläum hätte ich mir gewünscht, dass auch die evangelischen Kirchen Ihnen in den Sinn kommen, wenn Sie feststellen: „Die Glaubwürdigkeit der christlichen Verkündigung wäre sehr viel größer, wenn die Christen ihre Spaltungen überwinden würden" (244) Wenig später wenden Sie sich dem interreligiösen Dialog zu: Die Beziehungen zum Judentum (247 – 249) und das Gespräch mit dem Islam (252 f) sind Ihnen jeweils mehrere Abschnitte wert. Mir fällt auf, dass Sie anscheinend die konfessionelle Ausdifferenzierung als ein originär christliches Problem sehen. Mich tröstet, dass auch die beiden anderen abrahamitischen Religionen konfessionelle Spaltungen kennen. So ist der Islam in Sunniten, Schiiten, Alewiten und Sufis ausdifferenziert und auch das Judentum kennt liberale und orthodoxe Gemeinden. Ich glaube, dass der Gott Abrahams, den alle drei genannten Religionen als den einzigen Gott bekennen, FREUDE am ganzen Spektrum der Traditionen hat. Die Einheit in der Vielfalt zu suchen, mag uns davor bewahren, der Einfalt in Vielheit zu verfallen.

Vieles trennt uns – die Generation, die Konfession und die sexuelle Orientierung. Aber wir haben auch einige Gemeinsamkeiten: Wir sind beide von unserer jeweiligen Kirche zur Verkündigung in Wort und Sakrament berufen. Ich nehme für mich als Prädikant der Evangelischen Kirche in Hessen und Nassau nicht die Autorität Ihres Amtes in Anspruch. Ich stelle mich sozusagen auf die Zehenspitzen, um Augenhöhe herzustellen. Ich entnehme Ihren bisherigen Auftritten in der Öffentlichkeit aber auch Ihrem Schreiben, auf das ich mich hier beziehe, dass Sie das zu schätzen wissen, wenn man Sie nicht auf dem Sockel des Papstamtes vereinsamen lässt. Ich weiß nicht, ob Sie dieses Schreiben je zu Gesicht bekommen werden. Falls ja möchte ich Sie gleich zu Beginn wissen lassen, dass mich Ihr Schreiben mich dazu inspiriert hat, mich mit meinem Glauben weiter auseinanderzusetzen. Wenn ich Ihre Aussagen also an der einen oder anderen Stelle kritisiere, dann nicht, weil ich mir einbilde es besser zu wissen als Sie, sondern weil ich Sie daran teilhaben lassen will, wie ich um die Wahrheit ringe. Ich bitte Sie herzlich, auch meine kritischen Aussagen als Zeichen tiefen Respekts zu sehen.

SEXUALITÄT

Als erstes möchte ich mich bei Ihnen bedanken, dass Sie mir als Schwulem in Ihrem Text die Hand reichen. Sie ändern zwar nicht die Lehre der römischen Denomination des christlichen Glaubens in Bezug auf Homosexualität. Aber Sie zitieren eine Aussage des Katechismus der Katholischen Kirche, die zur Befriedung des Konflikts zwischen Kirche und Schwulen beitragen kann: „Die Anrechenbarkeit einer Tat und die Verantwortung für sie können durch (...) psychische (...) Faktoren vermindert, ja sogar aufgehoben sein“ (44). Damit haben Sie eine Tür weit aufgestoßen, die ich bislang als hermetisch verriegelt wahrgenommen habe. Sie werden als Repräsentant der katholischen Kirche homosexuelle Handlungen weiter ablehnen. Und es gibt ja auch genug Beispiele, wo solches Tun absolut schändlich ist. In vielen Kriegen wurden und werden Gefangene der Gegenseite homosexuell vergewaltigt, um sie in ihrer Ehre zu beschmutzen, sie zu erniedrigen. Auch aus Gefängnissen hört man, dass gleichgeschlechtliche Akte zur Festigung von Hierarchien innerhalb der Gefangenen dienen. Aber Sie scheinen zu verstehen, dass solche Gewalt, von der wir sicher gemeinsam der Meinung sind, dass sie zutiefst abzulehnen sei, nicht das ist, was ich mit meinem Mann, dem ich in Liebe verbunden bin, erlebe. Wie die meisten Schwulen erlebe ich meine Homosexualität als zutiefst in meinem Wesen verankert. Mit Ihrem Hinweis auf den Katechismus eröffnen Sie Ihrer Kirche die Chance, mich und meinesgleichen nicht mehr ablehnen zu müssen – ohne dabei die bisherige Lehre aufzugeben. Sicher – ich würde mir wünschen, dass Sie einen Schritt weiter gehen. Als besonders dringend empfinde ich die Klarstellung, dass der Aufruf zu Ausgrenzung und Hass gegenüber anderen Menschen NIEMALS christlich begründet sein kann – egal, was der andere Mensch empfindet und/oder tut. Gerade in Afrika begegnen mir leider immer wieder sich als Christen bezeichnende Menschen, die Lesben und Schwule mit Hass überziehen und meinen dies aus der biblischen Botschaft herleiten zu können. Ich bin mir darüber im Klaren, dass Vertreter/innen evangelikaler Pfingstkirchen diesem Irrtum häufiger und mit größerer Inbrunst unterliegen als viele Katholik/inn/en. Aber auch bei den Vertretern Ihrer Konfession gibt es solche Hassprediger. Aber nicht nur in Bezug auf Homosexualität wünschte ich mir einen mutigeren Schritt. Insgesamt würde ich mir wünschen, dass Sie eine Einladung aussprächen, das Wunder der Sexualität neu zu entdecken – abseits der obszönen pornografischen Ikonografie, mit der diese Gabe durch die Werbung und Medien banalisiert wird. In der gelingenden sexuellen Begegnung wird aus zwei Menschen ein Fleisch. Jede/r bemüht sich in einer gelingenden sexuellen Beziehung vor allem um die Lust des anderen – und gerade, weil er/sie bereit ist, sich selbst zurückzunehmen, können beide die tiefste Lust verspüren. Dazu braucht es aber Vertrautheit, die nur mit der Zeit wachsen kann – und mit der Übung!

Deshalb ist es wichtig, dass Paare sich immer wieder daran versuchen, EIN Fleisch zu werden. Es wird nicht jedes Mal gelingen – aber aus eigener Erfahrung weiß ich, dass es mit der Übung immer besser gelingt. Und wenn dann aus dem Liebesakt eine Zeugung entspringt, wird das Paar Teil des Schöpfungshandelns Gottes, sie geben das Leben weiter, das Gott uns geschenkt hat. Ich weiß für mich und unterstelle für Sie, dass wir dies in unserer beiden Leben noch nicht verspürt haben. Für meinen Teil sehe ich darin durchaus ein Defizit. Aber sollte ich meinem Gott dafür zürnen, sollte ich dem Herrn deshalb Gram sein? Er hat mich nicht mit dieser Gabe gesegnet. Sie warnen davor, „die eigenen Talente zu vergraben" (85). Ich denke dabei an das Gleichnis der drei Knechte, die gesandt werden, die ihnen anvertrauten Gaben zu mehren (Mt. 25, $_{14-30}$). Mir ist der ZWEITE Knecht zum guten Freund geworden: Er erhält nicht die vollen Gaben wie der erste Knecht. Aber er zieht sich nicht etwa gekränkt zurück, voller Neid, weniger anvertraut bekommen zu haben als sein Kollege. Er stellt sich der Herausforderung, das zu mehren, was er hat. Er vergräbt seine Schätze nicht wie der dritte Knecht, der vor lauter Furcht zu keiner sinnvollen Handlung mehr in der Lage ist. Der Segen, Kinder zu zeugen, ist mir (und ich unterstelle: Auch Ihnen) verwehrt – aber ich danke meinem Gott für das, was ich habe – und auch dafür, dass er mir nicht die volle Verantwortung zumutet, die dem ersten Knecht auferlegt ist. Ich glaube, dass dieser zweite Knecht die Freiheit des Christen erleben kann: Die Freiheit, Gott immer und überall zu loben und ihm zu danken. Hiob in seinem Leid, der Apostel Paulus im Gefängnis: Sie lassen es sich nicht nehmen, Gott zu preisen – und spotten so allen Schmerzen und ihren Peinigern. Diese Freiheit – einmal gekostet – kann nichts und niemand beschneiden. „Es gibt aber keine größere Freiheit, als sich vom Heiligen Geist tragen zu lassen, darauf zu verzichten, alles berechnen und kontrollieren zu wollen, und zu erlauben, dass er uns erleuchtet, uns führt, uns Orientierung gibt und uns treibt, wohin er will." (280) Hier fühle ich mich von Ihnen angesprochen und ermutigt zur Demut, jener Haltung, die mir erlaubt loszulassen, mich Gottes Gnade anzuvertrauen, ja auszuliefern. „Lernen wir indessen von den Heiligen (...)" (263), fordern Sie Ihre Leserinnen und Leser auf. Nun, als Protestant habe ich ein eher distanziertes Verhältnis zu den Heiligen. Das Gericht Gottes durch ein Urteil der Kirche vorweg nehmen zu wollen, entspringt für mich nicht dem eben gelobten Geist der Demut. Aber auch wenn ich dem kirchlichen Heiligsprechungsprozess misstraue, will ich Ihre Aufforderung ernst nehmen und von Glaubensvorbildern (dieses Wort ist mir lieber als das Wort „Heilige") lernen. Mir sind solche Menschen zum Vorbild geworden, bei denen ich spüre, dass sie sowohl frei von Todesangst UND frei von Todessehnsucht sind. Wieviel gelassener kann ich beten, wenn ich die Köstlichkeit erfahre, dass meine Bitte „Herr, nimm mich auf in dein Reich" NICHT sofort erfüllt wird! Dann kann ich auch Gottes Schweigen, seine vermeintliches Nicht-Reagieren auf mein Gebet als Gnade und Zuwendung erleben.

Ich habe das Thema Sexualität an den Anfang meines Schreibens gestellt. Damit will ich nicht etwa behaupten, dass es ein zentrales Thema sei, ganz im Gegenteil. Ich stimme voll mit Ihnen überein, wenn Sie schreiben: „In der Welt von heute (...) ist die Botschaft, die wir verkünden, mehr denn je in Gefahr, (...) auf einige ihrer zweitrangigen Aspekte reduziert zu werden." (34) Daher will ich diesen zweitrangigen Aspekt, gleich zu Beginn „abräumen", um mich den zentralen Punkten Ihres Schreibens ohne einen verborgenen Zorn zuwenden zu können. Sie reichen mir die Hand – zaghaft zwar, aber doch zugewandt und offen. Diese Hand weise ich nicht zurück, auch wenn ich mir wünschen würde, dass Sie noch weiter gehen könnten, und mit mir Gott lobten für die Vielfalt, mit der er uns Menschen geschaffen hat.

Das vorliegende Schreiben ist das erste Dokument dieser Art in Ihrem Pontifikat. Da Sie eine Umfrage gestartet haben, wie die Menschen zu Fragen der Sexualmoral stehen, bin ich optimistisch, dass das was ich in diesem Schreiben lesen kann, nicht ihr letztes Wort zum Themenkreis der Sexualität sein wird. An einer weiteren Stelle wenden Sie sich diesem Themenkomplex zu. Sie schreiben: „Und doch ist diese Verteidigung des ungeborenen Lebens eng mit der Verteidigung jedes beliebigen Menschenrechtes verbunden.“ (213) Hier geht es nicht in erster Linie um Sexualität – aber noch immer wird die große Mehrzahl der gewollten und vor allem ungewollten Schwangerschaften auf sexuellem Weg herbeigeführt. Ich bin Ihnen dankbar, dass Sie den Skandal der massenhaften Abtreibungen als solchen benennen. In der Bundesrepublik Deutschland, in der ich lebe, werden 16 von 100 Schwangerschaften durch einen Abbruch beendet.

Die Begründung sind in der weit überwiegenden Zahl der Fälle soziale Gründe. Und das in unserem reichen Land! Das ist schändlich! Aber so sehr ich es begrüße, dass Sie nicht aufhören, auf diesen Skandal hinzuweisen, bin ich auch der Überzeugung, dass Ihre Botschaft eine größere Strahlkraft erlangen könnte, wenn die Kirche ihre Position zur Vermeidung ungewollter Schwangerschaften verändert. Erst wenn die Kirche eine positive Haltung zur Schwangerschaftsverhütung als Mittel verantwortlicher Familienplanung findet, kann sie ihren Blick auf die Frage richten, mit welchem Recht eigentlich die Männer heute diese Verantwortung an die Frauen abschieben. Männer verlangen mit frecher Selbstverständlichkeit von Frauen, dass diese ihrem Körper über Jahrzehnte künstliche Hormone zuführen, von denen wir wissen, dass sie in nicht wenigen Fällen massive Nebenwirkungen entfalten. Dabei haben Männer mit Vasektomie und Kondom schonenden Möglichkeiten der Schwangerschaftsverhütung zur Verfügung. Gerechtigkeit zwischen Männern und Frauen heißt auch, dass die Männer endlich Verantwortung in der Familienplanung übernehmen!

Frauen in der Kirche

Ich nähere mich den zentralen Aussagen Ihres Schreibens. Es gibt eine Tradition, die Sie nicht in Frage stellen wollen: „Das den Männern vorbehaltene Priestertum (…) ist eine Frage, die nicht zur Diskussion steht (…)" (104). Warum? Wie passt Ihr Festhalten an der Exklusivität der Berufung nur von Männern in den geistlichen Beruf zu Ihrer Aussage: „Maria ist die Mutter der missionarischen Kirche, und ohne sie können wir den Geist der neuen Evangelisierung nie ganz verstehen" (284)? Der biblische Befund, der hinter dieser Exklusivität steht, ist nach meiner Überzeugung äußerst fragwürdig. Zwar sind uns nur die Namen der 12 Apostel überliefert (und selbst über die sind sich die Evangelien nicht einig), aber an mehreren Stellen erwähnt die Heilige Schrift auch Jüngerinnen. Und durch wen wurde Gott in Jesus Christus Mensch? Durch Maria, eine Frau. Sie schreiben selbst: „Tatsächlich ist eine Frau, Maria, bedeutender als die Bischöfe" (ebd.) Wer erhält vom Boten des Herrn den Auftrag, die Auferstehung Jesu zu verkündigen? Die Frauen, die zuerst am Grab waren (Mt. 28, $_7$). Die ursprüngliche Verkündigungsbotschaft, dass Jesus den Tod überwunden hat, ergeht an Frauen! Und die sollen nicht Priester sein dürfen? Mir geht es bei dieser Frage nicht um Aspekte wie „modern" oder „traditionell". Ich bin der Überzeugung – und vermute, dass Sie diese Einstellung teilen – das dies KEINE Kategorien sind, an denen sich das Handeln und die Verkündigung der Kirche orientieren dürfen. Es geht mir um die Treue zur Botschaft, die uns in der Heiligen Schrift überliefert ist. Vielleicht schütteln Sie jetzt leicht den Kopf und denken: „Ja, diese Protestanten mit ihrem „sola scriptura" – aber die Una Sancta hat auch 2000 Jahre Tradition zu beachten, die manchmal eben nicht nur ein Reichtum sondern auch eine Last ist."

Aber ich möchte Sie ermutigen, Ihr eigenes Schreiben ernst zu nehmen, in dem Sie formulieren: „(…) die Kirche [kann] auch dazu gelangen, eigene, nicht direkt mit dem Kern des Evangeliums verbundene (…) Bräuche zu erkennen, (…) deren Botschaft gewöhnlich nicht entsprechend wahrgenommen wird. (…) Haben wir keine Angst, sie zu revidieren!" (43) Wenn ich Sie also bitte, Ihre Haltung zum Frauenpriestertum nochmals intensiv im Gebet zu bedenken, so tue ich das voller Scham vor den 450 Jahren, die auch meine evangelische Kirche gebraucht hat, um Frauen zu ordinieren.

Das priesterliche Amt

Ich beklage vor allem einen PriesterINNEN-Mangel. Sie führen den Mangel an Berufungen zum Priestertum „auf das Fehlen eines ansteckenden apostolischen Eifers in den Gemeinden" (107) zurück. Ich bitte Sie, auch die Zumutungen zu bedenken, die ein zölibatäres Leben mit sich bringt. Wer mit der Gabe des Zölibats beschenkt wird, findet in den Ordensgemeinschaften einen guten Platz, sein besonderes Charisma zur Entfaltung zu bringen. Aber wer als Weltpriester nicht auf eine klösterliche Gemeinschaft zurückgreifen kann, der wird in seinem anstrengenden Beruf oft einsam. Schon Gott erkannte, dass es nicht gut sei, wenn der Mensch alleine sei. Der Zölibat wurde ja nicht in erster Linie aus theologischen Gründen eingeführt – vielmehr ging es doch um die Verhinderung von Erbstreitigkeiten. Die kirchlichen Pfründe, die die Pfarrperson ernähren sollten, sollten nicht durch Erbansprüche leiblicher Nachkommen gefährdet werden. Wäre es nicht ein gutes Feld für die von Ihnen angeregte Dezentralisierung, wenn Sie die Frage des verpflichtenden Zölibats der Entscheidung der regionalen Bischofskonferenzen anheimstellten? Ich hätte großes Verständnis dafür, wenn Sie darum werben, dass ein Verzicht auf das verpflichtende Zölibat sehr genau erwogen sein sollte. Denn mit einem solchen Schritt übernähme die jeweilige Ortskirche auch die Versorgungslasten für Hinterbliebene ihrer Priester. In meiner Kirche werden voraussichtlich schon in 10 Jahren die Pensionszahlung die Personalkosten der dann aktiven Pfarrpersonen übersteigen. Dafür wurden und werden Rücklagen gebildet – was aber heißt, dass diese Verpflichtungen es verunmöglichen, dass die Kirche arm sein kann. Sie wünschen sich eine arme Kirche für die Armen. Läge nicht eine Chance darin, die ökonomischen Wurzeln des Zölibats wieder deutlicher zu machen? „Weil wir eine arme Kirche sein wollen, bitten wir unsere Pfarrpersonen auf eine eigene Familie zu verzichten, um so der Kirche die Versorgungslasten zu ersparen" – könnte der Zölibat so nicht eine neue Heiligkeit gewinnen? Mich würde allerdings eine Pfarrperson, die eine solche Entscheidung ohne Druck, aus freien Stücken, mehr beeindrucken und überzeugen als jemand, für den der Zölibat auf einer Ebene mit Latein steht: Eine notwendige Voraussetzung für den Wunschberuf, die aber im täglichen Leben keine Rolle mehr spielt. Sie selbst betonen, dass die „Verkündigung des Heils“ (116) in jeder Kultur ihre eigene Ausprägung annimmt und diese „kulturelle Verschiedenheit die Einheit der Kirche nicht [bedroht]“ (S. 117) sondern in dieser Vielfalt die „authentische Katholizität“ (116) des Volkes Gottes zum Ausdruck kommt. Ich hoffe, dass diese Erkenntnisse Sie ermutigen, den Zölibat der Weltpriester der Entscheidungshoheit der lokalen Kirchen zu überlassen.

Mut zur Ungerechtigkeit der Liebe

Als ein Argument für den Zölibat nehme ich wahr, dass diese Lebensform es den Priestern ermöglichen soll, sich allen Mitgliedern ihrer jeweiligen Gemeinde gleich liebevoll zuzuwenden. Von einem/r verheirateten bzw. verpartnerten evangelischen Pfarrer/in erwartet die Gemeinde – hoffentlich zu recht! – dass er/sie den/die Partnerin, mit dem er/sie Tisch und Bett teilt, mehr liebt als alle anderen Personen. Diese Privilegierung der eigenen Familie gegenüber anderen kann man als eine Form der Ungerechtigkeit begreifen.

Dann wäre der zölibatäre Lebensstil aber auf einer Stufe mit einer Lebensweise zu sehen, in der jemand versuchte, mit jedem Menschen ohne Ansehen der Person eine sexuelle Beziehung einzugehen, sofern der/die andere dies wünscht. Auch so könnte „Gerechtigkeit“ in sexuellen Beziehungen hergestellt werden. Mit diesem Gedankenspiel will ich darauf hinweisen, dass „Gerechtigkeit“ nicht immer ein sinnvolles Ziel in der Gestaltung zwischenmenschlicher Beziehungen sein kann. Ich habe sowohl unter Geistlichen als auch unter Laien Menschen kennen gelernt, die sich von einem solchen Streben nach Gerechtigkeit lähmen lassen. So traf ich vor einiger Zeit einen Mitarbeiter einer (weltlichen) Hilfsorganisation. Auf meines Frage, nach welchen Kriterien die von ihm vertretene Organisation tätig wird, antwortete er: „Dort, wo es am nötigsten ist“.

Ich habe mir daraufhin vorgestellt, dass es in dieser Organisation Menschen geben müsse, die Not gegen Elend abwägen, um festzustellen, wo die Hilfe am nötigsten ist. Wer genau die Stelle sucht, wo Hilfe am nötigsten ist, verschwendet seine Kraft auf die Suche anstatt auf die Hilfe. Persönlich engagiere ich mich in der Flüchtlingsarbeit. Oft wird mir entgegnet: „Wir können doch nicht alle aufnehmen, nicht die Not der ganzen Welt schultern". Wer – durchaus ja zutreffend – meint, nicht allen helfen zu können, nimmt dies als Anlass, keinem zu helfen, um nicht ungerecht zu sein. Empathie braucht den Mut zur Ungerechtigkeit. Dass meine Kraft nicht ausreicht, allen gerecht zu werden, darf mich nicht abhalten, das zu tun, was meine beschränkten Möglichkeiten zulassen.

Sie schreiben: „Manche Menschen (...) meinen, dass nichts verändert werden kann, und es ihnen dann sinnlos erscheint, sich anzustrengen. Sie denken so: »Warum soll ich auf meine Annehmlichkeiten und Vergnügen verzichten, wenn ich kein bedeutendes Ergebnis sehen werde?«" (275) Meine Erfahrung ist, dass es häufig das vergebliche Streben nach Gerechtigkeit ist, dass Menschen in der Untätigkeit verharren lässt und gar nicht so oft die von Ihnen kritisierte hedonistische Lebenseinstellung. Handelt denn der Hirte gerecht, wenn er 99 Schafe im Stich lässt, um das eine verirrte zu suchen? Sie schreiben: „(...), wenn ich es schaffe, nur einem Menschen zu helfen, ein besseres Leben zu haben, rechtfertigt dies schon den Einsatz meines Lebens." (274) Ich war mehrfach in der glücklichen Lage, einzelnen Menschen helfen zu dürfen – aber ich habe mich auch schon vor Hilfe gedrückt, wenn ich mich überfordert fühlte. Habe ich genug getan? Habe ich denjenigen übersehen, der meine Hilfe noch viel nötiger gebraucht hätte? Ich weiß es nicht. Ich weiß nur, dass wir – mit Luther gesprochen – simul iustus et peccator sunt. Egal, wieviel ich tue – am Ende im Gericht werde ich auf die Gnade des Herrn angewiesen sein, um bestehen zu können.

Ich bin überzeugt, dass Gottes Gericht anders ist als wir weltliche Gerichte kennen. Während in der Welt das Gericht Voraussetzung für Strafe ist, erwarte ich das Gericht Gottes als Voraussetzung seiner Gnade. Ich glaube, Sie könnten viel Gutes bewirken, wenn Sie eine solche positive Sicht auf das Gericht in der Lehre und Verkündigung Ihrer Kirche stärker betonten. Wir dürfen Menschen sein – mit all unseren Schwächen und Unzulänglichkeiten. Wir müssen nicht sein wie Gott, wir dürfen auf seine Barmherzigkeit trauen – auch und gerade, wenn wir in den Dienst der missionarischen Verkündigung berufen sind.

Barmherzige Kirche

„Die Kirche muss der Ort der ungeschuldeten Barmherzigkeit sein (...)" (114) – dieser Aussage in Ihrem Schreiben stimme ich von Herzen zu. Ich wünschte mir aber, dass diese Aussage ganz konkrete Auswirkungen erfährt. Der Barmherzigkeit bedarf ich vor allem und zuerst im Scheitern. Gerade wenn ich meinen eigenen Ansprüchen nicht gerecht werden kann, in den Situationen, in denen ich mich von Gott entfernt habe, spüre ich die barmherzige Zuwendungen und den Trost des Glaubens. Die Kirche, der Sie vorstehen, erlebe ich aber oft als unbarmherzig, da sie Gescheiterten nicht verzeiht, sondern sie ausschließt. Sie verlangen von Priestern, Ordens- und Eheleuten Entscheidungen, die ein Leben lang halten müssen – und wehe, jemand scheitert an dem einmal gegebenen Versprechen. Warum gibt es schlechte Priester? Weil sie Priester bleiben MÜSSEN, auch wenn der einmal gehörte Ruf längst verstummt ist, wenn sie an den Belastungen ihres Berufes längst schon innerlich zerbrochen sind. Aber anstatt solchen Menschen Unterstützung und Hilfe bei einer beruflichen Neuorientierung anzubieten, anstatt ihnen zu Wege aufzuzeigen, wie sie ihre Begabungen und Fähigkeiten an anderer Stelle in der Gemeinde fruchtbar machen können, werden sie ausgestoßen und in vielen Fällen auch dem materiellen Elend anheim gegeben. Diese Kritik erstreckt sich übrigens auch auf die Evangelischen Kirchen in Deutschland, wo das Kirchenbeamtentum der Pfarrpersonen ebenfalls eine berufliche Neuorientierung nur unter Verlust der bis dahin erworbenen Anwartschaften auf Altersversorgung ermöglicht.

Die Unbarmherzigkeit der Kirche gegenüber gescheiterten Lebensentwürfen zeigt sich auch und vor allem im Umgang mit wiederverheirateten Geschiedenen. Hier hege ich die größte Hoffnung auf Veränderung, da dies nach meiner Wahrnehmung in breiten Kreisen auch der kirchenleitenden Personen zwischenzeitlich anerkannt ist. Daher will ich diesen Punkt hier nicht vertiefen. Aber wenn Sie den Galater-Brief mit den Worten zitieren: „Denn das ganze Gesetz ist in dem einen Wort zusammengefasst: Du sollst DEINEN NÄCHSTEN lieben wie dich selbst!" (161), dann halte ich es für eine Verkürzung, nur auf die Worte „deinen Nächsten" zu schauen, wie Sie es durch die Hervorhebung nahelegen. Zu diesem Gebot gehört auch der Vergleich: „Wie dich selbst"! Wie soll, wer sich selbst hasst, seinen Nächsten lieben können? Wenn ich ernst nehme, dass die Liebe zu sich selbst Voraussetzung und Maßstab der Nächstenliebe ist, muss ich mich auch fragen, ob ich in meiner Verkündigung Menschen dazu ermutige, sich selbst annehmen und lieben zu können. Das ist ein Aspekt, der mir in Ihrem Schreiben zu kurz kommt. „Das Prinzip des PRIMATS DER GNADE (Hervorhebung im Original) muss ein Leuchtfeuer sein, das unsere Überlegungen zur Evangelisierung ständig erhellt." (112) Diese Gnade auch gegenüber den Amtsträgern leuchten zu lassen, bleibt ein Desiderat. An dieser Stelle möchte ich Ihren Vorgänger würdigen, der mit seinem Rücktritt dem Amt des Bischofs von Rom deutlich gemacht hat, dass auch der Papst der Barmherzigkeit bedarf.

DAS AMT DES PAPSTES

Dieses Amt des Bischofs von Rom ist für mich eine spezielle Form des priesterlichen Dienstes. Sie wissen, dass das Papsttum weiterhin DIE Institution ist, die uns Protestanten von den Katholiken trennt. Sie bitten die „Christen aller Gemeinschaften der Welt (...) um ein Zeugnis brüderlichen Miteinanders (...), das anziehend und erhellend wird." (99) Ich bemühe mich darum! Aber ich kann nicht umhin festzustellen, dass das Papstamt für mich ein Ärgernis bleibt. Sie ermahnen Ihre Leser (und damit mich) nicht zu Unrecht: „Achten wir auf die Versuchung des Neids!" (ebd.) Und ja – ein gewisser Neid schwingt mit in meiner Kritik des Papstamtes. Durch die Personalisierung der Kirche auf den jeweiligen Amtsträger hat die katholische Kirche in der medialen Vermittlung gegenüber den protestantischen Kirchen einen klaren Vorteil. Wir haben ja seit nicht einmal 100 Jahren kirchliche Bischöfe – davor wurde die Leitung der evangelischen Landeskirchen in Personalunion vom jeweiligen

Landesherren wahrgenommen – selbst wenn dieser katholisch war! Aber wir haben nun mal im Protestantismus eine dezentrale Struktur. Sie wünschen sich für die katholische Kirche weniger Zentralismus: Eine „übertriebene Zentralisierung verkompliziert das Leben der Kirche und ihre missionarische Dynamik, anstatt ihr zu helfen“ (32) und wollen „in einer heilsamen „Dezentralisierung“ voranschreiten“ (16).

Sie gehen diesen Weg mit dem vorliegenden Buch, in dem Sie darauf verzichten, Veränderungen von oben anzuordnen. Sie regen an, ermutigen oder ermahnen – aber sie befehlen nicht. Ich ertappe mich dabei, wie ich mir ein wenig MEHR Zentralismus zu erhoffen beginne, wie ich danach dürste, dass Sie das, was ich an Ihrem Schreiben für richtig halte, „ex cathedra“ verkünden. Sie erliegen dieser Versuchung nicht, was ich sehr bewundere. Aber merken Sie nicht, wie Sie in Bezug auf den Zentralismus in ein Dilemma geraten? In der aktuellen zentralistischen Struktur ist eine Veränderung, wie sie Ihnen vorschwebt, nur „von oben“ zu erreichen. Sie müssten also zentralistisch Dezentralität verordnen. Ich bin sehr gespannt darauf, wie Sie dieses Dilemma lösen werden. Ich traue Ihnen zu, dass Sie mich überraschen!

Ein Ärgernis des Papsttums liegt für mich aber auch in einem bisher wenig beachteten Aspekt. Es ist üblich – und auch Sie haben diese Tradition aufgegriffen – dass der Bischof von Rom nach seiner Wahl einen Papstnamen annimmt. Aber Ihre Eltern haben Ihnen nicht den Namen Franziskus gegeben, sondern Sie Jorge genannt. *»Du sollst Vater und Mutter ehren«* (2. Mose 20, $_{12}$), lehren uns die Gebote. Wie verträgt sich das damit, dass Sie den Namen wechseln, der Ihnen von Ihren Eltern gegeben wurde? *»Ich habe dich bei deinem Namen gerufen, du bist mein«*, steht beim Propheten Jesaja (Jes. 43, $_{1}$). Bei welchem Namen wird Gott Sie rufen? Bei dem, den Ihnen Ihre Eltern gegeben haben oder beim selbstgewählten Papstnamen? Auch wenn ich es sehr schätze, dass Sie mit Ihrer Namenswahl an Franz von Assisi erinnern; die Wahl eines Papstnamens gehört für mich zu den Traditionen, die mehr verdunkeln als erhellen.

Das Naturrecht

Zu den Traditionen, die das Licht des Glaubens verdunkeln, gehört für mich auch die Proklamation eines angeblichen „Naturrechts“ durch Teile der katholischen Theologie. Daher habe ich mit großem Bedauern den folgenden Satz in Ihrem Schreiben gelesen: „Die Evangelisierung achtet auf die wissenschaftlichen Fortschritte, um sie mit dem Licht des Glaubens und des Naturrechts zu erleuchten, damit sie immer die Zentralität und den höchsten Wert des Menschen in allen Phasen seines Lebens respektieren.“ (242) An anderer Stelle schreiben Sie: „Bekennen, dass der Heilige Geist in allen wirkt, schließt die Erkenntnis ein, dass er (...) in alle sozialen Bindungen einzudringen sucht“ (178) Diesem Satz kann ich ohne Einschränkung zustimmen. Das heißt dann aber auch, dass der Mensch von Anfang an als soziales Wesen angelegt ist, dass er ohne Beziehungen zu anderen nicht existenzfähig ist. Die Ausbildung einer Kultur als konkrete Ausgestaltung des Aufeinander-Angewiesen-Seins ist dann unabänderliches Schicksal, in der göttlichen Bestimmung für uns Menschen zutiefst verankert. Recht ist dann nur im Zusammenhang und als eine spezifische Ausprägung menschlicher Kulturen zu verstehen – die Behauptung eines übergeordnetes, von aller Kultur unabhängiges „Naturrechts“ ist daher in sich unlogisch. Die Begriffe „Natur“ und „Recht“ verhalten sich zueinander wie „Feuer“ und „Wasser“ – sie können nicht gleichzeitig auftreten. „Feuerwasser“ ist im Deutschen auch eine Umschreibung für Spirituosen. Wer dem „Feuerwasser“ zuspricht, wird betrunken, kann nicht mehr klar denken und wacht am nächsten Tag mit einem Kater auf. Wer die Existenz eines Naturrechts behauptet, dem hat wohl der auftretende Dampf oder der Schnaps das Gehirn vernebelt. Sie machen sich lächerlich, wenn Sie sich auf ein so unsinniges Konstrukt berufen – und ich fände es sehr, sehr schade, wenn Sie sich der Lächerlichkeit preisgeben.

Die soziale Dimension des Glaubens

Denn Ihre Kritiker versuchen, gerade die zentralen Aussagen Ihres Schreibens, die soziale und ökonomische Dimension des Glaubens betreffend, ins Lächerliche zu ziehen. In der Rezeption Ihres Schreibens in

Deutschland wurden Ihre vier „Neins" (53 – 60) zum jetzigen Wirtschaftssystem stark kritisiert – weil die Kritiker in ihrer Phantasielosigkeit sich als Alternative zum jetzigen kapitalistischen System nur die Staatslenkungswirtschaft der sich „sozialistisch" nennenden Staaten als Alternative in den Sinn kommt. Und diese Form der zentralistischen Wirtschaftslenkung hat ja nun eindeutig ihre Untauglichkeit bewiesen. Die Wirtschaftsweise im Reich Gottes ist aber weder mit dem kapitalistischen noch mit dem sozialistischen System vergleichbar. Denn beide Systeme basieren auf dem Konzept des Reichtums – und das sozialistische System ist nicht zuletzt daran gescheitert, dass es „Reichtum für alle" schon begrifflich nicht geben kann. Reichtum ist nicht objektiv bestimmbar, er existiert nur als Komparativ. (Viel) mehr zu besitzen als andere ist die Bedeutung des Wortes „reich". Die Gier der Reichen speist sich ja nicht zuletzt aus dem Vergleich mit anderen Reichen. Und da es für (fast) jeden jemanden gibt, der noch reicher ist, übersieht er in dem Vergleich mit jenem die Obszönität der Menge eigenen Besitzes. Das Himmelreich ist aber jenen versprochen, die geistlich arm sind, also nicht nach mehr streben, als sie auch jeder und jedem anderen gönnen können. Reichtum ist so gesehen ein Fluch: Er strebt danach, andere klein zu machen, sie niedrig zu halten. Wer dem Nächsten zum Segen werden will, der macht ihn aber groß, hebt ihn auf, traut ihm etwas zu. *»Nimm dein Bett und geh«* sagt der Herr zu dem Kranken am See (Joh. 5, $_{9}$). Daraus schließe ich, dass die „absolute Vorrangigkeit des „Aus-sich-Herausgehens auf den Mitmenschen zu" als eines der beiden Hauptgebote, die jede sittliche Norm begründen" (179) auch für die Armen und Bedürftigen gilt. Jesus nimmt bei den Kranken, die er heilt, nicht zuerst ihre Defizite wahr, sondern das Potential ihres Glaubens. *»Dein Glaube hat dir geholfen«* (z.B. Lk 8, $_{48}$ und Mk. 5, $_{34}$), so erklärt er selbst die Heilung. In diesem Zusammenhang befremdet es mich, dass Sie so stark die Mildtätigkeit gegenüber den Armen als Zugang zum Heil betonen (193). Welcher Zugang bliebe dann den Armen selbst, denen schlicht die Mittel fehlen, um mildtätig sein zu können? Als Protestant verteidige ich hier das „sola fide" der evangelischen Bekenntnisschriften. Allein aus Glaube kommen wir zum Heil – aber dieser Glaube hat Auswirkungen im täglichen Leben. Sie beschreiben das mit den Worten: „Diese göttliche Vorliebe hat Konsequenzen im Glaubensleben aller Christen“ (198). Dann muss auch der Arme die Möglichkeit der Entfaltung dieser Konsequenzen in seinem Leben haben. So verfügt er zwar nicht über die Option der Mildtätigkeit, wohl aber über die Fähigkeit und Möglichkeit der Barmherzigkeit; auch wenn er mangels eigener Nahrung den Hungrigen nicht speisen und durch das eigene Elend gehindert ist, den Nackten zu kleiden – so kann er doch den Kranken besuchen und dem Gefangenen gedenken. Ich wünsche mir eine kirchliche Botschaft zu sozialen und ökonomischen Fragen, die vom Vater Unser ausgeht. Christus selbst hat uns gelehrt zu beten: *»Dein Reich komme«* (Mt. 6, $_{10}$). Daraus ergibt sich für mich zweierlei. Erstens: Das Reich Gottes können und sollen wir erbitten. Wir sind nicht befähigt, sein Kommen selbst herbeizuführen. Demut und das Vertrauen in Gottes Wirken sind die Grundvoraussetzung, dass Gottes Willen geschehen kann – im Himmel wie auf Erden.

Zweitens: Auch wenn wir das Reich Gottes nicht herbeiführen können, so können wir doch auf Basis der Texte der Heiligen Schrift beschreiben, wie es in sozialer und ökonomischer Hinsicht aussieht und so die Sehnsucht nach diesem Gottesreich wecken, auf dass die Bitte darum aufrichtig werden möge. Wir verdanken unser Leben und die Chance auf das Heil der „freie(n) und ungeschuldete(n) Initiative Gottes“ (111). Unser Leben ist ein Geschenk – und alles, was wir zum Leben brauchen, bekommen wir geschenkt. Wir bezahlen immer nur die menschliche Arbeit und das Kapital – aber die Basis jedes Produkts, die darin enthaltenen Rohstoffe und die Energie – erhalten wir aus Gottes Gnade geschenkt. Die Ökonomie des Reiches Gottes basiert also auf dem Schenken und sich Beschenken lassen. Im Reich Gottes wird jede und jeder nach seinen Neigungen und Talenten zum Wohlstand aller beitragen und das, was er oder sie nicht selbst zum Überleben braucht, freiherzig verschenken und sich darauf verlassen können, dass er oder sie auch das geschenkt bekommt, was ein/e jede/r nicht selbst herstellen kann.

Ich glaube, Sie beschreiben in etwa das, was ich in meinen Worten auszudrücken versuchte, wenn Sie schreiben: „Es geht darum zu lernen,

Jesus im Gesicht des anderen, in ihrer Stimme, in ihren Bitten zu erkennen.“ (91) Ich möchte diesen Satz nur dahin ergänzen, dass es gerade für uns Menschen in der westlichen Welt, die wir es gewohnt sind, auf unsere eigene Macht zu trauen, alles im Griff zu haben und danach zu streben, uns selbst zu verwirklichen, auch darum geht zu lernen, jener andere sein zu können, in dem mein Nächster, in meiner Stimme, in meiner Bitte Jesus erkennen kann. Ich habe auch und gerade auf Reisen nach Afrika und in andere „arme“ Weltteile einen tiefen Zugang zur Göttlichkeit des Menschen und zur Menschlichkeit Gottes gefunden, wenn ich mich als Bittenden, als Beschenkten erleben konnte.

SCHLUSS

Sehr geehrter Herr Bischof, ich konnte in diesem Brief nur auf einige Aspekte Ihres Schreibens eingehen. Ich weiß nicht, ob Sie diesen Brief je zu Gesicht bekommen. Da ich ihn auf Deutsch schreibe (in einer anderen Sprache hätte ich meine Gedanken nicht ausdrücken können), werden Sie wohl eine Übersetzung benötigen. Ich vertraue darauf, dass Personen mit einer entsprechenden Kompetenz im Vatikan zur Verfügung stehen. Es war vor allem ein Satz Ihres Schreibens, der mich ermutigte, Ihnen zu antworten: „Daher müssen wir uns alle gefallen lassen, dass die anderen uns ständig evangelisieren. Das bedeutet jedoch nicht, dass wir unterdessen von unserer Aufgabe zu evangelisieren absehen müssen“ (121) Ich habe versucht, diese Aussage für mich wirksam werden zu lassen; Ihr Schreiben zum Anlass zu nehmen, mich damit auseinanderzusetzen, was mein Glaube für mich bedeutet. Ja, Sie haben mich evangelisiert. Und falls es mir mit meiner Antwort gelingen sollte, auch meine Aufgabe, andere zu evangelisieren in Angriff zu nehmen, würde mich dies sehr freuen.

Ich weiß, dass Sie vor einige Zeit an der Hochschule St. Georgen in Frankfurt zugebracht haben. Falls Sie Ihr Weg mal wieder nach Frankfurt führen sollte: Kommen Sie doch bei mir und meinem Mann mal zum Kaffee vorbei. Ich wäre sehr geehrt, einige Zeit mit Ihnen persönlich sprechen zu dürfen. Gerne würde ich auch mal mit Ihnen gemeinsam einen Gottesdienst gestalten.

Dank

„Zeit für eine Danksekunde" – dieser Aufruf der Evangelischen Kirche in Hessen und Nassau zum Erntedankfest prangt gerade als Banner an vielen Kirchen. Dankbarkeit ist für mich eine zentrale Dimension meines Glaubens. Daher wäre dieses Buch unvollständig ohne Worte des Dankes. Wem haben Sie zu danken?

»Herr, ich glaube, hilf meinem Unglauben« (Mk. 9, $_{24}$) – mit meinem Konfirmationsspruch möchte ich den Dank einleiten. Glaube und Unglaube, Hoffen und Zweifel, Trost und Verzweiflung – für alles davon, danke ich dem Herrn, meinem Gott.

Besonderer Dank gebührt den Menschen, in deren Antlitz ich dem Herrn begegnen durfte. So danke ich meinen Eltern, die mich von Kindesbeinen an in die Gemeinde mitgenommen. Ich danke Herrn Pfarrer Konstantin Mudrack, dem Pfarrer meiner Jugend, der mir einen Zugang zum Glauben eröffnete. Dank sagen möchte ich auch allen, die mich in meiner Ausbildung zum Prädikanten begleiteten. Dies sind neben den Ausbildern, Pfarrer Rainer Haberstock, Pfarrer Ralf Schmidt, Pfarrerin Katharina Stoodt-Neuschäfer und Pfarrer Winfried Gerlitz alle Kursteilnehmer/innen, da der Austausch mit ihnen mindestens so wertvoll war wie der Unterricht. Ein besonderer Dank gilt auch Pfarrerin Andrea Knoche, die den praktischen Teil meiner Ausbildung angeleitet hat. Allen Gemeinden, die mich eingeladen haben, bei ihnen Gottesdienst zu halten, möchte ich ebenfalls danken. Sie waren so geduldig, meinen Predigten zuzuhören. Insbesondere die Wicherngemeinde in Frankfurt hat mich geprägt. Dort ist es üblich, dass die Predigt noch im Gottesdienst zur Diskussion gestellt wird. Gerade die – nach ihren eigenen Worten – „ketzerischen Fragen" von Frau Dr. Ruth Kremser haben mich immer wieder herausgefordert, meinen eigenen Glauben zu hinterfragen. Schließlich danke ich denjenigen, die mich ermutigten, meine Predigten als Buch zu veröffentlichen. Dies sind insbesondere Frau Claudia Kaiser vom Fromm-Verlag sowie Frau Manuela Husbarg-Jobst, die mir Mut zusprach, meine Predigten einem größeren Publikum zugänglich zu machen.

Printed by Books on Demand GmbH, Norderstedt / Germany